W0071147

HEYNE KOCHBÜCHER

Ulrike und Joachim Prinz

Das Feng-Shui Kochbuch

Die chinesische Ernährungslehre
nach den 5 Elementen
in der westlichen Küche

Über 200 vegetarische Rezepte

Originalausgabe

WILHELM HEYNE VERLAG
MÜNCHEN

Heyne Kochbuch
07/4737

Umwelthinweis:
Dieses Buch wurde auf
chlor- und säurefreiem Papier gedruckt.

Printed in Germany 1999
Umschlaggestaltung: Atelier Schütz, München
Umschlagfoto: Maria Harder, Hamburg
Zeichnungen: Designstudio Fleischer, München
Satz: Schaber Satz- und Datentechnik, Wels
Druck und Bindung: RMO-Druck, München

ISBN 3-453-155568-6

Inhalt

Abkürzungen und Erklärungen

g	= Gramm	**E**	=	Erde
kg	= Kilogramm	**M**	=	Metall
l	= Liter	**W**	=	Wasser
ml	= Milliliter	**H**	=	Holz
EL	= Eßlöffel	**F**	=	Feuer
TL	= Teelöffel	**!**	=	Joker, also beim
geh.	= gehäuft			Rundkochen universell
gestr.	= gestrichen			einsetzbar
gek.	= gekocht			
Msp.	= Messerspitze			
Lsp.	= Löffelspitze			
1 Tasse	= ca. $^1/_4$ l			

Beim Kochen nach den Elementen kommt es nicht so sehr auf die genauen Mengen der Zutaten an, sondern mehr auf ihre Elementzuordnung und die richtige Reihenfolge der Zugabe. Der Wohlgeschmack stellt sich dabei von selbst ein. Sie können die Mengen also durchaus nach Belieben etwas variieren!

Dolpes: Restituierendes, wunderbar basisch wirkendes Gesteinsmineral.

Königssalz: Steinsalz, das alle Mineralien, die der Mensch braucht, enthält, jedoch kein Natriumchlorid (Kochsalz); daher nierenschonend.
(Bezugsquelle für beide Zutaten siehe Seite 340).
Alle anderen ungewöhnlicheren Zutaten erhalten Sie in Reform- und Naturkosthäusern.

Vorwort

Es gibt einen Spruch, den jeder kennt:»Gut essen und trinken hält Leib und Seele zusammen!« Das leuchtet jedermann ein. Aber was ist gut essen und gut trinken? Für die unterschiedlichsten Befindlichkeitsstörungen und Krankheiten gibt es vielseitige und spezifische ökotrophologische Konzepte (von Universitäten vermittelte Ernährungslehren), die vom Arzt aufgrund seiner Befunderhebung empfohlen werden können. Ob ein Arzt solche empfiehlt, hängt davon ab, ob er Kenntnis und Zugang zu fallspezifischen ökotrophologischen Theorien und Praktiken hat.

Während meiner Tätigkeit als Internist und Naturheilarzt verwendete ich im Rahmen unserer Arolser Balance Combination für unsere Patienten eine hauptsächlich nach Dr. Bruker orientierte Kostform. Unser Therapiekonzept wurde im Zusammenwirken mit dem Arolser Schloßhotel entwickelt und angewandt. Im Gegensatz zur Brukerkost gab es in diesem Schloßhotel für Leute mit mehr normal orientierten lukullischen Gepflogenheiten das abendliche Gastmahl im Rittersaal! Da bekam jeder Gast eine Schmuddelschürze um, die begleitenden Bierhumpen waren überdimensional, und die Knochen wurden nach säuberlichem Abnagen mit gekonntem Schulterwurf hinterrücks befördert, eingedenk des bekannten volkstümlichen Spruchs von Martin Luther:»Warum rülpset und forzet ihr nicht, hat es euch nicht geschmacket?«

Was also nun: ökotrophologische Kost, Kost nach Dr. Bruker, so oft wie irgend möglich ein zünftiges Rittermahl oder ein ähnlicher Schmaus mit Pauken und Trompeten? Warum soll ich denn schließlich nicht essen, was mir schmeckt? Bekommt mir das nicht am besten? Und am angenehmsten für mich wäre das auch – wenn da nicht die Zahl und Schwere der zunehmenden Krankheiten mit fortschreitenden Jahren und die damit stets verbundene Gefahr der Pflegebedürftigkeit im Alter wären! Sich krank essen ist ein Leichtes! Durch die angemessene Kost gesund werden gelingt häufig, wenn man weiß, wie. Und da kommen nun die Schwierigkeiten: Es gibt so viele, sich häufig widersprechende Ernährungsratschläge. Wie sollen wir wissen, was für uns das Richtige ist? Geht es nun mir als Arzt bei dieser Frage besser als meinen Patienten? Bei der Suche nach einer Ernährungslehre, hinter der ich seinerzeit schlußendlich am besten stehen konnte, geriet mir das Buch von Professor Lothar Wendt mit dem Titel *Die Eiweißspeicherkrankheiten* in die Hände. In diesem Buch wird mit zwingenden Argumenten dargelegt, daß sich tierisches Eiweiß in jeder Form belastend auf den Organismus auswirkt. Die ernährungsbedingte allgemeine Übersäuerung des Blutes und der saure Tod sind ein weiteres Kernanliegen, das wir durch Professor Wendt vorgestellt bekommen. Wir streben an, diese Problematik allein mit der dafür geeigneten Kost und ohne eine darauf ausgerichtete spezielle Behandlung erfolgreich anzugehen. Wenn wir nun noch den Industriezucker durch »biologische Süßkonzepte« ersetzen, ist die von Professor Wendt angesprochene Kunst der Langlebigkeit auch unser Thema.

Nimmt uns Professor Wendt mit einer solchen wissenschaftlich begründeten Ernährungslehre nun nicht jede Lebensfreude, wenn wir uns unserer Krankheiten oder unserer Gesundheit wegen danach richten ?

Meine Frau Ulrike gibt uns mit dem vorliegenden Kochbuch die Lösung an die Hand. Ulrike ist studierte Biologin. Sie brachte das bisher nicht gelungene Kunststück fertig, die gewünschten Ernährungsregeln mit einem Geschmackserlebnis besonderer Art und einem Bezug auf die jeweiligen Jahreszeiten zu verknüpfen – unter Vermeidung tierischen Eiweißes sowie säuernder Nahrungsmittel. Dies arrangierte sie über ein 5-Elemente-Kostregime.

Ich selbst habe dieses Regime während einer Dauer von $1\frac{1}{2}$ Jahren in intensiver Zusammenarbeit mit meiner Frau kennen und schätzen gelernt. So kann ich meine Aussagen auf eine ausgedehnte Eigenerfahrung stützen. Was sie uns bietet, schmeckt durchgängig ausgezeichnet. Die gesundheitliche Relevanz dieser Kost läßt sich belegen durch einen sehr spezifischen Bluttest, den Breadfort-Test, wobei sich z. B. die Werte von 9 auf 3 % verbesserten. 9 % stellt dabei eine degenerative Gefährdung des Organismus dar, die bei 3 % nicht mehr gegeben ist.

Wir können meiner Frau Ulrike dankbar sein, daß sie dieses Kochbuch zusammengestellt hat. Denn diese Schrift hat in dieser Konsequenz und Vollständigkeit nicht ihresgleichen – eine gelungene Zusammenschau der Grundmaximen von Ost und West in Verbindung mit kulinarischen Gesichtspunkten.

Dr. Joachim Prinz

Einleitung

»Frau Tornau (Prinz), bitte gucken Sie mal, mein ganzes Gesicht hat Pickel und dazu noch solch dicke – kann man da etwas machen?« (Frage einer damaligen Schülerin). »Darf ich Ihre Anschrift meinen Kundinnen geben, die Infektprobleme mit ihren kleinen Kindern haben?« (Frage des örtlichen Reformhausbesitzers). So und ähnlich fing alles an. Die Pickel heilten ab durch einfache Kräutertees, und der Husten, Schnupfen und die Grippe kamen nie mehr wieder mit leichter Ernährungsumstellung und Hausmittelchen aus Omas Schatzkiste. So begann meine Gesundheitsberatungstätigkeit.

Kein Wunder, denn als Lehrerin an einem kleinstädtischen Gymnasium mit dem Fach Biologie und einem weiteren Hauptfach interessierte ich mich für die ganzheitliche Pflege von funktionierenden Gruppenkonzepten und eine energiespendende Ernährung für die oft stark belasteten Schüler und Lehrer. Mein Fach Biologie zusammen mit meinen mütterlichen Pflichten bei meinen eigenen drei Kindern, also die Liebe zu Beruf und Mutterschaft, zeigten sich als ein erfolgsträchtiges Tummelfeld nicht nur für pädagogische, sondern auch für ernährungstherapeutische Bemühungen.

Aus der häuslichen Küche heraus kann man tatsächlich erfolgreich Gebrechen wie Rheuma, Neurodermitis, Gicht sowie auch schwere Erkrankungen wie Krebs, Aids oder einfache Infektprobleme, letztlich alle Zivilisationskrankheiten, angehen und auf diese Weise die ärztlichen Anwendungen und Therapien nennenswert unterstützen. Prinzipiell braucht niemand mehr unter Schmerzen, Depression oder Leistungsschwäche zu leiden, und selbst ein kerngesunder Mensch kann sich noch vitaler und noch energiegeladener essen und trinken. Und so darf ich Ihnen versprechen, daß Sie sich mit diesem Kochbuch eine Küchenrevolution erstanden haben, die es in sich hat und zudem erstaunlicherweise keine Diät ist, sondern wohlschmeckend, lecker und lukullisch daherkommt.

Sie brauchen nicht auf Gesottenes und Gebratenes zu verzichten, nicht auf Puddings, Gebäck und Torten; von der deftigen Hausmannskost bis zum feinen Festtagsmenü leistet diese Küche alles, was Sie aus ihr herausholen möchten – und das Wunderbare und Erstaunliche dabei ist: Sie können mit jedem Gericht gleichzeitig allen Organen und Meridianen die für sie nötige Lebensenergie zuführen und damit Ihren gesamten Organismus gesünder und immer noch gesünder kochen!

»Rundkochen« heißt diese Kochweise, weil jedes Nahrungsmittel entsprechend seiner Energie in einer bestimmten Reihenfolge in den Kochtopf kommt und untergerührt wird. Das Rundkochen basiert auf der Elementelehre der chinesischen Medizin, und diese wiederum auf der uralten indischen Ayurvedamedizin. Eine Elementelehre, der auch unsere in Europa gebräuchlichen Obst-, Gemüse- und Getreidesorten entsprechen.

Haben Sie Mut und lassen Sie sich auf das Wagnis ein, sich und Ihre Familie sowie Ihre Freunde und Verwandten gesund und vital zu bekochen! Machen Sie mit mir eine Reise in das Land einer brandneuen Küche, die das breite Wissen der gesamten östlichen und westlichen Medizin mit unserer europäischen Eßkultur verbindet.

Die Prinzipien der Feng-Shui-Küche

Die fünf Elemente und das Rundkochen

So wie die Energien von Frühling, Sommer, Herbst und Winter, die wir alle kennen, durch das Jahr fließen, so gibt es für jede dieser Jahreszeiten eine eigene Nahrungsenergie. Einen derartigen Jahreszyklus kennt nicht nur die chinesische Medizin – er hat einen tragenden Stellenwert in allen bekannten alten Heilwissenschaften.

Der chinesische Arzt beginnt das Jahr mit dem **Holzelement** im Frühling (3. März bis 2. Juli). Ein Mensch, der Holzenergien in sich vereinigt, ist impulsiv, kreativ und engagiert, genauso wie die keimende Kraft der Natur, die alle Säfte und alle Lebensenergie sammelt, um Samen und Keime sprießen und sprossen zu lassen.

Das Holzelement wandelt sich Anfang Juli zum sogenannten **Feuerelement** um (3. Juli bis 2. Oktober). Dies ist die Jahreszeit der größten Hitze und der höchsten Intensität in der Kraft der Sonne. Feuer-Menschen haben unbändige Gestaltungs- und Durchsetzungskraft, wenn es um die Verwirklichung ihrer Ziele geht.

Auf die Zeit der Feuerenergie folgt im Spätsommer die Phase der Ernte von Samen und Früchten unserer Erde, der das **Erdelement** zugeordnet ist.
Es besitzt zwar seine Hauptenergien in dieser Zeit, ist jedoch

13

nicht ausschließlich hier gebunden, sondern besitzt Bezüge zu allen anderen Elementen gleichzeitig. Sind wir doch alle miteinander »Erdlinge«!

Das Erdelement leitet über in die Zeit des **Metallelements**, die Anfang Oktober beginnt (3. Oktober bis 2. Dezember). Weiß, kühl und logisch sind die Energien, die in dieser Zeit zum Tragen kommen.  Auf Metall-Menschen kann man sich verlassen, und sie können messerscharf denken und konsequent ihre Aufgaben beginnen und vollenden.

Ähnliche Eigenschaften finden wir auch bei den Menschen des **Wasserelements**. Sie sind beweglich wie das Wasser und finden immer noch eine Lücke, um ihre Ideen mit ungebrochenem Willen durchzusetzen. Die Wasser-Zeit liegt im tiefsten kalten Winter ab 3. Dezember bis zum 2. März des Folgejahres, in dem die Holzenergie wiederum die des Wassers ersetzt, denn diese fünf Elemente bilden einen ewigen Kreislauf.

Der Energiekreislauf der Elemente im Überblick:

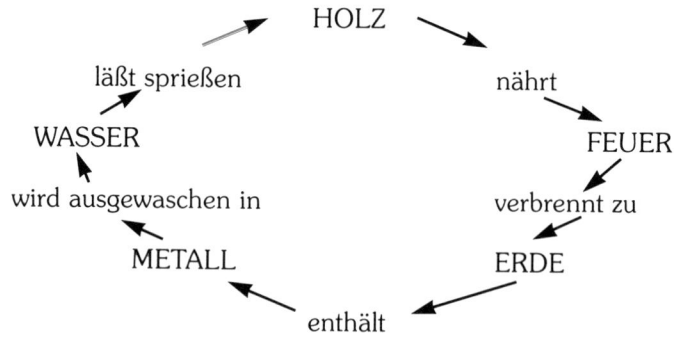

Genauso wie Menschentypen den Elementenergien zugeordnet werden können, kann man ihnen auch Nahrungsmittel entsprechend ihrer Farbe sowie ihrem Geschmack zurechnen.

- Das Holzelement entspricht der Farbe Grün und der Geschmacksrichtung sauer.
- Das Feuerelement entspricht der Farbe rot und der Geschmacksrichtung bitter.
- Das Erdelement entspricht der Farbe gelb bis ockergelb und der Geschmacksrichtung süß.
- Das Metallelement entspricht der Farbe Weiß und der Geschmacksrichtung süß und scharf.
- Das Wasserelement entspricht der Farbe Schwarz und der Geschmacksrichtung salzig.

Wird nun das Menü in der richtigen Reihenfolge gekocht, dann wird mit Holz das Feuer, mit Feuer die Erde, mit Erde das Metall und mit Metall das Wasser genährt, wobei das Wasser wiederum Holz speist. Je nachdem, mit welchem Element man im Kochtopf beginnt, schließt man das im Zyklus genannte Folgeelement an – nicht umgekehrt, denn das würde die gerade aufgebauten Energien zerstören. Vor jeder Neuzugabe rührt man das Kochgut mindestens einmal um, um die Speise für die nächste Zutat aufnahmebereit zu machen. Selbst wenn Sie nur einen Krümel Kräuter oder Salz zugeben, sollten Sie umrühren, bevor das nächste Element in den Topf kommt.

Auf diese Weise entsteht nicht nur ein Gericht, mit dem Sie wirklich alle Organe mit Energie versorgen können, sondern auch eine Speise, die – weil eben rundgekocht – immer schmeckt. Selbst der Ungeübte kann auf diese Weise von Anfang an schmackhafte Speisen zubereiten.

Das richtige Gemüseputzen

Kochen ist tatsächlich eine Kunst, und jedes Gericht, nicht nur das Festmenü, ist deshalb ein Kunstwerk. »Kochen hat etwas mit Liebe zu tun«, sagen die Alten. »Liebe geht durch den Magen«, weiß der Volksmund. Kochen hat aber auch etwas mit Spaß und Spiel zu tun, denn diese Tätigkeit ist kreativ und bedarf einer gehörigen Portion Phantasie.

Halten wir es also mit der Liebe und mit dem Spaß und Spiel. Und genau so sollten Sie dieses Kapitel des richtigen, »rundigen« Gemüseputzens auch sehen. Ohnehin wird diese Kochweise erst einmal erhebliche Energie in Anspruch nehmen, so daß es unklug wäre, alles auf einmal beherrschen zu wollen. Belassen Sie es deshalb bitte beim Spaß, und spielen Sie mit den Energieelementen des Jahres!

Und wenn Sie dann neugierig genug geworden sind, um wieder etwas Neues zu diesem Thema zu lernen, hat dieses Kapitel Ihnen eine Menge zu sagen.

Holz – Frühjahr

Das Fünfelementejahr beginnt mit der Holzenergie. Damit ist die schlanke, gerade Form verbunden. So sind z. B. auch schlanke, asthenische Menschen dem Holzelement verwandt.

Bei der Schnittechnik des Gemüses bedeutet das: in Streifen schneiden. Dabei wird schmales Wurzelgemüse nach dem Waschen und Putzen in diagonale Scheiben geschnitten und diese noch ein- bis zweimal der Länge nach durchtrennt. Um die Vitalstoffe, die sich dicht unter der Wurzelhaut befinden, zu erhalten, sollten Sie die Wurzelhaut nur wenn unbedingt nötig abschaben. Große, rundliche Gemüse schneidet man nach dem

Säubern in schmale Schrägstreifen und stiftelt diese wiederum.
Bei Blattgemüse wie Salat oder Kohl durchtrennt man das Blatt längs der Mittelrippe und schneidet die übereinandergelegten Blatthälften in diagonal verlaufende Längsstreifen.

Feuer – Sommer

Die Feuerenergie beinhaltet vorwiegend Dreiecksformen. Man erhält sie bei langem Wurzelgemüse, indem man die Wurzel der Länge nach in Viertel oder Achtel schneidet. Hübsch wirkt bei schmalem Wurzelgemüse auch die Blütenform. Dafür schneidet man in regelmäßigen Abständen aus der Wurzel 4–5 Längskeile heraus und den Rest der Wurzel in dünne Scheibchen. Dicke Wurzeln schneidet man zunächst in schmale Scheiben, die man dann in Dreiecke zerlegt. Sehr apart wirkt Paprika, längs in Dreieckform zerteilt.

Erde – Spätsommer

Die Erdform gibt sich bodenständig und gedrungen. Die Betonung der Waagerechten ist das tragende Element. Wurzelgemüse schneidet man also in grobe, große Stücke und Blattsalate ebenso in große, fast viereckige Teile.

Metall – Herbst

Die Metallform versteht sich als Rundung, entspricht also der Zwiebelform. Wir verwenden deshalb kleine Zwiebeln einfach ganz, ebenso Radieschen. Schmale Wurzeln wie auch breiteres Gemüse schneiden wir spiralig. Dabei entsteht bei der schmalen Wurzel ein dünnes spiraliges Band von der Wurzelspitze bis zum anderen Ende. Bei der breiteren Wurzel schneidet man dieses Spiralband natürlich von außen nach innen. Wichtig ist dabei die dem Rund nachlaufende Spirale. Doch braucht der Esser eines Kohlrabis beispielsweise keine meterlangen Kohlrabi-Spaghetti auf seinem Teller zu haben. Teilen Sie ruhig die gesamte Spirale in bißgroße Stückchen.

Wasser – Winter

Diese Form bietet auch für Gemüse die größte Vielfalt. Wir hacken alles Gemüse, ob gekocht oder roh, möglichst klein. Dabei ist es erwünscht, daß Dreiecke, Quader oder auch Rundungen entstehen.

Der richtige Einsatz der Schnittechniken

Sinnvoll erscheint es zunächst, die angeführten Schnittechniken in der zugehörigen Jahreszeit anzuwenden. Die Schnittechnik für das Erdelement behalten Sie sich für die dem Element Erde zugeordneten Nahrungsmittel vor und wenden sie immer dann an, wenn Sie zu den jahreszeitlich zubereiteten Speisen Nahrungsmittel aus der erdenden Sparte dazugeben. Dem Erdelement zugeordnete Speisen können das ganze Jahr über Verwendung finden, besonders aber im Spätsommer.

Anders verhält es sich, wenn sich in der Familie oder Lebensgemeinschaft, für die Sie kochen, ein an irgendeiner Organschwäche oder -krankheit leidender Mitesser befindet. In diesem Fall ist es angeraten, die dieses Organ unterstützende Schnittechnik anzuwenden:

Organ	*Schnittechnik*
Leber/Galle	Holz
Dünndarm/Herz	Feuer
Dickdarm/Lunge	Metall
Blase/Niere	Wasser

18

Überschüssige Organenergie (Symptom z. B. Entzündung) leitet man durch Verwendung des nächstfolgenden Elements im Gebrauch von Nahrungsmitteln und Schnittechniken ab. Fehlende Energie (Symptom z. B. Kälte) führt man aus dem vorherigen Element zu. Besteht beispielsweise zuviel Energie im Feuerelement, d. h. liegt eine Dünndarmentzündung oder eine Herzattacke vor, so schneidet und kocht man betont erdbezogen. Liegt dagegen eine Verdauungsschwäche des Dünndarms vor, so holt man sich die nötige Energiezufuhr aus der Schnittechnik für Holz und eine unterstützende Wirkung aus den Bitterstoffen des eigenen Elements, also aus den Feuergemüsen und -kräutern.

Erkenntnisse zum Säure-Basen-Haushalt

»Ein Kubikzentimeter vom Speichel eines wütenden Erwachsenen kann einen Säugling auf der Stelle töten.« Diese Aussage eines berühmten Arztes macht uns mit einem Schlage klar, daß die körperlichen Befindlichkeiten tatsächlich aus der Psyche kommen. Bin ich sauer von der Stimmung her, werde ich im Laufe der Zeit auch sauer in meinen Körpersäften.

Nun kann es sich aber unser Körper nicht leisten, ein hohes Säurepotential in seinem Blut mitzuführen, weil dies die Stoffwechsellage derartig beeinflussen würde, daß die Einlieferung in die Intensivstation eines Krankenhauses auf der Stelle anberaumt werden müßte. Aus diesem Grunde werden die Säurekomponenten in unserem Blut »gepuffert«, wie es auch der Chemiker im Reagenzglas macht, um den pH-Wert einer Säure in Richtung einer Base zu verschieben. Dieser Puffervorgang wird auf Körperebene mit Mineralstoffen vollzogen, Mineralsalzen, die dem gesamten System entzogen werden. Daraus resultieren dann z. B. kariöse Zähne, Osteoporose, ein destabilisiertes Hormonsystem, ja letztlich Altern und Tod.

Übersäuerung ist identisch mit Mineralsalzentzug!

Das ist jedoch nicht die einzige Problematik. Nach Professor Lothar Wendt, der weitreichende Forschungen auf diesem Gebiet unternommen hat, steigt bei übermäßiger Zufuhr säuernder Nahrungsmittel der sogenannte Hämatokritwert des Blutes an, der anzeigt, wie viele Feststoffe im Blut transportiert werden müssen. Ist diese Fracht zu üppig, bemüht sich der Körper, diese Stoffe aus der Blutbahn hinauszulotsen – in ungefährlichere Gefilde, also ins Interstitium, das Gewebe zwischen den Zellen. Ist dieses dann überfrachtet, lagern sich die säuernden

Stoffe direkt entlang der Wände der Blutbahnen ab. Dadurch verhärten diese und verlieren ihre Elastizität, was unabdingbar Bluthochdruck nach sich zieht, weil der Körper die Stellwerte für den Blutdruck erhöhen muß, um das Blut durch die starrer werdenden Leitungsbahnen noch in die entlegensten Regionen zu pumpen.

So ist ersichtlich, daß aus Ablagerungsphänomenen im Interstitium u.a. Rheuma und Gicht entstehen und aus Ablagerungen in den Gefäßen Arteriosklerose, Schlaganfallgefährdung und Herzinfarkt resultieren, letztlich das gesamte Szenario der Zivilisationskrankheiten. Aber auch bei Neurodermitis, Allergien, Krebs, Aids oder ähnlichen chronischen Erkrankungen ist Übersäuerung eine grundlegende Ursache.

Was übersäuert uns nun eigentlich – außer den psychischen Komponenten wie Stress, Ärger und Aggression?
Die Antwort darauf ist bei einigen Nahrungsmitteln ganz klar, bei anderen dagegen weniger.
Eindeutig sauer verstoffwechselt werden:

• Fleisch, Käse, Wurst, Joghurt, Milch, Fisch – kurzum alle tierischen Eiweiße.
• Zucker. Weißer Industriezucker verbraucht außerdem riesige Mengen an B-Vitaminen, die für die optimale Funktion von Gehirn und Nerven notwendig sind. Zudem stellt er einen Kalziumräuber dar, der maßgeblich am schon erörterten Mineralstoffentzug beteiligt ist.
• Gluten. Das ist die Bezeichnung für Eiweißstoffe, die in Getreiden wie Roggen, Weizen und Gerste, aber auch in Hafer, Dinkel und Kamut vorkommen. Sie liegen besonders konzentriert in Auszugsmehlen vor, werden auch als Kleber bezeichnet und sind verantwortlich für die guten Backeigen-

schaften dieser Getreide. Allerdings verkleistern sie die empfindlichen Darmzotten und können dadurch die Verdauungs-
kapazität des Darms erheblich herabsetzen. Wir können uns
also auch mit Getreide übersäuern!

Problematisch wird die Zuordnung zu säuernden oder nicht säuernden Nahrungsmitteln im Bereich von Nüssen, Gemüsen und
Obst sowie einigen Süßmitteln. Hier läßt sich sehr wohl beob-
achten, daß einige Menschen dieses und jenes vertragen, andere jedoch nicht.

• Auffällig ist diese Unverträglichkeit insbesondere bei Apfelsinen und Mandarinen – beide kühlen den Körper aus und besitzen zudem Lebergifte
• Walnüsse und Paranüsse enthalten ohne Ausnahme Pilzgifte,
und Walnüsse wirken säuernd aufgrund ihrer unausgewoge-
nen Proteinkombination.
• Auch Honig wirkt säuernd.

Ein einfaches Hausrezept, um die Verstoffwechselung der Nahrungsmittel zu überprüfen, ist ein pH-Papier, das es im für den
Urin angebrachten pH-Bereich zwischen 6,5 und 8 im Versand-
handel zu kaufen gibt. Man prüft damit im direkten Urinstrahl
und erhält anhand des Farbumschlags eine Aussage über den
pH-Wert des Urins. Dabei muß man jedoch eines beachten: Ge-
messen wird immer nur die Summe aller ausgeschiedenen
Basen und Säuren. Werden also mehr Säuren ausgeschieden
als Basen, zeigt das pH-Papier Säure an. Das kann aber auch
darauf zurückzuführen sein, daß der Körper sich anschickt zu
entsäuern. Umgekehrt zeigt das pH-Papier angemessene Werte,
wenn mehr Basen als Säuren ausgeschieden werden. Die Mes-
sung mit einem Teststreifen ist also nur eine allgemeine Hilfe für

den Hausgebrauch. Bessere und objektivere Aussagen lassen sich über den Hämatokritwert des Blutes machen oder auch über ein Gerät der alternativen Medizin, das Meridiane, d. h. Körperenergielinien, auf ihre Funktionstüchtigkeit prüfen kann.

Nun habe ich Ihnen auseinandergesetzt, warum wir uns, wenn uns etwas an unserer Gesundheit liegt, vorwiegend von Gemüse und Obst, allenfalls noch von glutenfreiem Getreide, Nüssen und Fetten ernähren sollten. Dieses Ernährungskonzept hat jedoch noch einen anderen, von hellhörigen Menschen sehr ernst genommenen Aspekt. Tier-Eiweißesser, insbesondere Fleischesser, besitzen gegenüber Vegetariern eine vergleichsweise sehr viel niedrigere Lebensfrequenz. Während die menschliche Schwingung bei etwa 12 000 bis 15 000 Hz liegt, schwingt ein Carnivore (Fleischesser) im unteren Bereich oder noch tiefer, ein Herbivore (Pflanzenesser) dagegen um 15 000 Hz und höher. Das bedeutet, daß er feiner ist, nicht nur in der Struktur seiner Körperzellen und -funktionen, sondern auch in seinem Denken und in seiner Empfindsamkeit, was einen hohen Gewinn im Umgang mit sich selbst und mit anderen abwirft.

Die Zutaten der Feng-Shui-Küche

Kräuter und Gewürze

Kräuter und Gewürze sind in vielerlei Hinsicht ein hervorragender Begleiter der modernen 5-Elemente-Ernährung. Nicht umsonst sagt das Sprichwort: »Der Mensch ist, was er ißt!« – und es tritt seinen Beweis aus der Küche an, insbesondere im Bereich der Fülle unserer Samen- und Kräutergewürze. Denn sie stellen eine hervorragende Möglichkeit dar, jedem Gericht den Rundkochschliff zu geben. Nicht immer sind die richtigen Gemüse zur Hand, doch lassen sich für alle Elemente passende Würzstoffe auf leichte Weise bevorraten.

Alle Würzmittel tun ihren Dienst, jedes an seiner Stelle: die Holzkräuter für Leber und Galle, die Feuergewürze und -kräuter für Herz, Kreislauf und Dünndarm, die Erdgewürze für den übrigen Darm und seine Anhangsorgane allgemein, die Metallgewürze für Lunge und Dickdarm sowie diejenigen des Wasserelements, um Niere und Blase zu stärken.

Außerdem findet man, wie die Tabellen (s. Seite 341–351) verraten, eine ansehnliche Anzahl sogenannter »Joker« unter den Kräutern und Gewürzen, d. h. solche, die jeweils alle fünf Elemente in sich vereinigen. Sie verdienen es, im einzelnen besprochen zu werden (ab S. 25).

Einen weiteren, immens wichtigen Aspekt stellt in diesem Zusammenhang die Erfahrung dar, daß nahezu jedes in der Küche verwendete Kraut oder Gewürz nicht nur unserem Gaumen schmeichelt, sondern auch gleichermaßen eine wirksame Droge darstellt, die in der Hand des Kochenden zu einer Medizin für die ganze Familie werden kann.

Beispielsweise rieten die pfiffigen Alten, bei Herzinfarkt dem Erkrankten sofort, noch bevor der Notarzt zur Stelle ist, einen Teelöffel **Cayenne** mit einem Glas Wasser einzuflößen. Tatsächlich hilft dieses Gewürz so großartig, daß der Infarkt bei Eintreffen des Arztes schon lange abgeklungen ist, weil der Cayennepfeffer auf tiefgreifende Weise das Herz stimuliert und Thromben im Blut spontan auflöst. Gleiche Wirkung weiß man vom **Chilipulver**.

Salbei wirkt krampflösend und reinigend im Magen-Darmbereich und nimmt Erschöpfung und Müdigkeit bei jungen Menschen in der Schule sowie bei Frauen in den Wechseljahren.

Portulak, auch Postelein genannt, gilt als wirksamer Arterienputzer, wirkt also der Verkalkung der Gefäße entgegen und hilft, einen Herzinfarkt zu vermeiden und zu regenerieren.

Auch das Würzkraut **Melisse** besitzt große Heilwirkungen für das Herz, nimmt ihm nervöse Beschwerden und schafft sogar Erleichterung bei Migräne. In der Küche schmeckt es lecker zu Kräuterpfannkuchen und Salatsaucen.

Der vielerorts angebaute, sonnenhungrige **Dill** erreicht einen Rekordgehalt an Mineralstoffen im Vergleich zu anderen Kräutern. Dill entspannt eine verkrampfte Darmmuskulatur und ist gut für Leber und Galle.

Die **Brennessel** gilt als ausgemachter Blutreiniger. Mit ihrem hohen Anteil an Kalzium, Eisen und Vitamin C stärkt sie zudem die Gefäßwände und die Struktur der roten Blutkörperchen. Sie eignet sich vorzüglich als Beigabe zu Getreidegerichten oder über einen bunten Salat gestreut. Versuchen Sie auch einmal Brennessel-Spinatgemüse aus den jungen frischen Trieben im Frühjahr – mit Sahne und ein wenig Knoblauch ein wahres Gedicht!

Diese Reihe ließe sich beliebig fortsetzen, um immer neue, verlockende Würz- und Heilmöglichkeiten mit Kräutern und Gewürzen zu eröffnen. Doch wenden wir uns nun den Jokern unter den Kräutern und Gewürzen zu.

Borretsch

Der Borretsch mit seinen borstig rauhen Blättern gilt seit alters her als »König der Heilpflanzen«. Er hilft bei Trübsinn und allgemein ermatteten Lebensgeistern. Weil die Blätter reichlich Saponine (Seifenstoffe) und Schleimstoffe enthalten, machen sie den Stuhlgang gleitfähig und stimulieren den Darm. Ihr hoher Kalziumgehalt stärkt Knochen und Zähne. Der Kieselsäureanteil trägt wesentlich zur Entgiftung bei und ist hilfreich bei der Hormonproduktion. Sie sehen also: Der Borretsch ist tatsächlich ein König, und seine Jokerstellung ist berechtigt.

Curry

Dieses gelbe Pulver ist eine Mischung aus bis zu 20 verschiedenen Gewürzen. Der hauptsächliche Bestandteil ist dabei das Kurkuma, das eine hervorragende Lebermedizin darstellt. Es unterstützt die Verdauung, steigert die Speichelmenge und den Gallenfluß und wirkt darüber hinaus Parasitenbefall entgegen.

Ingwer

Sein süß-scharfer Geschmack weist ihn direkt als Lungen-Dickdarm-Gewürz aus, so daß er sowohl zur Relaxierung des Stuhlgangs als auch bei Nasen- und Bronchialkatarrh erfolgreich Verwendung finden kann. Wegen seiner zahlreichen Bitterstoffe stimuliert er die Verdauung und ist als Wärmer bei Kühle der Nieren sehr zu empfehlen, wobei hier insbesondere Ingwertee anzuraten ist.

Kardamom

Er gehört zur Ingwerfamilie und wird in der ayurvedischen Medizin auf breiter Front eingesetzt. Er dient zur Anregung des gesamten Stoffwechsels und wirkt antibiotisch bei Infektionen der Harnwege und des Verdauungstraktes. Zudem wird seine schleimlösende Wirkung gepriesen. Da er das Herz stark anregt, ist bei Bluthochdruck von seinem übermäßigen Genuß abzuraten. Andererseits wirkt Kardamom Wunder bei Alterserscheinungen wie Konzentrations- und Koordinationsschwäche. Er schmeckt ausgezeichnet als Brotgewürz (mit Getreide vermahlen) und würzt auf orientalische Weise Salate und Gemüsegerichte.

Knoblauch

Wer kennt ihn nicht, den Muntermacher Knoblauch, der seit Menschengedenken als Arterienputzer, Gehirnstimulierer und Hormonaktivator bekannt ist. Und wenn wir alle lustig Knoblauch essen würden, müßte sich auch niemand über die Ausdünstungen seiner ätherischen Öle beklagen. Weniger bekannt sein dürfte allerdings die Tatsache, daß diese Knolle in beachtlicher Menge organisches Germanium enthält, worauf möglicherweise ihre Heilwirkungen ganz wesentlich beruhen.

Kümmel

Dieser Samen ist reich an ätherischen Ölen, die die Verdauung anregen. Darüber hinaus reduziert Kümmel die blähende Wirkung von Kohl- und Getreidegerichten und hat bei Candida oder anderem Parasitenbefall hervorragende Entgiftungswirkung.

Liebstöckel/Majoran/Oregano

Alle drei sind miteinander verwandt, »voller Duft, Sonne und Würzkraft«, wie es bei Ingeborg Münzing-Ruef so nett heißt. Sie besitzen sogar im getrockneten Zustand noch sehr viel Aroma und damit auch Heilkraft. Ihre ätherischen Öle haben nervenstärkende Wirkung und unterstützen damit die Menschen in der heutigen, streßgeplagten Zeit. Sie regen die Gallen- und Bauchspeicheldrüsentätigkeit an und unterstützen somit die Fettverdauung. Bei Raucherhusten tun sie gute Dienste als Tee und bei Rheuma als Salbenzusatz. In der Küche sind sie köstlich zum Würzen von Salaten und Saucen, besonders zu Getreide- und Kartoffelsuppen, aber auch über Gemüseallerlei gestreut.

Petersilie

Reich an Vitamin C und Chlorophyll ist diese hübsche Krautpflanze – und ein Energiespender ersten Ranges. In alten Zeiten gab man sie den Kämpfern vor dem Wettstreit. Ihr ungewöhnlicher Reichtum an B-Vitaminen und Mineralien macht sie darüber hinaus nerven-, herz- und muskelstärkend. Nicht zuletzt gilt sie wegen ihres besonders hohen Gehalts an Kalium als Herztherapeutikum. Ihre Bioflavine können Gefäße abdichten, entzündungswidrig wirken und Allergien zurückhalten. Letztlich aber liegt die Jokerkraft der Petersilie vor allem in ihrem Gehalt an Stoffen mit östrogenähnlichen Eigenschaften. Leider verlieren sich die meisten dieser Eigenschaften beim Kochen, weswegen wir die Petersilie erst kurz vor dem Servieren hacken und über die Speisen streuen sollten.

Rosmarin

Schon die alten Pharaonen kannten diese duftende Gewürzpflanze mit ihren feinen Nadelblättchen und schätzten sie in ihren Speisen und auch Schönheitsbädern. Die berühmte »Rosmarinbraut«, Elisabeth von Ungarn, erhielt das Rezept für Rosmarin als Verjüngungskur von einem Engel zugeflüstert. Das Kraut verschönte und verjüngte sie in so kurzer Zeit, daß ihr Angebeteter, der König von Polen, von ihr entzückt in heißer Liebe entbrannte und sie heiratete. Die Königin war damals immerhin 72 Jahre alt, und der König hätte ihr Sohn sein können. »Rosmarin bringt die Liebe zum Blühen«, sagt der Volksmund. Und damit wissen Sie, warum die Rosmarinbraut Erfolg hatte.

Die Bitter- und Gerbstoffe, Saponine und Flavone des Rosmarins wirken antioxidativ und keimtötend in Magen, Darm und Gefäßen, und können auch die Haltbarkeit von Nahrungsmitteln erhöhen. Daß Rosmarin zudem kreislaufstärkend wirkt, wußte schon der alte Vater Kneipp. Bei niedrigem Blutdruck können ein Täßchen Rosmarintee am Morgen und einige Bratlinge zu Mittag (z. B. aus Hafer) Wunder wirken. Rosmarin wirkt außerdem appetitanregend, verdauungsfördernd, entblähend und antiseptisch, regt den Gallefluß an und entwässert.

Senfsamen

Diesen kleinen gelben Körnchen sieht man kaum an, daß sie mit ihren schwefelhaltigen Ölen eine ganze Hausapotheke ersetzen können. Sie wirken antibakteriell und verdauungsfördernd, vermehren den Speichel- und Gallefluß, regen die Motorik der Gallenblase an wie auch die Durchblutung eines schlaffen Darms und entlasten damit die Leber. Senfsamen helfen überall dort, wo sich etwas staut.

Sie wirken jedoch auch lindernd bei Schnupfen, Kreislaufschwäche und Husten. Senföle haben Einfluß auf die Kapillargefäße und damit auf die Versorgung des gesamten Organismus mit Nährstoffen und Sauerstoff – wie auch auf die Entsorgung. Ein Senfumschlag hilft bei Durchblutungsstörungen und ist somit hilfreich bei Fieber, Rheuma, Nervenentzündung und vielem mehr.

In der Küche schmeckt Senfsaat nicht nur zum Grünkohl, sondern eignet sich überall dort, wo ein scharfer, würziger Geschmack erwünscht ist: bei Bratlingen, für pikante Saucen oder beim Überbacken von Gemüse.

Thymian

Dieses zart violett blühende, sonnenhungrige Pflänzchen hat es in sich. Selbst Ameisen bauen auf ihren Hügeln Thymian an, um sich vor Krankheiten zu schützen. Thymian wirkt desinfizierend und antibakteriell. Er läßt sich erfolgreich einsetzen bei allen Arten von Schnupfen, Husten und Erkältungen, wirkt schleimlösend und krampfstillend. Weil dieses Kraut auch die Drüsen anregt, ist es ebenso wohltuend für die Psyche. Hildegard von Bingen empfiehlt Kekse aus Thymian, Dinkel und Wasser zur Erhaltung der Gesundheit.

Vanille

Sie ist eines der edelsten Gewürze und war schon in den Herrscherhäusern der alten Azteken bekannt. Vanille erotisiert und zeigt damit ihre anregende Wirkung auf die Nebennieren an. Zudem stärkt sie die Magennerven und stimuliert somit die Verdauung. In Klöstern war sie früher aus besagtem Grund strengstens verboten. Halten wir es also mit den alten Azteken! Vanille paßt vorzüglich zu allerlei Speisen der süßen Küche und ist zusammen mit Veilchenwurzelmehl ein Hochgenuß.

Zimt

Zimt scheint als Gewürz noch viele Überraschungen zu bieten. Seine Inhaltsstoffe sind bisher weitgehend unerforscht, seine Wirkungen jedoch bestens beschrieben. Im Verein mit Kardamom und Ingwer ist Zimt ein hervorragendes Aphrodisiakum, das schon in alten Zeiten in der Hochzeitsnacht dem Paar verabreicht wurde und müden Ehepaaren den zweiten Frühling bescherte.

Gemüse

Auch unter den Gemüsen gibt es Joker, die alle Organschwingungen in sich vereinigen. Und obwohl sie in ihrer Anzahl weit geringer sind als bei den Gewürzpflanzen, verdienen sie doch große Beachtung. Hier sind sie:

Artischocke
Das Edelste dieser Distel, Blütenblätter und Blütenboden, haben Eingang in unsere Küche gefunden. Sie enthalten neben etwas Eiweiß das Provitamin A, die Vitamine C, E und B sowie mehrere heilsame Flavone, statt Stärke das wertvolle Inulin, ein Stärkederivat, das bei Cholesterinbelastung und Leberschwäche sehr positiv zu veranschlagen ist. Dabei wird nicht nur der Gallefluß angeregt, sondern auch deren Ausschüttung in den Dünndarm unterstützt, eine Regeneration der Leberzellen bewirkt sowie deren entgiftende Tätigkeit mitgetragen. Bei allen Stoffwechselerkrankungen wie Gicht, Rheuma und Drüsenschwäche sowie bei chronischem Durchfall, Magenübersäuerung, Blasen- und Nierenschwäche ist die Artischocke von hohem Gesundheitswert. Nachweisbar senkt sie erhöhte Blutfettwerte und fördert die Ausscheidung von Cholesterin. Einmal gekocht, sollten Artischocken bald verzehrt werden, denn sie entwickeln bei der Lagerung Giftstoffe.

Alfalfasprossen
Gesproßte Luzernensamen sind der Energiekaiser unter allen Sprossen: extrem reich an Eisen, Kalzium, Kalium, Magnesium und etwas Phosphor, sind sie insgesamt eine reiche Quelle für die Blutbildung. Als überdurchschnittlich gilt auch der Vitamin-B-Gehalt dieser Sprossen. Auch die Mengen an Vitamin D, E

und K sind nicht zu verachten. Alfalfasprossen liefern, nur einige Tage gekeimt, alle essentiellen Aminosäuren. Der Alfalfakeim überrundet mit seinen reinigenden und antitoxischen Eigenschaften Weizenkeime und Bierhefe. Daher sollten diese Sprossen vor allem bei Erschöpfung reichlich gegessen werden.

Shiitakepilze

Sie geben ihr Geheimnis preis, wenn wir erfahren, daß dieser Pilz in der Lage ist, in großer Menge organisches Germanium aus dem Boden aufzunehmen. Aus diesem Grunde besitzt er eine vergleichsweise feste Konsistenz und einen vorzüglichen, cremigen Geschmack. Roh, gekocht oder gebraten ist er gleichermaßen eine Delikatesse. »Antiviral, antithrombotisch und zytotoxisch« – so kann man über seine Wirkung aus fernöstlichen Fachbüchern zitieren. Dafür stehen klinische Erfolge

• im Senken des Cholesterinspiegels und in der Verhinderung thrombischer Gerinnsel,
• bei der allgemeinen Abwehrstärkung durch die Bildung von Interferon,
• im deutlichen Zurückdrängen des Zellwachstums von Tumoren bei Tieren und Menschen.

Es lohnt sich also, nach diesem Pilzwunder Ausschau zu halten! Wenn Sie keine frischen Shiitakepilze finden, können Sie sicher getrocknete erhalten. Sehr lecker schmecken diese, wenn sie, in trockenem Zustand in der Kaffeemühle gemahlen, als Pulver über Suppen und Saucen gestreut werden.

Sojasprossen

Dabei handelt es sich eigentlich um Mungosprossen. Sie schmecken nach einigen Tagen Keimzeit zart und süß und werden vor allem von Kindern geliebt. Sie enthalten neben wertvollem Eiweiß mit allen essentiellen Aminosäuren in ebenso großzügigem Maße Kalium, Eisen und die bedeutsame Hirn- und Nervennahrung Lecithin. An der Verjüngung von Haut und Haaren sowie von Drüsen und Geweben haben Sojasprossen einen erheblichen Anteil. Die alten Chinesen glaubten sogar, sie könnten mit ihnen die Manneskraft stärken. In unserer Küche finden sie wie kaum ein anderer Keimling Verwendung in Suppen, Salaten und Pfannengerichten.

Großartig, werden Sie jetzt sagen, ich habe nun alle Trümpfe in der Hand und könnte meine Familie aus meinem Küchenlabor heraus nach allen Regeln der modernen Ernährungspysiologie verköstigen. Aber du liebe Güte, wer wollte sich so etwas antun! – Doch keine Sorge! Nach wie vor können Sie Freude und Phantasie beim Kochen regieren lassen, denn für die Auswahl und Kombination der Speisen haben Sie ja die Elementzuordnung der Nahrungsmittel vorliegen. Bekochen Sie sich und Ihre Lieben so, wie es Ihnen allen am besten schmeckt. Keiner muß auf seine Lieblingsspeise verzichten. Man kann wirklich nahezu jedes Gericht gesundheitsfördernd so abwandeln, daß es immer noch das Lieblingsgericht bleibt. Essen soll Genuß bleiben – das ist das Wichtigste und auch uns ein von Herzen kommendes Anliegen. Hier geht es nicht um eine Diät, sondern um eine schmackhafte und, wenn man will, sogar eine Gourmetküche, die in der Lage ist, einen Menschen immerwährend in einem Leben voller Vitalität und Schaffenskraft zu begleiten.
Starten wir nun nach diesem emotionalen Einschub mit der Besprechung der wichtigsten Gemüsearten und ihrer Zuordnung zu den Elementen. Ich habe mich bei der Auswahl von meiner Intuition leiten lassen.

Holzelement

Wir beginnen mit dem Holzelement, weil es dem Frühling und dem Werden zugeordnet ist. Hier beschäftigen uns Sauerkraut, Endivie, Stangensellerie und Chinakohl. Jedes dieser Gemüse hat seine eigene Bedeutung für Leber, Galle und Dünndarm.

Sauerkraut, vor allem rohes, ist knackig in der Konsistenz und sauer im Geschmack, besitzt äußerst wenig Kalorien und ist deshalb ideal zur Frühjahrsschlankheitskur. Darüber hinaus enthält es zahlreiche für den Stoffwechsel wichtige Enzyme und hilft großartig bei Erkältungen und deren Vorbeugung. Wegen seiner Milchsäurebakterien und deren Produkt, der Milchsäure, unterstützt es Dünn- und Dickdarm. Im übrigen enthält Sauerkraut einige wenige, aber essentielle Aminosäuren, Vitamin A und etliche B-Vitamine, ebenso das selten in Pflanzen auftretende Vitamin B$_{12}$. Sein hoher Anteil an Vitamin C macht es zum Hausgemüse für Lunge und Dickdarm, weil ein Immunschutz sondergleichen. Halten Sie sich häufiger an meinen »Darmputzer-Salat«, und Sie werden immer davon profitieren.

Nicht minder wertvoll ist die **Endivie.** Sie ist im Winter und zeitigen Frühjahr schon deshalb anderen Salaten vorzuziehen, weil ihre festen, knackigen Blätter im Freien anstatt wie andere Salatköpfe im Gewächshaus heranwachsen können. Dadurch besitzt sie einen beachtlichen Reichtum an Mineralstoffen. Sie enthält Eisen und Kalzium, ferner Kalium und Kupfer sowie die Vitamine A, B und C. Ihre Bitterstoffe stimulieren die Verdauung und stärken die Durchblutung in Magen und Dünndarm. Zusammen mit etwas Zitrone kann die Endivie auf sanfte Weise einen Migräneanfall aufhalten.

Der **Stangensellerie** erfreut sich in unserer Küche immer größerer Beliebtheit. Schon die alten Ägypter wußten um seine Heilwirkung und legten ihn als Grabbeigabe zu ihren Toten. Der Sage nach soll Achilles sein lahmendes Pferd mit Sellerie kuriert haben. Gegenüber der Knolle sind in den Stielen und Blättern mehr Vitamine und Mineralien enthalten; allein schon der Kalziumgehalt sticht dabei ins Auge. Im übrigen sind die Bitterstoffe und das Inulin von besonderer Bedeutung, denn sie haben eine stimulierende Wirkung auf das Verdauungssystem sowie über die Nebenniere auf das Nervensystem, das Gehirn und den gesamten Stoffwechsel. Sellerie ist ein ausgezeichnetes Entgiftungstherapeutikum. Stellen Sie zu diesem Zweck einen Frischsaft her aus 2 Teilen Stangensellerie und 1 Teil süßem Apfel und trinken Sie morgens und nachmittags je ein Glas davon. Nur akut Nierenkranke sollten vorsichtig mit Sellerie sein.

Der **Chinakohl** fristet oft das Dasein eines Stiefkindes und ist doch so ausgezeichnet für die Entgiftungsfunktion von Leber und Niere, daß man ihm mehr Beachtung schenken sollte. Sein hoher Anteil an Senfölen fördert die Verdauung und stimuliert die Abwehr. Der üppige Gehalt an Vitamin C und Kalzium unterstützt die Tätigkeit der Leber und damit letztlich auch der Niere. Ihr tut auch die Fülle essentieller Aminosäuren gut. In der Holzzeit schmeckt Chinakohl lecker mit Tomaten und feinen Porreeringen, übergossen mit einer Sauce aus saurer Sahne mit Brennesselspitzen und Zitronensaft.

Feuerelement

Weiter in das Jahr hinein führt das Feuerelement mit den Beispielen rote Bete, Löwenzahn und Rosenkohl. Bitter ist der dazugehörige Geschmack, spitz

aufragend die Form, und die zugeordneten Organe sind Herz und Dünndarm.

Rote Bete oder rote Rüben, wie sie auch heißen, liefern neben reichlich Kohlenhydraten und wenig Eiweiß (immerhin aber einigen sehr wichtigen Aminosäuren) wertvolle Mineralien wie Kalium, Eisen, Magnesium und Kupfer, daneben die Vitamine A, B, C und Fol- sowie Pantothensäure, Cholin und Rutin. Das macht sie zu einem Arterien- und Venenputzer, so daß man sie eigentlich das ganze Jahr über empfehlen sollte. Jetzt im Sommer sind jedoch die ersten Rübchen besonders aromatisch und knackig. Brauchen Sie Antioxidantien, um Gifte zu binden, die von Krebszellen oder von Parasiten herrühren, oder wollen Sie einfach nur Ihr Immunsytem stärken, greifen Sie beherzt zu roten Beten! Essen Sie dieses Gemüse, so oft Sie mögen, am besten roh, aber immer geschält und gleich anschließend geraspelt und mit Öl bedeckt. Mit Äpfeln und Mandeln, mit Sauerkraut und Radieschen oder Rettich, dazu Oliven- oder Sesamöl, sind sie ein Genuß, den man sich einige Male in der Woche gönnen sollte.

Löwenzahn, dieser Junker in der grünen Zackensilhouette, ist vielen sicher als hervorragendes Küchengemüse bekannt, weil er zum alten Gut der Volksmedizin gehört. Mit seinen Bitterstoffen stimuliert er den gesamten Dünndarm nebst Anhangsorganen wie Leber, Galle und Bauchspeicheldrüse sowie auch Niere und Blase. Mit seinem hohen Carotin-Gehalt ist er ein ausgezeichneter Krebsschutz, der Gehalt an Inulin und Cholin wirkt cholesterinsenkend und stärkt die Gefäßwände. Außerdem enthält er die Mineralstoffe Kalzium, Magnesium, Eisen und reichlich Vitamin C. Ernten Sie bei jedem Spaziergang ein paar frische grüne Spitzen und streuen Sie diese des öfteren zusammen mit Petersilie und Zitronenmelisse über Suppen oder Gemüsequiches.

Rosenkohl, ebenso bitter wie aromatisch, zeichnet sich gegenüber anderen Gemüsen als hervorragender Eiweißspender aus. Er ist Träger hochpotentieller Aminosäuren, die unser Körper sehr gut aufnehmen kann. Neben Kalium, Kalzium, Eisen und Magnesium enthält er die Vitamine C, A und B sowie leider auch Purine, weswegen ihn Gichtkranke meiden sollten. Rosenkohl hilft, Schwächezustände abzubauen, und wirkt antioxidativ. Darüber hinaus kann er, in Olivenöl gedünstet, gegen Arteriosklerose und Krebs vorbeugen. Oft hilft er auch nachhaltig bei einer Übersäuerung des Magens. Man sollte ihn jedoch immer frisch, also ohne gelbe Außenblätter kaufen und geputzt, im Strunk kreuzweise eingeschnitten, in wenig Wasser ohne Topfdeckel bißfest zubereiten. Einige wenige Röschen munden auch, ganz fein geschnitten, als Zusatz zu einem Rohkostsalat.

Erdelement

Wenden wir uns nun dem Erdelement im Spätsommer zu. Hier bieten sich Schwarzwurzel, Avocado, gelbe Paprika und die Aubergine an. Freilich sind diese Gemüsearten nicht auf diese Jahreszeit beschränkt, sondern können als erdender Teil jedem Gericht im Zuge des Rundkochens zugefügt werden.

Die **Schwarzwurzel**, unser »Winterspargel«, nimmt dabei eine besondere Stellung ein, denn sie ist voller Schutz- und Heilstoffe. Ihre Bitterstoffe regen die innersekretorischen Drüsen an. Sie gelten als harn- und schweißtreibend und werden des-

halb bei der Nierentherapie empfohlen. Wegen ihres Inulinge-
halts sind Schwarzwurzeln günstig für Diabetiker. Ihr Eisen- und
Phosphorreichtum unterstützt die Nerven- und Gehirnaktivität.
Der dicke, leicht an der Luft bräunende Milchsaft macht die
Schwarzwurzel zu einem Gemüse gegen Streß und Nervosität.
Vor braunen Fingern beim Putzen des Gemüses kann man sich
durch dünne Gummihandschuhe schützen oder indem man die
Wurzel unter Wasser schabt oder schält und sie sofort danach
mit Zitronensaft beträufelt. Sie munden als Rohkost mit Nüssen
und Sahne, Möhren und etwas Obst ebenso wie als gekochtes
Gemüse.

Die **Avocado** sieht aus wie eine reife grüne Birne, gehört aber
botanisch zu den Lorbeergewächsen. Auch sie ist reich an
Nährwert und Schutzstoffen. Zwar besitzt sie nahezu 30 % Fett,
jedoch kein Milligramm Cholesterin. Ihr Fett besteht aus mehr-
fach ungesättigten Fettsäuren, ein Balsam für Herz und Gefäße. Die Avocado liefert darüber hinaus sämtliche essentiellen
Aminosäuren und ist sehr reich an Vitamin C, A und E, an Kalium und Eisen mit etwas Phosphor sowie an B-Vitaminen.
Nicht zu verachten sind die zahlreichen Bitterstoffe. Seit alters
her wird die Avocado bei den Indianern Südamerikas zur
Wundheilung und bei Hormonstörungen eingesetzt. In der
Küche schmeckt sie als leckerer Appetitstimulus genausogut
wie zur Salatsauce verarbeitet oder als Teil eines bunten Som-
mersalates. Sie sollte jedoch nie mit tierischem Eiweiß (wie
z. B. Krabben oder Käse) kombiniert werden, da sie deren Verdauung erheblich behindert.

Kaum ein Gemüse ist so reich an Vitamin C wie **Paprika**. Die
roten und gelben Farbstoffe enthalten Heilkräfte für Magen,
Herz und Haut und stellen auch einen Krebsschutz dar. An Mi-

neralien treffen wir in großer Menge Kalium, Kalzium, Magnesium, Phosphor und Eisen an. Bei derart phantastischen Inhaltsstoffen ist der roh gegessene Paprika weit vorteilhafter als der gekochte. Auf diese Weise regt er die Verdauung an, beseitigt Gifte, fördert die Durchblutung und ist infolgedessen ein geeignetes Nahrungsmittel zur Thrombenauflösung. Als Immunstimulator steigert Paprika die Abwehrkräfte. Über die Nebennieren wirkt er wie ein natürliches Cortison, dämpft Schmerz- und Streßreaktionen, und hilft sogar gegen Muskelkater und Arthritis. Alkoholikern soll die Entwöhnung leichter fallen, wenn sie viel Paprika essen.

Allgemein sind gelber und roter Paprika dem grünen vorzuziehen, da diese viel gehaltvoller sind als der noch unreife grüne. Letzterer fördert wegen der mangelnden Reife zudem die Übersäuerung des Körpers.

Die **Aubergine**, ein exotisches Gemüse aus Ostindien, hat mittlerweile unseren Markt erobert. Sie schmeckt, ohne Würze gekocht, fast nach nichts und ist deshalb sehr flexibel süß und pikant zuzubereiten. Außerdem enthält sie eine Fülle von Mineralien und Vitaminen: Carotin, Vitamin B und C, sehr viel Kalzium, Phosphor und Kalium sowie Eisen, Kupfer, Magnesium, dazu viele den Nachtschattengewächsen eigene Bitterstoffe, die anregend auf die Verdauung wirken und zugleich krampflösend sind. Die Aubergine ist deshalb auch günstig bei Husten und zur Beschleunigung des gesamten Stoffwechsels. Sie hilft bei Leber- und Nierenleiden. Für Übergewichtige ist sie ein sehr gutes Diätgemüse, weil sie nur sehr wenig Kalorien besitzt und trotzdem gut sättigt. Man sollte sie jedoch nur gekocht oder gebacken verwenden.

Metallelement

Mittlerweile ist es Spätherbst geworden. Der Winter kündigt sich mit seiner Metallenergie an und soll mit den Gemüsebeispielen Rettich, Topinambur, Brokkoli, Pastinake und Feldsalat besprochen werden.

Rettich enthält viel Vitamin C, Carotin, einige B-Vitamine, reichlich Kalium (blutzuckersenkend), Natrium, Magnesium, Kalzium, Eisen und zahlreiche Enzyme. Hervorzuheben sind seine Senf- und Bitteröle, die eine antibiotische Wirkung haben und gleichzeitig schleimlösend wirken. Auffallend ist die Wirkung des Rettichs auf Leber und Galle. Frischer Rettichsaft ist eine wahre Medizin für diese Organe. Mit Rohrohrzucker ist sein Saft ein Trank, der Husten und Schnupfen vertreibt, und roher, geraspelter Rettich ergibt mit anderem Rohgemüse der Saison einen köstlichen, den Dickdarm säubernden Salat, der Schlacken entfernt und Parasiten beseitigen hilft.

Topinambur besitzt wie viele andere Gemüse auch überdurchschnittliche Arzneiwerte. Seine Knollen enthalten neben zahlreichen Vitaminen Kalzium, Eisen und Phosphor, darüber hinaus in ansehnlichen Mengen das wertvolle Inulin, so daß dieses Gemüse für Diabetiker als Kartoffelersatz dienen kann. Inulin ist zudem ein starker Gallen- und Nierenreiniger und unterstützt aktiv alle Ausscheidungen. Deshalb sollte auch das Kochwasser mit verzehrt werden – lecker ist es als Suppe mit Butter und Kräutern!

Zwar grün, doch scharf und bei längerem Kauen süß ist der **Brokkoli**. Ingeborg Münzing-Ruef nennt ihn »die grüne Schutznahrung«. Er steht mit an erster Stelle der Nahrungsmittel zur Vorbeugung gegen Krebs und zur Vermeidung und Heilung von Arteriosklerose. Wir finden viel Kalzium und Eisen, Carotin und

Vitamin C. Wichtig ist sein Gehalt an B-Vitaminen. So nährt der Brokkoli Augen, Haut und Nerven, ja er hemmt sogar Krebszellen in ihrem Wachstum. Sein Kalziumgehalt wirkt der Osteoporose entgegen, sein Kaliumgehalt hilft den Blutdruck senken. Wahrlich ein Apothekengemüse!

Seit einiger Zeit sind wieder **Pastinaken** erhältlich. Ich kannte in meiner Kindheit diese Wurzel nur aus dem Märchen. Man hat seine Samen aber schon in Pfahlbauten gefunden. Das Hauptöl der Pastinaken ist dem Kümmelöl ähnlich. Es lindert Magen- und Darmbeschwerden bis in den Dickdarm hinein und regt die Verdauung an. Nicht unerwähnt bleiben soll das herzschützende Pektin dieses Gemüses. Nicht zu verachten ist auch die Menge an Ballaststoffen, die man hier findet. Ein Rohkostsalat mit Pastinaken und Sauerkraut hilft, das Metallelement so richtig zu päppeln.

Zu guter Letzt, aber mit Nachdruck, erscheint der **Feldsalat**. Cremig, fast nussig im Geschmack, kommt er doch mit festen, bißstimulierenden Blattrosetten daher. Feldsalat gehört zu den Baldriangewächsen und fördert deshalb wohl den Schlaf, so daß er sich zum Abendessen eignet. Vor allen anderen Mineralien enthält er eine stattliche Menge Eisen, daneben Vitamin A und C sowie Carotin. Als grüner Tupfer paßt er zu nahezu allen Salaten. Man kann aber auch einige Blättchen über eine pikante Suppe streuen.

Wasserelement

Den tiefen, kalten Winter regiert das Wasserelement, das vor allem der Niere und der Blase zugeordnet ist. Hier werden daher nierenreinigende Gemüse wie Gurke, Spargel und Mangold besprochen.

Die **Gurke**, ob Schlangen- oder Gemüsegurke, nimmt dabei eine Sonderstellung ein, denn auch als Rohkost, die allgemein eher kühlend wirkt, wärmt sie die Nieren. Zusammen mit Melone gesaftet (morgens und abends je 1 Glas auf nüchternen Magen) und mit 3–4 Tassen Ingwertee über den Tag verteilt (jeweils nach den Mahlzeiten) getrunken, stimuliert sie in kurzer Zeit dieses Organ und beseitigt eine eventuelle Stoffwechselschwäche. Gurken sind sehr wassertreibend. Dadurch entlasten sie das Herz und sogar geschwollene Beine. Frischer Gurkensaft hilft selbst bei Hitzewallungen in den Wechseljahren. Für die Haut sind Gurkenscheibchen, direkt appliziert, eine beruhigende Frischmaske. Gurken haben einen immensen Basenüberschuß (hoher Gehalt an Kalium und Magnesium). Da ihre Bitterstoffe vor allem in der Schale enthalten sind, sollten wir diese Frucht möglichst aus Bioanbau erstehen, damit wir sie ganz verwenden können.

Spargel kann zur Wasserzeit nur gefroren oder eingekocht gegessen werden. Dennoch ist er in der Lage, wie die Gurken die Niere und sogar auch das Herz zu entlasten. In früheren Zeiten wurde der Spargel aus diesem Grunde sogar in Apotheken angeboten. Zwar besitzt er wenig Nährstoffe, jedoch eine Fülle von Ballaststoffen, obendrein reichlich Vitamin A, Vitamine des B-Komplexes und Vitamin C, dazu viel Eisen, Kalium, Phosphor, Kalzium und Jod. Neben Glykosiden, Flavonen und Saponinen enthält er das Asparagin, eine für den Harnstoffzyklus wichtige Aminosäure, die mithilft, Eiweißschlacken auszuscheiden. Nur chronisch Nierenkranke sollten keinen Spargel essen, eben weil er die Nieren stimuliert, d. h. reizt.
Bei diesem Gemüse lohnt es sich besonders, aus Bioanbau zu kaufen, da eingeführter Spargel oft stark pestizidbelastet und daher seine entgiftende Wirkung sehr geschmälert ist.

Als Spargel des kleinen Mannes gilt der **Mangold** mit seinen dicken weißen Mittelrippen. Er enthält wie Spargel Asparagin und wie Rettich ein Senföl, das Leber und Nieren in ihrer Entgiftungsfunktion unterstützt. Mangold wird in der Ayurveda-Medizin als Therapeutikum gegen Lungenprobleme sowie zur Leber- und Nierenunterstützung verabreicht. Da er wie Spinat reichlich Nitrat einlagert, sollte man nach Gemüse aus Bioanbau Ausschau halten, denn beim Kochen von Nitrat entstehen krebserregende Nitrosamine. Zitronensaft zum fertigen Gemüse gegeben, bindet eventuell vorhandene Nitrosamine.

Getreide

Getreide ist nahezu so alt wie die Menschheit. Es hat immer die Rolle eines Energie- und Wärmespenders gespielt. Bereits im alten Ägypten schätzte man das gesäuerte Fladenbrot, und bei Hildegard von Bingen beruhen viele ihrer heilenden Rezepte auf Getreide.

Die Eroberer des Aztekenreiches konnten lange nicht Fuß fassen, obwohl sie in der Mehrzahl gegenüber den dortigen Kriegern waren. Erst als Cortez' Leute die Getreidefelder im Innern des Landes entdeckten und diese Felder zerstörten, gelang es, die einheimischen Krieger zu besiegen. Der Marschproviant der einheimischen Männer hatte im wesentlichen aus Quinoa bestanden, einem fantastischen Eiweiß- und Mineralspender.

Als bald nach dem Ersten Weltkrieg in der westlichen Welt das Auszugsmehl bekannt wurde, ging es mit der Vitalwirkung des Getreides wesentlich bergab. Da die Randschichten des Kornes entfernt werden müssen, wenn man an den Mehlkern herankommen möchte, gehen mit ihnen Vitamine, Mineralien und Proteine verloren. Durch lange Lagerzeiten oxidiert das Mehl weitgehend, so daß wir in unserem üblichen Gebäck totes Mehl, Leichenpulver, vorfinden. Denn man guten Appetit!

Nun ist es aber in der heutigen Zeit nicht mehr damit getan, einfach nur wieder das Auszugsmehl durch Mehl aus dem ganzen Korn wie Roggen, Weizen oder Gerste zu ersetzen. Wir müssen vielmehr mit Verstand und Wissen an die Sache herangehen. Unsere Vorfahren hatten sicherlich tagaus, tagein sehr viel mehr körperliche Arbeit zu verrichten als wir heutzutage, selbst als Hausfrau (denken Sie nur an das Wäschewaschen von Hand sowie an das Teppichklopfen und Bohnern). Körperliche Bewegung bringt die Organtätigkeit in Gang und damit auch die Verdauungsvorgänge.

Da ist es kein Wunder, daß früher viel weniger Zivilisationskrankheiten wie Rheuma, Gicht, Bluthochdruck, Krampfadern, Neurodermitis oder Krebs auftraten, selbst wenn die Menschen gelegentlich ein Ei oder ein Fleischstück verzehrten, sich in der Regel aber mit Roggen- und Weizenbrot zu Milch oder Getreidekaffee ernährten.

»Der Tod sitzt im Darm«, das haben schon Hippokrates und Paracelsus gewußt. Und wir, die wir uns heute viel weniger bewegen als unsere Urahnen, tun gut daran, weitestgehend auf alle Lebensmittel zu verzichten, die unsere Darmzotten verkleistern – auch auf Getreide. Das heißt, daß Roggen, Weizen und Gerste hauptsächlich der Vergangenheit angehören sollten, da sie viel Gluten enthalten. Auch Dinkel, Kamut und Hafer sollten nur gelegentlich gegessen werden, und dann nur als Vollgetreide, als das sie auch ihren Wert haben. Und dennoch brauchen Sie nicht auf Brot oder Brötchen, auf Kuchen, Plätzchen und Torten, und nicht einmal auf Pudding zu verzichten. Meist läßt sich sogar Ihr Lieblingsgebäck entsprechend abwandeln!

Aus diesem Grunde beschreibe ich in diesem Kapitel alle hierzulande erhältlichen Getreidearten in der Reihenfolge ihrer säuernden Eigenschaften.

Basisch wirkende Getreidearten

Die folgenden »Getreide« sind eigentlich keine, sondern gehören verschiedenen anderen Pflanzenfamilien an. Sie werden im Stoffwechsel rein basisch verarbeitet. Ihre physiologisch günstige Proteinzusammensetzung und ihre ausgezeichnet puffernde Mineralienkombination sind dafür verantwortlich.

Hirse

»Huh, Vogelfutter«, sagen die einen. »Hm, lecker«, sagen die anderen, die da wissen, welch großen Wert Hirse hat und daß man aus ihr fast alles zaubern kann, was Kuchen, Plätzchen, Pudding oder Quiche heißt.

Sie ist eines der ältesten Getreide der Welt, und man fand sie schon im Darm altägyptischer Leichen von etwa 4000 v. Chr. Selbst bei unseren direkten Vorfahren, den Germanen, war der Hirsebrei überall bekannt, wie wir ja auch aus Märchen erfahren können.

Zwar liegt der Eiweiß- und Ballaststoffgehalt der Hirse bei weitem nicht so hoch wie bei anderen Getreiden, dafür enthält sie eine Fülle von B-Vitaminen, vor allem B_1, B_2, B_6 und Pantothensäure. Hirse spendet sehr viel Eisen (50 g decken den Tagesbedarf), ist reich an Fluor (gut für die Knochen- und Zahnbildung) sowie an Kieselsäure. Wegen ihres Gehalts an Phytinsäure sollte Hirse nur gekocht oder gekeimt Verwendung finden. Dann jedoch ist sie ein Geheimtip für Leute, die unter Haarausfall, brüchigen Nägeln, Faltenbildung, chronischer Müdigkeit, Schwindel, Ohrensausen, Schlaflosigkeit und sonstigen Zipperlein leiden. Ob Bindegewebsschwäche, Schwäche der Gefäßwände oder Knochen, Krampfadern, Hämorrhoiden oder gar Vergeßlichkeit – es gibt ja die Hirse!

Hirse macht leicht und beschwingt, wach und schlau und ist außerdem durch und durch basisch.

Quinoa

Auch Quinoa zählt zu den in keiner Weise sauer verstoffwechselten »Getreiden«. Es gehört eigentlich zu den Gänsefußgewächsen, wird auch als Reismelde bezeichnet und ist als Wunderkorn der Inkas bekannt geworden. Dort wurde es von den Bergbauern in den Anden angebaut und sicherte ihr Überleben in dieser rauhen Region. Daß Quinoa noch in Höhen von über 4000 Metern gedeiht, deutet darauf hin, welch ungeheuren Reichtum dieses Korn für uns besitzt, damit wir ebenfalls ganz auf der Höhe sein können! Quinoa enthält fast alle Aminosäuren in großer Menge, insbesondere das in keinem anderen Getreide so reichlich vorhandene Lysin, eine für das Immunsystem äußerst wichtige Aminosäure. Dazu kommt ein hoher Anteil an ungesättigten Fettsäuren, an den Mineralien Kalium, Kalzium, Eisen und Magnesium sowie die Vitamine B, C, E und Carotin, die Vorstufe von Vitamin A. Alles steht uns üppig und reichhaltig in diesem goldenen Getreide zur Verfügung. In der Küche ist Quinoa so vielseitig zu verwenden wie Hirse: zu Suppen und Hauptgerichten, für Kuchen und Brot.

Amaranth

Auch Amaranth ist aus botanischer Sicht kein Getreide, sondern gehört zu den Fuchsschwanzgewächsen und wird nur wegen seines Nährstoffcharakters dazu gezählt. Amaranth und Quinoa waren für Inkas und Azteken die Grundnahrungsmittel, und auch deshalb sind bei diesen Völkern so beispielhaft hohe Kulturen entstanden. Erst als die Eroberer diesen Anbau systematisch zerstörten und mit der Todesstrafe ahndeten, gingen die Energie und Vitalität tragenden Körner in den Untergrund. Wenn Sie hören, welche Wunderkraft diesen Samen innewohnt, fragen Sie sich nicht mehr erstaunt, warum zur Astronautennahrung Quinoa und Amaranth gehören.
Amaranth gehört zu den Nahrungsmitteln, die nach den alten Griechen unsterblich machten, und tatsächlich verzögert er das Altern und stärkt Gedächtnis und Nervenkraft. Unwahrscheinliche Mengen an Protein, viel mehr als sonst in Getreide zu finden ist, zeichnen diesen Samen aus, darunter das sonst selten

vorkommende Lysin, das den Stoffwechsel aktiviert und das Immunsystem stärkt. Die Mineralzusammensetzung weist neben hohen Kaliumwerten Kalzium und Phosphor in einem für den Menschen günstigen Verhältnis auf. Ungesättigte Fettsäuren sind ebenso vorhanden sowie beachtliche Mengen an Vitamin C und sogar das sonst so seltene Vitamin B_{12}.

Buchweizen

In seiner Gesundheitswirkung der Hirse und dem Quinoa sehr ähnlich ist der Buchweizen, ebenfalls keine Cerealie, sondern ein Knöterichgewächs. Er wird hierzulande schon seit alters her angebaut, und unsere Alten wußten um seine verjüngende Wirkung. Kein Wunder also, daß Buchweizenpfannkuchen beliebt waren.

Buchweizen enthält reichlich Kalzium, Eisen, Kalium, Magnesium und Kieselsäure sowie die Vitamine B_1, B_2, B_3 und sehr viel E, zudem Spuren von Kupfer und Kobalt. Seine Samen sind unvergleichlich reich an Lysin und Tryptophan sowie Lecithin. Lysin und Lecithin sind gut für Nerven und Gehirn, und Tryptophan läßt Sie besser schlafen. Allerdings enthalten sie auch einen roten Pflanzenfarbstoff, ein Saponin, der bei manchen Physiologen in Verruf geraten ist. Man umgeht das Problem, indem man den Buchweizen vor dem Mahlen mit heißem Wasser abspült und beim Kochen das rote Oberflächenwasser, das beim zweiminütigen Ziehen entsteht, abgießt.

Über die Hälfte der Fettsäuren des Buchweizens sind äußerst herzfreundlich, und zudem enthält er das Bioflavonoid Rutin, ein Stoff, der die Gefäße putzt und sie gleichzeitig elastisch erhält. Man sollte diesen köstlichen Knöterich also des öfteren zum Frühstück genießen. Bei unseren Vorfahren und heute in Naturheil-Sanatorien wird er auch als Mittel gegen Bauchschmerzen und Verdauungsschwäche verwendet. Hierzu kocht

man ihn mit Anis, Fenchel und Kümmel. Nebenbei: Er wärmt ganz kolossal! Buchweizentee gilt als wertvolle Venenmedizin und wird bei Krampfadern erfolgreich eingesetzt.
Obwohl Buchweizen kein Klebereiweiß enthält, eignet er sich nicht nur zum Kochen, sondern auch zum Backen. Probieren Sie mein Buchweizenbrot (s. Rezept Seite 240), die Fladen (Seite 243) und nicht zuletzt die köstlichen Kipferl (Seite 294) aus diesem »Korn«!

Säuernd wirkende Getreidearten

Die im folgenden besprochenen Getreide beginnen mit dem leicht säuernden Vollreis und enden mit Kamut und Dinkel, die beide zwar hervorragende Backeigenschaften aufweisen und köstlich munden, jedoch am deutlichsten sauer verstoffwechselt werden. Das heißt jedoch nicht, daß man sie sich nicht gelegentlich gönnen sollte. Immerhin reden wir hier nicht einer kasteienden Küche das Wort.

Reis

Sie wissen ja, ich spreche hier vom Vollreis, ob es nun der längliche Patnareis ist, der Rundkornreis oder Basmati-, Wildreis und noch viele andere. Jede Sorte hat ihren eigenen Wert, allen ist aber eines gemeinsam: Im vollen Korn besitzen sie alle nahezu sämtliche essentiellen Aminosäuren, sehr viel herzfreundliche Linolsäure sowie Kalium, Kalzium, Magnesium, daneben Eisen, Zink, Selen und Phosphor. Dem polierten und geschälten Reis dagegen fehlt mindestens die Hälfte dieser Inhaltsstoffe, von manchen geht sogar alles verloren. Sicher haben Sie in diesem Zusammenhang bereits von der Beri-Beri-Krankheit gehört, die durch geschälten Reis verursacht wurde.
Reis enthält keinerlei Cholesterin und auch kein Gluten. Er ist

deshalb günstig bei allen Problemen mit Blutfettwerten. Reis besitzt die Eigenschaft, den Darm zu säubern, und ist deshalb das Getreide der Metallzeit schlechthin. Würzen Sie ihn häufiger mit Kurkuma, dann haben Sie auch noch etwas zur Vermeidung von Darmparasiten getan. Im übrigen fördert sein hoher Kaliumgehalt die Entwässerung und Ausscheidung über die Nieren. Eine Reisdiät ist immer dann sinnvoll, wenn sie schlanker werden oder Ihren Blutdruck senken möchten – Reis hat vor allem Einfluß auf den unteren, diastolischen Blutdruckwert. Doch Achtung: Weil nach Genuß von Reis der Blutzuckerspiegel innerhalb einer Stunde seinen höchsten Wert erreicht, ist häufig und viel Reis nicht ratsam für Diabetiker!

Mais

Mais war ursprünglich eine heilige Pflanze der Inkas und Azteken. Und zu Recht, denn seine Körner gelten als Heil- und Nährfaktor für den Darm und auch für die Nieren, wenn man an die Teezubereitung aus Maisbartfäden denkt.

Leider ist Mais bei konventioneller Anbauweise ein Müllschlucker par excellence, weil sein Stickstoffhunger mit Gülle nicht mehr gestillt werden kann und deshalb auf Kunstdünger zurückgegriffen wird. Das früher im Maisanbau üppig verwendete Herbizid Atrazin verseuchte nicht nur das Getreide und die Ackerböden, sondern obendrein auch noch das Grundwasser. Achten Sie also darauf, nur Mais aus kontrolliert biologischem Anbau auf den Tisch zu bringen.

Mais und Bohnen zusammen ergeben eine Mahlzeit, die in ihrer Eiweißwertigkeit sogar ein Steak übertrifft. Kommen dazu noch Tomaten, werden weitere fehlende Vitamine und Mineralien ergänzt – eine alte indische Ernährungsweisheit. Mais enthält neben einem hohen Prozentsatz an B-Vitaminen größere Mengen an Carotin sowie etwas Vitamin C. Beachtlich sind sein

Gehalt an Vitamin E und das Vorhandensein des seltenen Vitamins K (ein Stoff für die Blutgerinnung). Die wichtigsten Mineralien sind Kalium, Kalzium, Eisen, Fluor, Magnesium, Phosphor, Natrium, Kieselsäure und Selen – ein köstliches Konglomerat für Blut, Knochen und Zähne, Nerven und Gehirn sowie die Entgiftung und Entschlackung unseres Körpers.

Feingemahlener Mais in Suppen oder in einem Brot verbacken vermag Magen-Darmstörungen zu beheben. Auch für Zuckerkranke ist er zu empfehlen, weil seine Kohlenhydrat/Zuckermoleküle nur sehr langsam ins Blut übergehen.

Hafer

Obwohl er nicht wirklich entsäuernd wirkt, zählt der Hafer dennoch zu den wichtigsten Getreidesorten, die wir hierzulande kennen. Er gedeiht fast auf jedem Boden und wird hauptsächlich als Viehfutter angebaut. Nicht nur, weil Vater Kneipp es propagiert hat, sollte er auch bei uns Zweibeinern wieder häufiger auf den Tisch kommen.

Wegen seiner unnachahmlich wärmenden und vitalisierenden Wirkung – für die Spritzigkeit von Pferden schon seit alters bekannt – stellt er für beanspruchte Menschen ein ideales Frühstück in Form von Brot und Müsli dar. Hafer besitzt eine Fülle von Proteinen, allein 6 von 21 essentiellen Aminosäuren, und übertrifft andere Getreide an Fettgehalt um das Drei- bis Vierfache, wobei der Anteil gesundheitlich wertvoller Fettsäuren extrem hoch liegt.

Eine besondere Stellung besitzen die Kohlenhydrate des Hafers. Sie liegen – anders als bei den übrigen Getreiden – bereits in enzymatisch gespaltener Form vor, so daß sie leicht verdaulich sind, ideal als Schutznahrung für die Bauchspeicheldrüse, als Schonkost für einen belasteten Magen oder die schwer arbeitende Leber, aber auch als rasche Energiequelle für Sportler und Schwerstarbeiter – ein rein natürliches »Dopingmittel«!

Hafer enthält mehr Kalzium, Eisen, Mangan, Zink und Silicium als andere Cerealien und besitzt darüber hinaus große Mengen an Magnesium. Sein Gehalt an B-Vitaminen ist beachtlich hoch, so daß er deshalb als besondere Nerven- und Gehirnnahrung angesehen werden kann. Auch das Antioxidans Vitamin E ist in diesem Getreide überdurchschnittlich enthalten. Professor Dr. med. Joachim Kühnau, selbst Haferexperte, meint deshalb: »Unter allen pflanzlichen Rohstoffen ist der Hafer am besten geeignet, den menschlichen Nährstoffbedarf zu decken – und solche Perlen werfen wir vor die Säue!«

Nicht unerwähnt bleiben soll in diesem Zusammenhang die darmreinigende und cholesterinsenkende Wirkung des Hafers. Letztlich ist Hafer ein Muntermacher, weil während seiner Verdauung ein Enzym entsteht, das den Eiweißstoffwechsel ausbalanciert und »psychotrop« über das Gehirn wirkt, uns sozusagen vitalisiert und uns zu »Glückspilzen« macht, denn er feuert in unserem Gehirn Prozesse an, die den Willen positiv beeinflussen. Kinder werden mit Hafer fröhlicher und in der Schule leistungsfähiger, Erwachsene ermüden nicht so schnell, und alte Menschen bleiben vitaler und stärker an der Realität interessiert.

Dinkel und Kamut

Viele Ernährungsphysiologen halten es mit der Äbtissin Hildegard von Bingen, die verlauten ließ:»Dinkel ist das beste Getreidekorn, wirkt wärmend, fettend und hochwertig und gelinder als andere Körner. Dinkel führt zu einem rechten Blut, gibt aufgelockertes Gemüt und die Gabe des Frohsinns.« Genau 17 Vorzüge des Dinkels zählt sie auf.

Leider konnten dem Dinkel von unseren Wissenschaftlern nicht so viele Wunderdinge nachgesagt werden, und deshalb steht er mit Kamut an letzter Stelle der Getreideliste, doch soll er nicht unerwähnt bleiben. Beide, Dinkel und Kamut, sind Vorstufen unseres heutigen Weizens, Kamut sogar sein direkter züchterischer Vorfahr, während Dinkel aus einem früheren Seitenzweig stammt. Beiden ist gemeinsam, daß ihre Proteinzusammensetzung noch der ursprünglichen, für den Menschen verträglichen Sequenz entspricht, während der Weizen von den physiologischen Notwendigkeiten des Menschen weggezüchtet wurde, um vor allem züchterischem Profit Genüge zu tun. Das zeigen schon die vielen Weizenallergien.

Leider enthalten auch Dinkel und Kamut eine gehörige Portion Gluten. Dieses Klebereiweiß verleiht ihnen zwar hervorragende Backeigenschaften, so daß Gebäck aus Dinkel und Kamut locker, aromatisch und weich gerät, ist aber dazu angetan, den Körper zu säuern und die Darmzotten zu verkleben.

Dinkel enthält jedoch immerhin alle essentiellen Aminosäuren in kleinen Mengen und zudem herzschonende, ungesättigte Fettsäuren sowie einen hohen Prozentsatz an Kieselsäure und Zink; ähnlich verhält es sich mit Kamut. Grünkern, der noch unreife Dinkel, wird besonders wegen seines üppigen Eisengehalts für Schwangere und Kinder empfohlen. Grünkernfüllungen sind eine Köstlichkeit. Wir sollten sie uns jedoch nicht zu häufig gönnen, weil das unreife Getreide noch mehr säuert als das reife.

Beide, Dinkel und Kamut, sind den sonstigen Getreiden wie Roggen, Weizen, Tritikale sowie auch der Gerste haushoch überlegen. Sie säuern zwar deutlich, aber nicht so stark wie diese, und haben bessere Backeigenschaften sowie eine günstigere Biochemie. Gönnen wir uns also hin und wieder ein Dinkelbrot, -gebäck oder -getreidegericht!

Nüsse, Samen und ihre Öle

Nüsse und Samen sowie ihre Öle haben einen hohen Gesundheitswert für unsere Ernährung und liefern einen vortrefflichen Geschmack für unsere Gourmet-Küche. Vor allem im gekeimten Zustand sind viele von ihnen besonders wertvoll. **Keimlinge** sind, da jüngste Pflänzchen, gespickt mit nativen und vitalen Stoffen, die ja die junge Pflanze zum Heranreifen braucht. Ob Dinkel-, Radieschen-, Linsen- oder Alfalfasprossen, alle haben ihren eigenen, hohen Gesundheitswert: native Aminosäuren, kompakt gebündelte B-Vitamine, A-, C- und E-Vitamine sowie zahlreiche Mineralien. Und obendrein sind sie billig, einfach selbst herzustellen und lecker.

Am besten eignen sich zum Ankeimen einfache Glasbehälter mit Gazedeckel, in denen man das Keimgut täglich waschen und abtropfen lassen kann, so daß man zu jeder Jahreszeit frisches Grün zu Suppen oder Salaten hat.

Physiologisch wertvolle Nüsse und Samen

Im Anschluß sollen die wichtigsten Nüsse und Samen gemäß ihrer biologischen Wertigkeit besprochen werden.

Mandeln

Die Mandel wirft im zeitigen Frühling nicht nur einen bezaubernden Blütenflor über die Hänge ihrer südlichen Anbaugebiete wie Spanien, Portugal, Italien und Sizilien, sie liefert auch höchsten Gesundheitswert für unsere Ernährung. Neben 20 % Eiweiß mit vielen essentiellen Aminosäuren enthält sie 60 % Fett mit zahlreichen ungesättigten Fettsäuren und 18 % Kohlenhydrate und Ballaststoffe. Sie ist reich an Vitamin A, C und zahlreichen B-Vitaminen, enthält sehr viel Kalium, Kalzium und Magnesium, dazu Phosphor und reichlich Eisen sowie Enzyme mit Hormoncharakter, nicht zu vergessen das für unser Immunsystem wichtige Zink.

100 g Mandeln enthalten nahezu 700 Kalorien, d. h. die Mandel ist ein Nährstoffspender ersten Ranges, weshalb sie selbst bei Neugeborenen in Form von Mandelmilch entwicklungsfördernd eingesetzt werden kann. Darüber hinaus stärkt sie das Endokrinum, d. h. das weibliche Hormongewebe, und ist deshalb besonders geeignet für Schwangere, stillende Mütter und Wöchnerinnen. Mandeln sollen auf die Gebärmutter nach der Geburt rückbildend wirken und sogar gegen Rückenschmerzen, bedingt durch ein Kippen des Uterus, und Ausfluß helfen. Das heißt jedoch nicht, daß sie für Männer ungeeignet sind, ganz im Gegenteil. Mandeln sind gleichzeitig Hirn- und Nervennahrung und verbessern Blut und Gefäße.

6–12 Stunden vor dem Verzehr in Wasser eingeweicht, reichern sich die Mandeln immens mit Enzymen und Vitalstoffen an und schmecken dann dreimal so lecker. Sie eignen sich nicht nur als Geschmacksverbesserer für Kuchen und Puddings, sondern auch zum Binden von Suppen. Köstlich ist Mandelmilch mit Ahornsirup oder Rohrohrzucker. Daß dabei die Leistungsfähigkeit unserer Kinder und auch unsere eigene steigt, ist letztlich eine willkommene Begleiterscheinung!

Sesam

Es geht weiter mit Köstlichkeit und hohem Gesundheitwert in einem.»Die Sesampflanze ist eine der ältesten kultivierten Ölpflanzen«, heißt es bei Ingeborg Münzing-Ruef, und weiter:»Ihre Urheimat ist aller Wahrscheinlichkeit nach das Zweistromland an Euphrat und Tigris.« In der Türkei, Griechenland und Ägypten gehört dieser Same seit Urzeiten zu den täglichen Grundnahrungsmitteln. Heute erntet man Sesam vorzugsweise in Mexiko, Indien und Afrika. Am sinnvollsten ist die Verwendung des noch ungeschälten, ungerösteten Samens. Sesam hat einen Ölgehalt von ca. 50 % und enthält vorwiegend ungesättigte Fettsäuren. Sein Eiweißgehalt liegt zwischen 20 und 40 %. Ungeschälte Samen enthalten zehnmal so viel Kalzium wie Kuhmilch, und obwohl auch einiges an Phosphor vorhanden ist, kann die große Menge des Kalziums sich durchsetzen. Auffallend ist ebenso der hohe Gehalt an Eisen, Niacin (Vitamin B_3), Magnesium, Kieselsäure sowie Selen und Lecithin. Kaum ein Samen ist so reich an Nerven-, Knochen- und Blutaufbausubstanzen und zudem mit klassischen Antioxidantien gesegnet wie der Sesam.

Sesamöl wird aus diesem Grunde für Menschen mit Bluthochdruck und Diabetes empfohlen, heilt Hautprobleme mit seiner hilfreichen Gammalinolensäure und vermindert erheblich Arterioskleroseschäden und sogar deren Folgen wie z. B. einen Schlaganfall. Die Ayurveda-Medizin setzt Sesamöl in heilenden Ölgüssen sowie zur Reinigung des Magen-Darmtraktes ein.

In der Gourmet-Küche backen wir mit **Sesam** köstliches Kleingebäck und Konfekt und würzen mit seinem Öl Rohkostsalate oder Kartoffelgerichte mit Gomasio (zusammen mit einer Prise Königssalz frisch vermahlene Sesamsamen). Eine köstliche **Heilmilch** gegen Schnupfen und allerhand andere Zipperlein läßt sich einfach selbst herstellen:

Nehmen Sie ca. 2 EL Sesamsamen, ungeschält, und pürieren diese im Mixer mit gut $^1/_2$ l Wasser, 1 EL Zuckerrübensirup und 2 Scheibchen einer frischen Ingwerwurzel ca. 3 Minuten lang. Trinken Sie diese Milch sehr bald nach Fertigstellung schlückchenweise aus, damit die wertvollen Inhaltsstoffe Ihnen unoxidiert zugute kommen können. Dieses Getränk sättigt stark und ersetzt vor allem bei kranken Personen eine ganze Mahlzeit.

Leinsamen

Diese Samen gehören wegen ihres Gesundheitswertes für unseren Magen-Darmtrakt in die gleiche Reihe wie Sesam und Mandeln. Kalt gepreßtes Leinöl gilt als Schutznahrung bei Krebs- und Gallenleiden, jedoch nur unerhitzt, weil dadurch die wertvollen Vitalstoffe zerstört würden. Leinsamen besitzen 5–6 % Schleimstoffe und haben dadurch ausgezeichnete Quelleigenschaften. Aus diesem Grunde aktivieren sie die Darmperistaltik und sorgen für eine sanfte, aber wirkungsvolle Entleerung. Hier das Rezept für ein hausgemachtes **Gesundheitsgetränk**, das sanft und gründlich den kranken Magen und den Darm schützt und Entzündungen abheilen läßt:
1–2 EL goldgelbe Leinsaat 10 Minuten in $^1/_2$ l Wasser kochen und durch ein Sieb streichen. Man erhält dadurch einen Schleim, den man am Morgen auf nüchternen Magen trinkt. Ein Versuch lohnt sich bestimmt!

Kürbiskerne und ihr Öl

Kürbissamen stehen den übrigen Samen in keiner Weise nach, denn auch sie haben einen eigenen medizinischen Wert. Das liegt vor allem an ihren ätherischen Ölen, den Phytosterinen, die hormonähnliche Wirkung haben, fast 30 % Protein, sowie den Vitaminen A, B und E, reichlich Zink, Phosphor und Eisen, Magnesium und etlichen noch nicht entschlüsselten Substanzen, die noch weitere Gesundheitsfaktoren vermuten lassen.
Vor allem für Männer sind Kürbiskerne ein wahrer Segen. Denn wo ärztliche Kunst oft keine Abhilfe schaffen kann, führen die Kürbissamen zum Erfolg – nämlich dann, wenn die Prostata vergrößert ist und unangenehm auf die Harnröhre drückt, so daß es zu Harnverhalten kommt. Aber auch bei weit verbreiteter Nierenschwäche, die sehr oft bei Frauen anzutreffen ist, leisten

die kleinen grünen Samen wertvolle Hilfe; in diesem Falle zusammen mit völlig tierisch-eiweißfreier Ernährung.

Kürbiskernöl sollte nicht isoliert von seinen Samen gesehen werden, denn es enthält neben den gleichen Heilwirkungen eine beachtliche Menge ungesättigter Fettsäuren und Ingredienzien, die Würmer aus dem Darm vertreiben. Seit alters bekannt, wird es erfolgreich gegen Bandwurmbefall eingesetzt. Sein bezauberndes Aroma entfaltet dieses grünbraune, leider auch recht teure Öl, wenn es kurz vor dem Servieren über Salate gegossen wird. Es besitzt einen feinen, nußartigen Geschmack. Gönnen Sie sich einen Urlaub in der Steiermark, und kaufen Sie bei einem dortigen Bauern das Kürbiskernöl preiswert ein. Es lohnt sich!

Chufa-Nüßli (Erdmandeln)

Eigentlich gehören die köstlichen Chufas überhaupt nicht zu den Nüssen, doch sie werden wegen ihres mandelähnlichen Geschmacks so genannt und haben als Mineral- und Vitalstoffträger durchaus ihren Stellenwert in der Reihe der leckeren und heilträchtigen Nüsse. Im botanischen Sinne handelt es sich um die Wurzeln eines Zyperngrases (*Cyperis esculentus*), die getrocknet, dextriniert und geraspelt in unsere Küche gelangen.
In einem Gutachten des Chefarztes Dr. med. W. Zimmermann des Krankenhauses für Naturheilweisen der Stadt München heißt es:»Chufa-Nüßli sind ein hochwirksames Magen-Darmtherapeutikum mit durchschlagender Wirkung für alle Altersgruppen – regenerativ von innen her.« Sie liefern die Voraussetzung für eine bessere »Resorption essentieller Nährstoffe und fördern eine optimale Funktion des Magen- und Darmtraktes. Gegenanzeigen und Unverträglichkeiten sind nicht bekannt.«
Neben ihrer großartigen Füll- und Ballaststoffwirkung für den Darm enthalten Chufas eine ansehnliche Reihe von Mineral-

stoffen wie Natrium, Kalium, Kalzium, Magnesium, Eisen, Kupfer, Zink und Mangan. Man verwendet sie zu Müsli, als Rohkost, aber auch zum Kochen und Backen, wodurch man Suppen sämiger oder einen Kuchenteig lockerer macht. Sehr lecker schmecken Chufas auch in einem Guß aus saurer Sahne über Gemüse- und Kartoffelgerichten.

Flohsamen

Dabei handelt es sich um die Samenhüllen eines Wegerichgewächses, die aus Indien zu uns kommen. In der Schale tragen diese Samenhüllen Quellstoffe, die sie in Flüssigkeit um das Zehn- bis Zwanzigfache aufquellen lassen. Dadurch sind sie eine milde, aber sehr wirksame Verdauungshilfe. Das Stuhlvolumen vergrößert sich immens und verbessert so die Darmperistaltik. Da Flohsamen praktisch geschmacksneutral sind, kann man mit ihnen allerlei Puddings und Breie zaubern, ohne daß das medizinische Therapeutikum vom Esser wahrgenommen wird.

Johannisbrot (Carob)

Johannisbrot, das Mark der Hülsenfrucht vom Johannisbrotbaum, genannt Carob, ist ein Geschenk des Himmels. Daraus kann man eine »Schokoladencreme« zaubern, die echter Schokolade in nichts nachsteht und dabei viel bekömmlicher ist als Kakaokonfekt und -gebäck, da Carob kein Theobromin enthält, das Leber und Nieren hochgradig vergiftet.

Carob enthält darüber hinaus sehr viel Vitamin A, etliche B-Vitamine, Kalzium, etwas Phosphor, Eisen, Kupfer und Magnesium, ist reich an Eiweiß und sehr arm an Fett, besitzt obendrein reichlich Pektine und Lignine, die Giftstoffe im Körper zu binden vermögen und den Cholesterinspiegel senken – also ein echter Antagonist zum Kakao!

Mit ein paar einfachen Rezepten läßt sich eine kakaoähnlich

schmeckende braune Carobglasur herstellen sowie »Schokola-
den«-Torte und »Zaubernutella« – wie meine Kinder immer
sagen. Ein Versuch wird Sie überzeugen!

Sonnenblumenkerne und ihr Öl

Am wertvollsten sind die Samen der Sonnenblume in gesproß-
tem Zustand. Dann nämlich, wenn ihr winziger Keimling mit
seiner Wurzel sichtbar wird, enthält der Sproß eine enorme
Menge an Proteinen, sogar im aufgeschlüsselten Zustand der
essentiellen Aminosäuren, dazu einen hohen Anteil ungesättigter Fettsäuren, vor allem Linolsäure und Lecithin. Nicht zu verachten ist die Menge an B-Vitaminen als Nerven- und Gehirnnahrung und Vitamin E als großartige Entgiftungshilfe.
2–3 Tage alte Sprossen können Sie sehr gut über Salate, Suppen
oder Gemüse streuen oder zu einem Dip verarbeiten, z. B. zusammen mit Kelp, Knoblauch, Oliven und etwas Petersilie püriert.
Nicht zu verachten sind auch kleine süße Naschereien aus Son-
nenblumensprossen (z. B. »Liebesbällchen«, s. Rezept Seite 289).
Das Öl der Sonnenblumensamen fällt auf durch einen üppigen
Vorrat an B-Vitaminen, ungesättigten Fettsäuren und eine beachtliche Menge Vitamin E. Es kühlt – wie auch Distelöl – vor
allem im Sommer unseren erhitzten Körper, und beide sollten
niemals erhitzt verzehrt werden, um ihre wertvollen Inhaltsstoffe
nicht zu zerstören. Gekochte Speisen lassen sich auch im nach-
hinein fetten.

Cashewkerne

Cashewnüsse sind noch nicht allzu lange auf dem europäischen
Markt; ihr Geschmack und therapeutischer Wert sind deshalb
erst seit kurzem beschrieben. Sie enthalten wie die meisten
Nüsse Protein und Fett in großen Mengen, vergleichsweise weniger Kohlenhydrate, aber dennoch viel Kalium, Kalzium, Magne-

sium, erhebliche Mengen an Eisen, etwas Phosphor sowie Beta-Carotin und nahezu alle Vitamine. Aus diesem Grunde sind diese Nüsse ein heilendes Magen-Darmtherapeutikum und über die Stärkung der Nerven ein vitalisierender Faktor ersten Ranges.

Physiologisch problematische Nüsse und Samen

In der Folge möchte ich nun die übrigen in unserer 5-Elemente-Küche verwendbaren Kerne kurz besprechen und auch zu den Nüssen, die nicht unbedingt gesundheitlich zuträglich sind, ein Wort sagen. Genannt werden müßten dabei zunächst Hasel- und Kokosnüsse, alsdann Mohn, Maronen sowie Pistazien und Pinienkerne. Aus gutem Grund fallen Erdnüsse, Walnüsse und Pekan- sowie Paranüsse aus dieser Reihe heraus.

Erdnüsse sind zwar reich an Inhaltsstoffen, doch weil sie grundsätzlich geröstet angeboten werden, erhöhen sie den Cholesterinspiegel und den Blutdruck.

Pekan- und **Paranüsse** lagern fast ausnahmslos nahezu unsichtbar einen Pilz in ihrem Innern, der uns mit Aflatoxinen vergiftet.

Walnüsse besitzen einen hohen und nicht ganz ausgewogenen Proteinspiegel, so daß sie zu den stark säuernden Kernen zählen müssen.

Haselnüsse zählen ebenfalls zu den säuernden Kernen und sollten nur in Maßen gegessen werden, und wenn, dann niemals zusammen mit anderen Proteinträgern.

Kokosnüsse sind problematisch wegen der fast ausnahmslos hoch gesättigten Fettsäuren, was unseren Gefäßen und unserer Herztätigkeit nicht gerade entgegenkommt. Lecker und erlaubt sind diese Nüsse jedoch, wenn sie nur gelegentlich genossen werden.

Eine ganz andere Besonderheit liegt bei **Maronen** vor. Sie werden stark basisch verstoffwechselt und sind aus diesem Grunde in unserer Küche sehr willkommen. Da sie jedoch gespickt sind mit langkettigen Kohlenhydraten, sind sie gleichzeitig eine Belastung für unsere Bauchspeicheldrüse, so daß sie nur in Maßen gegessen werden sollten.

Die Gefahr des übermäßigen Verzehrs wird bei **Mohn** normalerweise nicht gegeben sein, denn kaum jemand wird regelmäßig zwei- bis dreimal am Tag oder in der Woche Mohnkuchen oder -pudding verzehren wollen. Nur in diesem Falle nämlich würden die Morphine zum Tragen kommen und uns Halluzinationen und Suchtgefahren bescheren.

Nicht unerwähnt bleiben sollen **Pistazien**. Diese kleinen grünen Samen, die so attraktiv eine Carobspeise, einen Kuchen oder auch eine Suppe zieren können, enthalten sehr viel Kalium, reichlich Eisen und Magnesium sowie Phosphor. Leider werden sie fast ausschließlich gesalzen angeboten, was ihren Gesundheitswert erheblich herabsetzt, und zudem meist radioaktiv bestrahlt, um ihre Lagerfähigkeit zu erhöhen. Dadurch können wir von ihren Vitaminen und Proteinen nichts mehr profitieren, sondern haben eher ein totes Nahrungsmittel vorliegen.

Schließlich sind noch die **Pinienkerne** zu nennen, die in bezug auf ihren Gesundheitswert Vorteile wie auch Nachteile haben, da sie einerseits große Mengen an Vitamin B_1 enthalten, andererseits den Organismus sehr stark säuern. Da sie jedoch wie Pistazien recht teuer sind, wird man sie ohnehin nur hin und wieder genießen und schadet sich damit wohl kaum. Hübsch wirken sie an Weihnachten oder Ostern zu Stacheln kleiner Konfektigel verarbeitet, und lecker sind sie auch als sparsame Beigabe in Gemüsefüllungen.

Öle und Fette

Setzen wir nun die Reihe der Öle fort, denn das eine oder andere Öl sollte wegen seiner phantastischen Eigenschaften unbedingt Erwähnung finden.

Olivenöl

Olivenöl ist dem bereits erwähnten Sesamöl nahezu ebenbürtig. Es sollte jedoch aus erster Kaltpressung (d. h. beim Pressen der Oliven nicht über 40 °C erhitzt) und aus kontrolliert biologischem Anbau stammen, weil es andernfalls völlig wertlos werden kann.

Olivenöl ist ein Vitaminreservoir sondergleichen mit großen Mengen an Vitamin C, A, B$_1$, B$_2$, B$_6$, Pantothensäure und Folsäure. Zudem treten reichlich Kalium, Magnesium, Kalzium, Eisen und in geringen Mengen Phosphor, Schwefel und Chlor auf. Insbesondere kann man im Olivenöl ein Glykosid, Oleside und cholinähnliche Substanzen nachweisen, die eine hervorragende Leber- und Gallenschutzwirkung besitzen. Im übrigen senkt dieses Öl auf deutliche Weise den Cholesterinspiegel, d. h. die Aufnahme von Cholesterin aus der Nahrung und insbesondere von schwerem (HDL-) Cholesterin, das die Gefäßwände verkleistern kann, wird durch die Inhaltsstoffe des Olivenöls verhindert. Verbrennungen heilen schnell ab, wenn man sie mit einem Umschlag aus Wein und Olivenöl im Verhältnis 1:1 versorgt. Pfarrer Kneipp empfahl regelmäßig und nachhaltig die »Ölkur«, denn Olivenöl stärkt die Verdauung über das Anregen des Gallenflusses und dient vorzüglich zum Abtreiben von Gallensteinen. Stündlich 2–3 EL Olivenöl eingenommen, hilft bei Gallenkolik schneller, als der Arzt kommen kann. Auf ihn sollten Sie dabei jedoch auf keinen Fall verzichten. Bei Furunkeln und

Abszessen sowie Nervenschmerzen und Verstauchungen helfen Olivenölumschläge mit Knoblauch vermischt.

Olivenöl ist tatsächlich ein Heilmittel aus der Küche. Dabei sollten Sie das köstliche Öl nicht zu oft erhitzen, sondern erst den fertigen Speisen zufügen, weil durch die hohe Wärmezufuhr die wertvollen Inhaltsstoffe des Olivenöls denaturieren, d. h. unwirksam werden.

Weizenkeimöl

Noch ein Küchenheiler unter den Ölen! Sie werden es kaum glauben – Weizenkeimöl ist der beste Vitamin-E-Lieferant weit und breit. Alle Oxidationsprozesse im Körper, die zu Vergiftungen, Infektionen, zu Fettablagerungen in den Gefäßen und meist zu frühzeitigen Alterungsprozessen führen, können durch zwei kleine Teelöffel Weizenkeimöl pro Tag aufgefangen und ausgeglichen werden. Nur zweierlei ist wichtig: Sie sollten das Öl niemals kochen und immer dunkel aufbewahren.

Für eine Vitaminreinigungs- und Vitalisierungskur empfehlen wir, mit einem Tropfen Weizenkeimöl zu beginnen und täglich um einen weiteren Tropfen bis auf 10 Tropfen pro Tag zu steigern. Dann 5 Tage pausieren und das Ganze von vorn beginnen. Während dieser Kur möglichst nur Gemüse und Obst essen, wozu auch Kartoffeln und Chufas gehören.

Maiskeimöl

Mais enthält nur 3,8 % Fett, und dementsprechend arm ist das Öl an Vitalstoffen. Sie sollten daher die ganzen Körner dem Öl vorziehen. Das heißt nicht, daß Sie um Maisöl einen großen Bogen machen müssen, jedoch sollten Sie es nicht ausschließlich verwenden.

Bleibt noch der Vollständigkeit wegen darauf hinzuweisen, daß Mais als alleinige Getreidenahrung nicht in Frage kommt, da in diesem Fall mit einem schwerwiegenden Nährstoff- und Co-Enzymmangel gerechnet werden muß, der schon in historischen Zeiten auffällige Krankheiten nach sich zog, wie z. B. die damals noch nicht ergründbare Erkrankung an Pellagra.

Sojaöl

Dieses Öl ist so billig und reichlich zu haben, daß es in der Nahrungsmittelindustrie für fast alles verwendet wird, was aus geschmacklichen Gründen gefettet werden muß. Es enthält zwar von Natur aus etliche ungesättigte Fettsäuren und dazu zahlreiche Vitamine und Mineralien, jedoch wird es von der Industrie chemisch entharzt, raffiniert und gebleicht sowie desodoriert, so daß ein Produkt entsteht, das nicht mehr als Nahrungsmittel bezeichnet werden kann. Dieses tote »Lebensmittel« wird uns »versteckt« geliefert in Margarine, Backwerk, zum Haltbarmachen von (Fisch-) Konserven, zum Herstellen von Fertiggerichten usw. Der versteckte Gebrauch von Sojaöl steigt von Jahr zu Jahr. Seit einigen Jahren gelangen sogar genmanipulierte Sojabohnen und damit auch ihr Öl in unsere Küchen. Gentechnisch verändert wurden die Sojapflanzen, um Resistenzen gegen giftige Spritzmittel zu entwickeln. Wir verspeisen also Sojaprodukte mit einem erheblich höheren Giftanteil als früher! Was aber passiert mit dem Sojaschrot, mit dem Trester, der bei der Ölgewinnung anfällt? Nun, aus ihm wird auf chemischem Wege das Protein herausgetrennt, durch Naßspritzdüsen gepreßt (Düsen, wie sie auch zur Textilherstellung verwendet werden) und zu Fasern versponnen. Diese Fasern werden anschließend in vielen chemischen Bädern farblos, geruch- und geschmacklos gemacht, um alsdann wieder künstlich mittels chemischer Geschmacksnoten aromatisiert und mit Vitaminen und Mineralien angereichert zu werden. Das Endprodukt, unbegrenzt lange haltbar, wird den

Hausfrauen als Gulasch, Hackfleisch oder ähnliches angeboten. Na, dann guten Appetit! Viele Leute klagen bei der Zubereitung dieser Gerichte, daß es in der gesamten Wohnung penetrant rieche und kaum auszulüften sei. Und weiterhin bläht der »köstliche« Fleischersatz bei empfindlichen Menschen ganz besonders stark. Wenn also überhaupt Soja, dann aus kontrolliert biologischem Anbau!

Walnußöl

Das Öl der reifen Walnüsse ist besonders reich an essentiellen Fettsäuren, die der Arteriosklerose vorbeugen und den Cholesterinspiegel senken helfen. Sein erlesen nussiger Geschmack mundet köstlich zu diversen Salaten. Es ist zwar ein recht rares Öl, doch hält es unsere Gefäße jung und spendet Nerven- und Heilnahrung. Der Lymphfluß bleibt in Gang, die Verdauung wird unterstützt, und sogar die Sehkraft erfährt eine Verbesserung.

Kokosfett

Beim Fett der Kokosnuß handelt es sich um ein Gemisch hochgesättigter Fettsäuren, das sehr hitzebeständig ist. Trotzdem sollten wir es nicht permanent zum Anbraten verwenden. Auch in der Friteuse hat dieses Fett nichts zu suchen, es sei denn, Sie wollen sich und Ihre Lieben langsam verkleistern. Gelegentlicher Gebrauch mag wohl angehen – ich jedoch verwende dieses Fett nicht in meinen Gerichten, nehme aber hin und wieder das Fleisch der Kokosnuß zu mir.

Butter (Sauer- und Süßrahmbutter)

Butter wird oft verteufelt, weil sie den Cholesterinspiegel im Blut erhöht, doch ist sie im Grunde nicht der Beelzebub, für den man sie häufig hält. Denn sie enthält immerhin auch eine stattliche Menge ungesättigter Fettsäuren, und darin gelöst eine Reihe von essentiellen Vitaminen wie A, D, K und etwas E. Leider enthält Butter nicht nur Fett, sondern auch eine nicht zu vernachlässigende Menge an Eiweiß und Wasser. »Geklärte« Butter (Butterschmalz) dagegen ist ein Entgiftungsmedium für unseren Körper und gleichzeitig eine Geschmacksköstlichkeit. Mehr dazu unter »Ghee«, siehe unten.

Sahne (saure und süße)
Auch Sahne enthält neben Fett beträchtliche Mengen an Eiweiß und Wasser. Aber diese Tatsache gibt ihr die Fähigkeit, unter Luftzufuhr zu einem lockerluftigen Traum in Weiß zu »emulgieren«, der nicht nur Torten und Puddings sowie Desserts auf leckerste Weise verschönt, sondern auch in pikanter Variation als Guß für Pizza, Quiche und Gratins Verwendung findet.

Eine Besonderheit: Ghee

Ghee ist die ayurvedische Bezeichnung für Butterschmalz. Man vermag kaum zu glauben, was sich dahinter so alles verbirgt. Statistisch nachweisbar beseitigt es Bluthochdruck und Gefäßablagerungen – und ist doch aus Butter hergestellt! Selbst aus entlegensten Körperwinkeln soll es Gifte binden können.
Mit Kräutern gewürzt, schmeckt es köstlich beim Überbacken von Kartoffel- und Gemüseaufläufen, findet Verwendung beim Backen sowie bei der Herstellung von Salatsaucen. Wer mag, kann es auch als Brotaufstrich anstelle von Butter gebrauchen. Mit Knoblauchzehen in Scheibchen und etwas Königssalz darüber ist es lecker auf Reiswaffeln und dazu sehr leicht verdaulich.

Entschlackungskur mit Ghee
Die ayurvedische Medizin setzt Ghee sehr häufig für eine Entschlackungskur ein. Diese läuft folgendermaßen ab: Morgens vor dem Aufstehen sogleich 1 Likörglas Ghee zu sich nehmen. Bis zu 2 Stunden danach nichts trinken, darauf bis mittags nur Ingwertee. Zum Mittagessen gibt es dann eine dünne Gemüsesuppe mit grünen Kräutern ohne viel Fett und Salz, nachmittags einen Kräutertee, z. B. Brennessel, Ringelblume und Schafgarbe als Mischtee. Abends kann man, wenn man möchte, wieder eine dünne Gemüsesuppe essen oder aber eine Suppe aus feingemahlener Hirse, die mit Kurkuma und Königssalz oder grünen Kräutern gewürzt wurde. Dieses Programm zieht man je nach Befindlichkeit drei bis fünf Tage durch. Am Abend des letzten Tages nimmt man 1 EL Rizinusöl zu sich, denn es räumt im Darm die vom Ghee angesammelten Gifte aus. Sollte am nächsten Morgen noch kein Erfolg da sein, nimmt man nochmals 1 TL Rizinusöl. Wenn Sie möchten, lassen Sie Ihre Blutfettwerte und Ihren Blutdruck vor und nach der Kur bestimmen. Sie werden staunen!
Diese Kur sollte man allerdings nicht häufiger als zweimal im Jahr durchführen, denn es ist unglaublich, wie viele Gifte durch sie gebunden werden.

Die Herstellung von Ghee
2 kg Butter im Kochtopf schmelzen und auf kleiner Flamme leise köcheln lassen. Zunächst bildet sich ein dichter, feiner Schaum auf der geschmolzenen Butter. Nach $1\,^1/_2$ bis 3 Stunden beginnt dieser schütter zu werden und gibt den Blick frei auf den Boden des Topfes, wo sich inzwischen dicke Eiweißhaufen abgesetzt haben. Der Vorgang ist abgeschlossen, wenn das Ghee honigklar ist und den Durchblick auf den Topfboden komplett freigibt. Dann durch ein Geschirrtuch gießen,

das Sie in ein Sieb über einer ausreichend großen Schüssel gelegt haben. Das Ghee sollte abgedeckt werden, braucht jedoch nicht in den Kühlschrank. Es hält sich auch bei Zimmertemperatur wochen- und monatelang frisch, bekommt eine cremigtrübe Konsistenz und ist gut streich- und dosierfähig.

Die Fett- und Cholesterinproblematik

Lassen Sie hin und wieder Ihre Blutfettwerte bestimmen, wozu nicht nur das Verhältnis von LDL und HDL, d.h. leichtes und schweres Cholesterin, zählt, sondern auch die Triglyzeride und einige Parameter mehr. Sie brauchen sich bei einer ungünstigen Ausformung dieser Werte nun keine überhöhten Sorgen zu machen. Arbeiten Sie zunächst nicht unbedingt mit Pharmaka, sondern mit der heilenden Ernährung aus diesem Kochbuch. Essen Sie viel Obst und Gemüse, weniger Getreide und Nüsse. Auch Fett, insbesondere Ghee und kalt geschlagene Öle, aber auch gelegentlich Sahne darf sein. Fette sind lebensnotwendig, ein Drittel dieser Fette sollte jedoch ungesättigt sein.
Das Problem sind – wie gesagt – die künstlich gesättigten Fette, die als »versteckte« Fette in industriell hergestellten Nahrungsmitteln Verwendung finden. Da sitzen die Gesundheitskiller. Und mehr noch: Die Industrie arbeitet seit einiger Zeit mit Fettersatzstoffen, die gar keine Fette mehr sind, und zwar nicht nur in »Light«-Produkten. Diese Fettersatzstoffe besitzen auf molekularer Ebene eine Konfiguration, die bereits anzeigt, daß hier ein eklatanter »Tapetenkleister« für unseren Darm kreiert wurde.
Zum Schluß dieses Nuß- und Fettkapitels aus Engagement und Zuneigung für Sie ein cholesterinsenkender Tee und Saft, falls Sie sich dennoch Sorgen um Ihre Blutfettwerte machen. Denn wir möchten Sie damit nicht allein lassen!

Tee-Kur (cholesterinsenkend)

25 g Artischockenblätter   *25 g Löwenzahnwurzel*
25 g Queckenwurzel   *25 g Wegwarte-Wurzel*

Einen gehäuften TL dieser Kräuter mit ¼ Liter kochendem Wasser übergießen, 3 Minuten köcheln, dann noch 4 Minuten ziehen lassen und abseihen. Morgens auf nüchternen Magen und abends vor dem Schlafengehen je eine Tasse trinken.

Arterienputzer-Saft

1 Stück frischer Ingwer   *1 Handvoll Petersilie*
(1,5 cm lang)   *1 mittelgroße Karotte*
1 Knoblauchzehe   *1 Apfel in Stückchen*

Knoblauch und Ingwer mit der Petersilie zusammen entsaften, anschließend Möhre und Apfel in den Entsafter zugeben. Dadurch wird der Knoblauchgeruch gemildert. Sofort trinken. Empfehlenswert sind 2–4 Gläser über den Tag verteilt.

Hülsenfrüchte

Mit Hülsenfrüchten sind hier hauptsächlich die trockenen Hülsensamen gemeint, nicht die frischen Erbsen und grünen Böhnchen, die als Frischgemüse erheblich andere Eigenschaften besitzen als die getrockneten. Denn bei den Trockenhülsen scheiden sich die Geister, d. h. genauer gesagt die Geschlechter. Männer vertragen weit eher eine Bohnen- oder Erbsensuppe als Frauen. Frauen leiden leichter unter Blähungen und Darmunpäßlichkeiten nach dem Verzehr dieser Hülsenfrüchte. Mit den üblichen Kartoffeln und Zwiebeln im Verein mit einer Ahlewurscht, Brägenwurst oder Geselchtem darauf ist die Verdauungsbombe mit der Wirkung eines Gesundheitskillers perfekt.

Hülsenfrüchte sind vom ernährungsphysiologischen Standpunkt aus in zweierlei Hinsicht zumindest problematisch: Zum einen besitzen sie neben einer beträchtlichen Menge an Kohlenhydraten (Stärke) genauso viel oder noch mehr Eiweiß. Beides erfordert völlig unterschiedliche Verdauungsmodalitäten: Während die Proteine in der Hauptsache im Magen innerhalb eines sauren Milieus optimal verdaut werden, brauchen die Kohlenhydrate das basische Verdauungsmilieu im Dünndarm. Was nun? In jedem Falle ist unsere Verdauung überfordert, fragt sich nur, wieviel des Verdauungsbreis dieser Art unverdaut zurückbleibt und zum »Tapetenkleister« wird, in dem es gärt und pufft und eben auch stinkt. Zum zweiten besteht die Hülle jeder kleinen Erbse und Bohne aus Cellulose, einem häufig in der Pflanzenwelt verwendeten Stützelement. Cellulose kann vor allem der weibliche Darm nicht verdauen, und auch der männliche muß seine Darmsymbionten dafür zu Hilfe nehmen. Ist seine Darmflora aber bereits gestört, was heutzutage sehr oft

71

der Fall ist, liegen bei ihm die gleichen Verdauungsprobleme vor wie bei einer physiologisch intakten Frau.

Die von vielen so geliebte Erbsensuppe können wir uns hin und wieder einmal gönnen, jedoch vorzugsweise mit dem Trick, einen Großteil der Erbsen püriert zu verwenden und mit viel Knoblauch und Olivenöl zu würzen.

Und noch ein Tip: Es gibt Erbsen und grüne Böhnchen im Biohandel, nach einem gehaltschonenden Schweizer Verfahren getrocknet, die vorzüglich schmecken und noch den Flair des grünen Gartengemüses besitzen. Mit etwas Ghee, wenig Würze und grünen Kräutern schmecken sie einfach köstlich.

Überhaupt sollten Sie sich nicht, auch wenn wir Ihnen die Nachteile erklärt haben, auf die Schmollseite legen und fortan auf Ihre heißgeliebte Bohnensuppe verzichten. Beileibe nicht! Das wäre nicht der Sinn dieses Kochbuchs. Und genau dafür habe ich eine »Scharfe Mitternachtssuppe« auf der Basis roter Bohnen aufgeführt, die Ihren Kater vertreiben kann und Ihr Herz erfreuen wird (s. Rezept Seite 183). Und damit freut sich dann auch der Dünndarm – und das braucht er, um gut verdauen zu können.

Physiologisch empfehlenswerte Hülsenfrüchte

Es gibt jedoch auch leichter verdauliche Hülsenfrüchte, die im folgenden aufgeführt sind.

Eine Hülsenfrucht, die großartig verstoffwechselt wird, sind **geschälte rote Linsen**. Sie enthalten alle essentiellen Aminosäuren, reichlich Mineralstoffe wie Eisen, Magnesium, Kalium, Kalzium, Kupfer und die Vitamine A, B_1, B_6 und E. Sie nähren Herz, Hirn und Nerven sowie die Nieren. Gichtkranke sollten Linsen wegen ihres hohen Gehalts an Kerneiweißstoffen meiden.

Wir kombinieren die geschälten roten Linsen mit Kartoffeln und/oder Zwiebeln bzw. Porree, würzen und fetten mit Olivenöl, runden den Geschmack mit Brottrunk ab und geben zum Schluß etliche Knoblauchzehen dazu, gute Gemüsebrühe nicht zu vergessen. Mit diesen Nahrungsanteilen zubereitet, wird eine Linsensuppe von nahezu jedermann vertragen. Probieren Sie auch einmal Linsensalat oder gekeimte, kurz blanchierte Tellerlinsen, über einen Auflauf gestreut.

Ein ebenso wertvolles Gemüse sind **Kichererbsen**. Sie sehen wahrhaftig ulkig aus, diese kleinen, gelben, grinsenden Nüsschen, ein Konterfei, das ihnen ihren Namen gegeben hat. Sie besitzen wie Linsen einen hohen Anteil essentieller Aminosäuren, 60 % Kohlenhydrate und vergleichsweise recht viel Fett. Auffällig ist der Gehalt an Kalium, Magnesium, Eisen, Kalzium und Phosphor. Hervorzuheben sind auch die Vitamine A, E, und C sowie einige B-Vitamine. Werden Kichererbsen gekeimt, entwickeln sie ein Vielfaches mehr an diesen Vitalstoffen. Das Fett der Kichererbse, besonders in gekeimtem Zustand, senkt den Cholesterinspiegel im Blut. Der Kalium- und Magnesiumgehalt stärkt den Herzmuskel, die hohen Mengen an Kalzium Knochen und Zähne.

In der Ayurveda-Medizin werden Breiumschläge aus Kichererbsenmehl und Honig auf Krebsgeschwüre gelegt.

Probieren Sie, vielleicht sogar anstelle von herkömmlichen Süßigkeiten, »geröstete Kichererbsen« als Knabberspaß für Ihre Kinder und natürlich auch für die Großen. Vorzüglich mundet auch Hummus, ein dicker, würziger Erbsenbrei, der großartig als Dip, Beilage oder selbst im Ausbackteig Verwendung finden kann.

Auch die **Mungobohne**, ein Sojabohnenabkömmling, entfaltet ihren wahren Heilwert erst als Keimling. Sie ist ein jahrtausendealter Liebling der Kaiser und der Könige, in neuerer Zeit auch der Kranken. Der Mungosproß liefert uns sämtliche Aminosäuren essentieller Art, außerdem großzügig Kalium, Eisen, Kalzium, Magnesium und Phosphor. Er bringt zudem mit einer hohen Menge von Lecithin unser Gehirn auf Vordermann und enthält zahlreiche andere wichtige Biostoffe, die Haut und Haare, Gewebe und Drüsen verjüngen können. Im übrigen ist die Mungobohne der einzige Hülsenfruchtkeimling, der unblanchiert gegessen werden kann; alle anderen wie Linsen-, Sojasprossen usw. sollten vor dem Verzehr mit heißem Wasser abgespült werden, weil dadurch ihr Verdauungsenzymhemmer wirkungslos wird. Experimentieren Sie mit der Mungobohne über Suppen und Salaten, in Dips gestreut und zur Bratlingsverfeinerung. Kaum ein anderer Keimling läßt sich so vielseitig verwenden!

Obst – ein besonderes Kapitel

Sie werden gleich sehen, warum Obst ein besonderes, eigenes Kapitel verdient. Denn Obst kann tatsächlich unser alleiniges Nahrungsmittel sein, ohne daß wir auch nur ein einziges Defizit davontragen – wenn man es richtig macht. Für die Bekömmlichkeit von Obst ist sein Reifegrad ausschlaggebend. Daraus ergibt sich direkt der Unsinn des Verzehrs von Überseeobst – an der Spitze Apfelsinen und Mandarinen. Welche Heil- und Vitalisierungskräfte schlummern aber nun im Obst? Wie und in welcher Form sollte man Obst am besten verzehren und warum?

Obst ist tatsächlich unsere ursprüngliche Nahrung. Als wir nämlich in grauer Vorzeit anfingen, uns Nahrung einzuverleiben, haben wir mitnichten gleich Tiere erlegt und sie gesotten und gebraten. Nein, viel wahrscheinlicher ist es, daß wir uns von Früchten ernährt haben – und was liegt da wohl näher als die sogenannten Lockfrüchte, die die Natur in Hülle und Fülle hervorbringt, unser heutiges Obst. Nebenbei – auch unser Gebiß spiegelt diese Fruchtessergewohnheit wider, und das noch heute ablesbar. Da wir aber nun mittlerweile zum Allesesser avanciert sind, können wir meistens nicht von heute auf morgen auf alleinige Obstnahrung umsteigen. Das würde den meisten von uns erhebliche Probleme verursachen.
Es gibt aber einen einfachen Weg, seinen Körper mit Hilfe von Obst nachhaltig und auf Dauer von Nahrungsschlacken zu reinigen. Die genaue Anleitung dafür würde den Rahmen dieses Kochbuches sprengen. Wenn Sie neugierig sind, kontaktieren Sie uns über das Kasseler Balance Konzept.
Schließlich werden Sie auch dann, wenn Sie nicht ausschließlich

Obst essen, gut daran tun, einheimische Obstsorten zu bevorzugen. Im Winter bedeutet das bei uns Äpfel, Birnen und Trockenfrüchte, im Sommer zusätzlich Erdbeeren, Himbeeren, Aprikosen, Kirschen und Weintrauben. An einheimisches Obst ist unser Stoffwechsel bestens angepaßt, nicht aber beispielsweise an Unmengen von Bananen. Sie enthalten zu viele Kohlenhydrate und überfordern unsere Bauchspeicheldrüse erheblich. Dazu kommt, daß Obst aus Übersee ja immer unreif gepflückt werden muß, um die langen Transportwege zu überstehen. Auch wenn die Früchte im Schiffsbauch »nachreifen«, ist dies kein Prozeß im biologisch-physiologischen Sinne, denn dieser »Reife«-Prozess läuft ohne natürliches Sonnenlicht ab. Sonnenlicht, Photonen, sind aber nötig, damit in den letzten Reifewochen und -tagen Vitamin C und A, native Aminosäuren und Mineralverbindungen entstehen können. Überseeobst ist also fast ausnahmslos unreifes Obst – und dies ist arm an Vitalstoffen und säuert obendrein unseren Körper.

Nun wollen wir Ihnen beileibe nicht Bananen, Mangos, Ananas, Datteln und Feigen komplett streichen, nur: Wählen Sie mit Verstand, was Sie sich einverleiben – Ihr Organismus wird es Ihnen danken.

Zitrusfrüchte

Eine deutliche Absage müssen wir **Mandarinen** und **Apfelsinen** erteilen, die in der Winterzeit so üppig in unseren Märkten angeboten werden. Diese Zitrusfrüchte, ganz davon abgesehen, daß sie durch und durch chemisch behandelt sind, enthalten erhebliche Mengen an Lebergiften, kühlen unseren Körper aus in einer Zeit, in der er der Wärme sehr bedarf, und säuern ihn in recht erheblichem Umfang. Apfelsinen und Mandarinen sind allenfalls Sommerfrüchte. Halten wir uns darum an Zitronen und Pampelmusen oder Grapefruits.

Zitronen stärken mit ihrem sauren Saft die Leber und ihre Entgiftungsfunktion. Zudem werden sie stark basisch verstoffwechselt. Ihren Vitamin-C-Bedarf können Sie allerdings nicht mit Zitronen decken. Dafür halten Sie sich lieber an die Acerolakirsche, die Vitamin-C-reichste Frucht unseres Erdballs. Sie wird in gepulverter Form als Spender für hochkonzentriertes natürliches Vitamin C angeboten. Neben dem Saft der Zitrone enthält auch die gelbe Schale und sogar das weiße Unterfleisch großartige Heilstoffe für Leber und Immunsystem. Auch rheumatische Beschwerden können mit einer ganzen Scheibe Zitrone, unter das Obstfrühstück püriert, erfolgreich angegangen werden.

Die **Grapefruit**, köstlich in ihrer Roséform, stützt und heilt mit ihren sanften Bitterstoffen ganz großartig unseren Dünndarm. Sie säuert überhaupt nicht. Eine halbe Grapefruit am Morgen normalisiert im Laufe der Zeit sogar den Hämatokritwert des Blutes.

Im folgenden lassen Sie mich nun einige weitere Obstsorten mit auffälligem Gesundheitswert aufführen.

Aprikose

Sie ist die Aphrodite der Früchte, eine durch und durch weibliche Frucht mit einer Fülle von Mineralstoffen, die Frauen besonders gut tun. Sie besitzt in großer Menge Eisen sowie B-Carotin, zudem viel Kalium. Das bedeutet Leber- und Immunhilfe sowie Herzhilfe, schonende Entwässerung und Stärkung der Schleimhäute. Zudem ist die Aprikose ein Rheuma- und Gichtheiler und regeneriert allgemein den Stoffwechsel. Aprikosen sollten roh gegessen werden; auch getrocknet und eingeweicht sind sie zu empfehlen. Auf keinen Fall sollten Sie diese Früchte unreif kaufen, denn so enthalten sie noch nichts von der Zauberkraft dieses Obstes.

Ananas

Obwohl ein Exot und deshalb nur gelegentlich auf unserem Tisch willkommen, ist sie nicht nur äußerst köstlich, sondern auch ein großartiger Verdauungshelfer für eine geschwächte Bauchspeicheldrüse, da sie eiweißspaltende Enzyme enthält. Da sie diese Enzyme aber überall freigibt und sich nicht auf Situationen beschränkt, in denen es tatsächlich etwas zu verdauen gibt, hat sie die Tendenz, auch unsere Mund- und Darmschleimhäute etwas anzudauen, wenn wir uns nicht eines Tricks bedienen: Jeder Ananasgenuß sollte von einigen Zitronenspritzern begleitet sein, um der Ananas ihre »Aggressivität« zu nehmen.

Mango

ist wie Ananas ein zwar ausländischer, aber doch konkurrenzloser Bauchspeicheldrüsenhelfer. Mango ist mit Abstand einer der reichsten Carotinträger, enthält B-Vitamine und Flavone, Schutz- und Heilstoffe für die Zellwände und zudem viel Eisen. Leider werden sie nie reif geerntet und sind daher in getrocknetem Zustand und schließlich wieder eingeweicht zu empfehlen.

Papaya

Sie sollte man nur vollreif kaufen. Leider ist sie jedoch recht teuer. Sie regt nachhaltig, aber sanft die Verdauung an, ist gespickt mit Provitamin A (Carotin), Vitamin C, Kalium, Kalzium und enthält antibakterielle Stoffe, die gegen Darmparasiten und Schleimhautentzündung helfen. Im Colitisfall sollte man zudem auch die Kerne essen. Das Papain in ihnen kann besser wirken, wenn man die Kerne ein paar Tage auf einem Handtuch trocknen läßt und dann mit einer Kaffeemühle fein mahlt.

Apfel

Na, wer sagt's, da ist ja der gute einheimische Apfel, und ein
Heiler dazu. »An apple a day keeps the doctor away!« sagt eine
britische Volksweisheit – und tatsächlich kommt der Apfel mit
einer Unmenge sagenhafter Heilstoffe daher.

Neben einigen Vitaminen wie C, A, B und Flavonen enthält er
Kalium, Kalzium, Eisen, Natrium und Phosphor. Zusätzlich be-
herbergt der Apfel über 300 höchst wichtige Biostoffe, wie zum
Beispiel organische Säuren, die der Leber beim Entgiften helfen, Gerbstoffe und ätherische Öle und vor allem das Apfelpektin, das Heil- und Schutzwirkung für Darm und Gefäße besitzt.
Bei Rheuma, Gicht, Nieren- und Blasenleiden sind Äpfel ange-
zeigt; für ein Nierenleiden immer als Saft mit frischer Petersilie
zusammen zentrifugiert. Apfelpektin quillt im Darm auf, neutra-
lisiert Giftstoffe und vernichtet unwillkommene Erreger, bindet
Gallensäuren und fördert auf diese Weise den Abbau von Cholesterin. Für Krebskranke sind darum vier Äpfel am Tag wichtig,
ganz langsam immer vor den Mahlzeiten und vor dem Schlafengehen gegessen. Apfelschalentee hilft bei Fieber und Bron-
chitis.

Doch nun kommt die Kehrseite der Medaille. Wußten Sie, daß
ein Apfel, bis er in unsere Supermarktregale kommt, etwa
256mal gespritzt wird, und zwar nicht allein mit Insektiziden
sowie Fungiziden, sondern auch mit Blühhormonen, Lockstof-
fen für Insekten, Botenstoffen für gleichzeitigen Fruchtansatz
und anderen für kontinuierliche Reifung. Alle Äpfel müssen, um
die Ernte zu optimieren, zur gleichen Zeit reifen, dürfen nach
Euronorm nie weniger als 55 mm Durchmesser besitzen und
werden direkt nach der Ernte oft noch mit einer Wachsschicht
bedeckt, um bessere Lagerfähigkeit zu erhalten. Es versteht sich
von selbst, daß derart behandelte Äpfel nur noch einen Bruch-
teil der Inhaltsstoffe besitzen, wie ich sie eingangs beschrieben

habe. Hinzu kommt, daß durch lange Lagerzeiten in entsprechenden Kühlhäusern der Stoffwechsel des Obstes derart »eingefroren« wird, daß auch der letzte Rest der biologischen Aktivität verlorengeht. Im übrigen sind Äpfel, die keine Stiele mehr haben und/oder deren Kerne noch weiß sind, immer unreif geerntet worden und gehören deshalb zum Säuerungspotential der Ernährung – Natürlich haben sie auch nicht annähernd das hohe Nahrungsniveau wie oben beschrieben. Glücklich zu schätzen ist, wer in seinem Hausgarten einen Apfelbaum sein eigen nennt oder direkt von einem Bauern, dessen Anbaumethoden bekannt sind, seine Äpfel beziehen kann. In jedem Fall ist sogenanntes Bioobst mit Abstand besser als das handelsübliche und zudem kaum teurer.

Kirsche

Bei reifen, dunkelroten, einheimischen Kirschen kann man tatsächlich von knackig sprechen, und sie in der heißen Jahreszeit zu essen, ist eine wahre Wonne. Dabei enthalten die dunkelroten Sorten mehr Mineralien wie Kalium, Kalzium, Eisen, Magnesium, Phosphor und Kieselsäure als die helleren Herzkirschen. Carotin, Vitamin B_1, B_2 und B_3 sowie Vitamin C im Verein mit den dunkelroten Anthocyanen machen aus ihnen eine besondere Heilnahrung für Jung und Alt. Da gibt es Stoffe, die Knochen, Zähne, Blutbildung und Nervensystem unterstützen. Letztlich ist die Kieselsäure ein wichtiger Helfer für die schulische Leistung von Kindern, heilt zudem Entzündungen und geht Krampfadern und Bänderschwäche erfolgreich an. In der Kirschensaison ein paar Tage lang jeweils 750 g dunkelrote Kirschen als einzige Nahrung gegessen, reinigt nicht nur einen kranken Darm, sondern hilft auch manchem Gichtkranken, weil die Kirschen den Harnsäurespiegel zu senken vermögen. Da Kirschen zusätzlich entwässern, werden sie zur Entlastung von Herz und Kreislauf und zur Reinigung der Nieren empfohlen. Sie sind ein wahres Kleinod unserer Mutter Erde!

Himbeere und Brombeere

Zwei heilende Obstsorten, die als Zwillingspartner gelten können. Sie zählen zu den ältesten Arzneimitteln Europas und Vorderasiens. Die Himbeere mit ihrem lieblichen Aroma enthält neben zahlreichen wichtigen Mineralien Pektin und Gerbstoffe, deren Leberhilfe zur Entgiftung wir bereits vom Apfel her kennen. Die Kerne der Himbeere unterstützen die Darmperistaltik. Auch die Brombeere braucht sich nicht zu verstecken, wenngleich sie im Vergleich zur Himbeere eine etwas herbere Obstdame ist. In ihr findet man reichlich Flavone, die eine ausgezeichnete gefäßabdichtende Wirkung besitzen. Der hohe Eisengehalt ist zusammen mit dem vielen Kupfer eine wirkliche Hilfe für unser Blut. Die üppigen Kalziumvorräte geben Knochen, Zähnen und Nervensystem Nahrung. Brombeermuttersaft hilft, einen erhöhten Blutdruck zu senken. Viele Charakteristika dieser Beerendame sind jedoch noch nicht untersucht.

Blaubeere

Auch hier liegt eine dunkle, geheimnisvoll heilende Vertreterin der Beeren vor, die zudem noch einen großartigen Basenüberschuß bietet. Sie gilt als probates Mittel gegen Durchfall, und ihre Blätter helfen als Tee gegen Unpäßlichkeiten des Magens. Seit einiger Zeit weiß man auch, daß Blaubeeren Krebsschutzstoffe enthalten und ausgezeichnet blutbildend wirken. Der hohe Gerbstoffgehalt sorgt für innere Sauberkeit durch Abtöten von Krankheitserregern im Darm. Und solch eine Köstlichkeit wächst versteckt auf unserem Waldboden – da lohnt sich schon ein Sammlerpirschgang!

Holunder

Wer gab dem Holunder seinen Namen? Nun, es war die allseits bekannte Frau Holle! Seine Beeren dürfen nur gekocht verzehrt werden, da sie roh giftig sind und Durchfall und Erbrechen hervorrufen können. Holunder schützt die Gefäße, bindet mit seinem Selen freie Radikale und schädliche Schwermetalle, wirkt schweißtreibend und schützt mit vielen helfenden Vitaminen wie C, A und B vor Erkältungen. Nimmt man noch seine Anthozyane dazu mit ihren allseitigen Heilwirkungen, kann man vor diesem erlauchten Beerenherrn nur den Hut ziehen!

Wassermelone

Sie nimmt eine Sonderstellung unter den heilenden Obstsorten ein. Halb Frucht, halb Gemüse, säuert sie kein bißchen. Morgens nüchtern gegessen, putzt sie den gesamten Darm sauber und reinigt ihn von Vortagsresten. Und obendrein ist sie die einzige mir bekannte Frucht, die keine Spritzgifte einlagert, auch wenn sie während ihres Wachstums damit behandelt wurde. 95 % der Wassermelone sind reines Wasser mit einem dem Menschen gemäßen kristallinen Aufbau. Daraus leitet sich vor allem die hervorragende Heilwirkung dieser Melonenart ab. Darüber hinaus enthalten Wassermelonen eine Reihe wesentlicher Elemente wie Kalzium, Kalium, Magnesium, Eisen, Zink, Fluor und sogar Jod. Alle Melonen spülen Harnsäure aus und reinigen die Nieren. Sie sind deshalb günstig für Gicht- und Rheumakranke. Melonen sollten immer auf nüchternen Magen gegessen und allein verzehrt werden. Dadurch erhöht sich ihre Wirkung ungemein.

Empfehlungen für den Verzehr von Obst

Am Beispiel der Melonen sind wir nun auch gleich beim best-möglichen Verzehr von Obst angelangt, dem wir gern ein Wort widmen möchten. Und so lauten die Empfehlungen:

1. Um Darmprobleme wie Blähungen oder Völlegefühl zu vermeiden, sollte jegliches Obst immer allein und auf nüchternen Magen verzehrt werden.

Das hängt mit der Arbeitsweise unseres Magen-Darmtraktes zusammen. Während der Magen nämlich ein saures Milieu braucht, damit seine Enzyme optimal arbeiten, benötigt der Dünndarm ein basisches Milieu, genau das Gegenteil. Da Obst im wesentlichen nur vom Dünndarm verdaut wird, schleust der Magen es einfach durch und stellt sich in keiner Weise auf seine Verdauung ein. Gibt man aber zum Obst beispielsweise Getreide hinzu, also Müsli, ist der Magen irritiert, denn nun kommen Kohlenhydrate, Fette und Proteine zusammen. Soll er sich auf Proteinverdauung einstellen oder nur durchschleusen? Er tut beides. Ein vom Magen wenig vorverdauter und dazu hochgradig sauer eingestellter Speisebrei kommt im Dünndarm an, so daß dieser viel zu tun hat, alles auf sein alkalisches Verdauungsmilieu einzustellen. Die Folge davon sind mangelnde Nährstoffaufnahme und unzureichend verdaute Speisereste nach der Dünndarmpassage, was zu Völlegefühl, Fäulnis und Gasbildung führt und schließlich mit Polypen im Darm enden kann.

2. Will man wirklich alle Vorteile von Obst genießen, die Versorgung mit Vitalstoffen ebenso wie die basischen Eigenschaften, dann sollte man (mit Ausnahme von Holundersaft) Obst immer roh genießen, denn gekochtes Obst wird sauer verstoffwechselt. Äpfel also besser nur eben andünsten, wenn man sie schon nicht ganz roh essen möchte.

Tees – ein Geschenk
von Mutter Natur

Lange habe ich überlegt, ob ich Ihnen in diesem Kochbuch auch meine Kenntnisse als Kräuter- und Wasserhexe präsentieren soll. Da es bei diesem Buch ja nun mal um sogenannte »Hilfe zur Selbsthilfe« geht, ist es mir eine Gewissenspflicht und Herzensfreude, Ihnen auch aus diesem Zauberwissen etwas zu plaudern.

Kräuterheilkunde entstand hierzulande in den Klöstern, wo Mönche und Nonnen von vorbeiziehenden und einkehrenden Nomaden so manches Kräutlein und Pflänzchen mit seinen heilenden Eigenschaften ergatterten und im Laufe vieler Generationen das Wissen darüber entwickelten, an der Spitze die Beginenklöster, insbesondere mit der Medizin der Heiligen Hildegard von Bingen.

Dabei ist es heutzutage nicht mehr gleichgültig, mit welchem Wasser diese Kräutertees zubereitet werden. Forscher haben herausgefunden, daß im städtischen Bereich im Zusammenhang mit dem dort zu Verfügung stehenden Trinkwasser von 100 000 Einwohnern in einem Zeitraum von 5 Jahren 2000 Menschen starben, demgegenüber im Quellgebiet aber nur 200 Leute, bezogen auf 100 000 Einwohner. Und mehr noch, an Wasserfällen im Himalaja und im Kaukasus beobachteten Mediziner und Wasserphysiker, daß dort ein hoher Prozentsatz der Anwohner bei bester Gesundheit weit über hundert Jahre alt wird.

Wie das? fragt man sich natürlich. Wo liegt die Ursache dafür? Nun, unser Leitungswasser ist leider linksdrehend, verclustert (d. h. es besteht aus völlig ungeordneten Molekülhaufen) und so belastet mit Giftinformationen, daß es kein lebendiges Wasser mehr ist, dessen ein lebender Organismus so dringend bedarf. Wir benötigen einen wirklichen Lichtträger als Flüssigkeitszufuhr, weil unsere Körperzellen über Lichtsignale miteinander kommunizieren, wie man schon lange weiß. Dieses Phänomen wird »Biolumineszenz« der Zellen genannt. Einfach ausgedrückt, brauchen wir Flüssigkeitskristalle, die rechtsdrehend sind, denn das ist die Wasserqualität, die unser Organismus braucht, um sich zu regenerieren. Würde es dabei noch gelingen, die Unmengen an Schadinformationen zu löschen, besäßen wir ein Trinkwasser, das Quellwasserqualität besitzt und mehr.

Ob sie es nun glauben oder nicht – genau dies ist geglückt, und zwar über ein ebenso einfaches wie hochintelligentes Knowhow, das in Österreich und Japan seinen Ursprung hat. Mehr noch – wir sind heutzutage in der Lage, ein Wasser aus unseren Leitungen fließen zu lassen, das medizinisch nachweisbar so regenerierend und vitalisierend wirkt wie nie zuvor. Es nimmt dem Organismus die immense Arbeit ab, sich selbst Flüssigkeitskristalle zur Entgiftung zu konstruieren. Wenn Sie mit diesem Wasser die in diesem Buch beschriebenen Tees und Gerichte kochen, werden Sie in unglaublich kurzer Zeit wieder zu Ihrem alten Schwung zurückfinden oder sich den derzeitigen Elan viele, viele Jahrzehnte lang erhalten.

Tees und Tips bei Gesundheitsproblemen

Und nun starten wir mit den einfachen Kräuterhilfen, bei denen Sie die Nebenwirkungen einfach vergessen können, aufgelistet nach Symptomen. Den Arztbesuch ersetzt das allerdings nicht!

Husten, Schnupfen, Heiserkeit

Alle drei Symptome haben ihren Ursprung im Dickdarm, denn dort ist, lange bevor sie auftraten, das sogenannte Darmsymbiontenmilieu durcheinander geraten. Das geschieht durch Streß und Hetze, falsche Ernährung, Antibiotika und durch mangelnden Glauben an sich selbst. Sinnvoll ist es daher, gleichzeitig beides, Bronchien und Dickdarm, wieder in Ordnung zu bringen.

Gegen Grippe- sowie Erkältungssymptome gibt es eine ganze Reihe von natürlichen Hilfen. Die hier aufgeführten können Sie sich jedoch leicht beschaffen, und sie sind vergleichsweise preisgünstig.

Nehmen Sie 1 EL Schwedenkräuter nach Maria Treben (Reformhaus) in $1/2$ Tasse Schafgarbentee vor jeder Mahlzeit. Danach 1 Glas Brottrunk, 1:1 mit Wasser gemischt. Trinken Sie dazu 3–4 mal täglich (jeweils 1 Tasse) einen der folgenden Tees, aber nicht länger als vierzehn Tage am Stück. Wechseln Sie beim nächsten Husten oder Schnupfen zu einer der anderen Sorten.

Thymiantee
1 geh. TL Thymianblättchen mit $1/2$ l kochendem Wasser überbrühen, 10 Minuten ziehen lassen. Möglichst ungesüßt trinken oder mit etwas natursüßem Apfelsaft versetzen.

Huflattich/Spitzwegerich-Tee
Huflattich und Spitzwegerich im Verhältnis 3:1 mischen. 1 schwach geh. TL der Mischung mit $1/2$ l kochendem Wasser überbrühen, 5 Minuten ziehen lassen.

Königskerzenblütentee
1 geh. EL Kraut mit $1/4$ l kochendem Wasser überbrühen, 5 Minuten ziehen lassen.

Gerstenwasser

1 Handvoll frische Gerstenkörner mit 1 $^1/_2$ l Wasser so lange kochen, bis die Körner dick angeschwollen sind. Das Wasser abgießen und mit etwas Rohrohrzucker süßen.

Königliches Gerstenwasser

50 g Gerstenkörner wie oben kochen und das Wasser abgießen. 60 g getrocknete Feigen in 1 $^1/_2$ l Wasser kochen, bis die Hälfte der Flüssigkeit verdampft ist. Abseihen und mit dem Gerstenwasser mischen. Das abgekühlte Getränk (lauwarm) mit frischem Zitronensaft, etwas Rohrohrzucker und einer 1 Prise Ingwer vertreibt Schleim und Husten auf königliche Art.

Bei Stockschnupfen empfiehlt es sich, eine gute Fettsalbe über Nase und Nebenhöhlen zu verteilen und über Nacht oder auch tagsüber ein mit Schwedenkräutern getränktes Läppchen darüberzulegen. Sind Sie wirklich total »dicht«, sollten Sie Acerolapulver als natürlichen Vitamin-C-Spender und Echinaceatropfen (Apotheke) in einstündigem Wechsel einnehmen, und zwar bis über das Abklingen der Symptome hinaus.

Grippe mit Fieber

Hierbei ist ein Gang zum Arzt unbedingt erforderlich, denn hinter der Grippe können ernstere Ursachen stehen. Ansonsten halten Sie sich an die oben beschriebenen Rezepte und trinken während der ganzen Zeit nach Möglichkeit nur frisch entsafteten Apfelsaft, mit Wasser verdünnt.

Herzprobleme

Herzprobleme hängen immer mit dem Dünndarm zusammen. Er hat in einem solchen Fall entweder zu viel oder zu wenig »Feuer«. Im ersten Fall sollte man mit natursüßen Dingen abhelfen, im zweiten mit sauren Nahrungsmitteln stützen. Oft hilft aber auch ein Herzwein nach Hildegard von Bingen.

Herzwein

1 l Rotwein	*10 Petersilienwurzeln*
1 EL Essig	*3 EL Honig*
1 Bund Petersilie	

Den Rotwein mit Essig, Petersilie und Petersilienwurzeln 10 Minuten lang köcheln. Den Honig hinzufügen und 15 Minuten ziehen lassen. Nach dem Erkalten abseihen, in Schraubverschlußflaschen abfüllen und kühl stellen. Bei Herzklabastern trinken Sie 2 mal täglich vor den Mahlzeiten jeweils eine Menge von 2 Likörgläsern, also bis zu 4 Gläschen am Tag. Zusätzlich ab und zu Melissentee mit Salbei gemischt, 5 Minuten im Kochwasser gezogen, lindert herzbedingte Unruhe.

Herz- und Kreislauftee

Bei Herz- und Kreislaufproblemen kann folgender Tee sehr häufig Linderung und langfristige Regeneration bringen:

10 g Zinnkraut	*30 g Weißdorn*
10 g Gartenraute	*20 g Mistel*
10 g Vogelknöterich	*20 g Mate-Tee*
10 g Bibernellwurzel	*10 g Hohlzahn*
10 g Arnika	*10 g Löwenzahn*
10 g Bohnenschalen	*10 g Anserine*
10 g Hirtentäschl	*10 g Schafgarbe*
10 g Faulbaumrinde	*10 g Erdrauch*
10 g Blasentang	*10 g Irländisch Moos*
10 g Klette	*10 g Herzgespann*

10 g Kalmus
10 g Hauhechel

10 g Quecke
10 g Melisse

Alle Zutaten gut mischen. Für eine Tasse 1 geh. TL Kräuter im Kaltansatz über Nacht abgedeckt stehenlassen und morgens durchsieben. Täglich morgens und abends eine Tasse angewärmt und mit 1 TL Honig vermischt trinken.

Hinweis: In Bad Nauheim wurde im Frühling 1998 eine herausragende neue Herzklinik eingeweiht, die zu den Wicker-Kliniken gehört, nach ayurvedischem Prinzip arbeitet und eine äußerst bemerkenswerte cardiologische Diagnostik besitzt. Bei nicht kontrollierbaren Herzproblemen könnte dies die Klinik Ihrer Wahl sein.
Holen Sie jedenfalls bei Herzproblemen unbedingt den Rat eines versierten Arztes ein. Möglicherweise sind bei Herzproblemen auch Parasiten im Spiel, entweder im Darm oder auch im Herzen – und in einem solchen Falle nützt alles Bemühen nichts, es sei denn, man diagnostiziert die Schmarotzer über eine einfache Blutuntersuchung und tötet sie gezielt ab. (Dazu liegen weitreichende Erfahrung des Kasseler Balance Konzepts vor.)

Darmprobleme/Dünndarm
Bei Dünndarmproblemen mit Blähungen, Völlegefühl oder beidem sind meistens Leber, Galle und/oder Bauchspeicheldrüse mitbetroffen. Da heißt es, einen guten Arzt zu konsultieren und mit Naturhilfe systematisch umzugehen.

Darmtee
Allgemein hilft bei Darmschwierigkeiten ein Tee aus Brennessel, Ringelblume, Schafgarbe zu gleichen Teilen gemischt. 1 geh. EL

der Mischung mit 1 l kochendem Wasser überbrühen und 3 Minuten ziehen lassen. 1 ½ bis 2 l schluckweise über den Tag verteilt trinken. Warm halten!

Kalmuswurzeltee
Dem Magen und speziell der Bauchspeicheldrüse hilft die Kalmuswurzel.
1 TL auf ¾ Glas Wasser über Nacht im Kaltansatz einweichen. Morgens abseihen und vor sowie nach jeder Mahlzeit je 1 Schluck nehmen. Aber nicht mehr als 6 Schluck pro Tag!

Sonstiges

• Genau wie bei Dickdarmproblemen helfen auch hier Schwedenkräuter.
• Morgens vor dem Frühstück zuerst ein Glas Brottrunk trinken, 1:1 mit Wasser verdünnt.
• Zwanzig Minuten später langsam und schluckweise warmen Leinsamenschleim trinken. Dafür 1 EL goldgelbe Leinsaat in ¼ l Wasser 10 Minuten lang köcheln, die Flüssigkeit abseihen und etwas abkühlen lassen.
• Hilft alles nichts, sollten Sie eine Parasitenbestimmung durchführen lassen.

Darmprobleme/Dickdarm
Der Dickdarm ist unser Kellerverlies. Hier liegen alle Verdrängungen, alles, was wir uns nicht so gerne anschauen – z. B. unsere Schuldgefühle.»Ich liebe mich bedingungslos!« heißt das Zauberwort.
Mit Saft, Schwedenkräutern und Spülungen rückt man dem Dickdarm physisch zuleibe.

Saft bei Darmproblemen
1 EL getrocknete Aprikosen, klein geschnitten
1 EL gehackte Walnüsse
Aprikosen und Walnüsse in $^1/_4$ l Wasser 10 Minuten lang köcheln. Abseihen.
Die Flüssigkeit warm und schlückchenweise zweimal am Tag trinken.

Schwedenkräuter
Vor und nach jeder Mahlzeit je 1 TL Schwedenkräuter nach Maria Treben in Tee einnehmen.

Ernährungshinweise
- Häufiger statt Abendessen einen Flohsamenpudding genießen.
- Tierisch-eiweißfrei essen, Industriezucker sowie Weißmehl vermeiden. Alle Verkrampfungen und Divertikel werden dann mit der Zeit in Vergessenheit geraten.

Zahnschmerzen
- Mit Schwedenkräutern (in Wasser verdünnt) den Mund spülen.
- Mit Salbeitee gurgeln.
- 1 TL Sonnenblumen- oder Sesamöl 10 Minuten lang schlürfen bzw. durch die Zähne ziehen. Anschließend das Öl ausspucken und den Mund gut mit Wasser ausspülen.
- Kalziumreich essen, Industriezucker meiden.
- Auf Zufuhr von natürlichem Vitamin C achten.
- Zum Zahnarzt gehen!

Blutdruck (Hypertonie und Hypotonie)

In beiden Fällen hilft ein Mistelkaltansatz. Zusätzlich wird mein Arterienputzer-Saft empfohlen (s. *Rezept Seite 70*).

Mistelkaltansatz

1 geh. TL Mistel in 1 Becher kaltem Wasser über Nacht ansetzen, morgens absieben und angewärmt trinken. Für den Abendtrunk das gleiche morgens ansetzen. 2 Becher täglich trinken, je einen morgens und abends.

Nierenstärkung

* Besonders günstig sind Birkenblätter- und Maisbarttee.
* »Wasser«-Ernährung betonen.
* Kaffee, Schokolade bzw. Kakao, Schwarztee sowie Alkohol in jeglicher Form vermeiden. Tiereiweißfreie Ernährung.
* Täglich $^1/_4$ l Stutenmilch trinken (Bezugsquelle s. Seite 339).

Leberstärkung

* Vor jeder Mittags- und Abendmahlzeit den Saft einer halben Zitrone mit lauwarmem oder kaltem Wasser verdünnt trinken.
* Bierhefe zuführen.
* Auf reichlich B-Vitamine, Cholin und Acetylcholin in der Ernährung achten.
* »Holz«-Ernährung betonen.

Lebertee

Aktiviert den gesamten Stoffwechsel und unterstützt damit die schwer arbeitende Leber.

10 g Rosmarin
10 g Birkenblätter
5 g Fenchel
10 g Mariendistel

10 g Bohnenschalen
10 g Brennessel
10 g Hauhechel

Alle Zutaten mischen. 1 geh. TL mit ½ l kochendem Wasser überbrühen, 6 Minuten ziehen lassen. 2–3 Tassen täglich trinken.

Teufelskrallentee

Vor allem bei Gicht- und Rheumaproblemen abends 1 geh. TL Teufelskralle mit ½ l kochendem Wasser übergießen, morgens durchsieben und vor jeder Mahlzeit eine Tasse trinken.

Arteriosklerose

• Vor allem jegliches Fleisch, Industriezucker und Weißmehl meiden. Fisch ist gelegentlich erlaubt und in manchen Fällen auch erwünscht. Am besten hilft die Ernährung, wie sie in diesem Kochbuch beschrieben wird. Im übrigen empfehlen wir denselben Saft wie bei Bluthochdruck.
• Öfter Brennesseltee trinken, zur Abwechslung auch Brennessel mit Frauenmantel gemischt.
• *Mistelkaltansatz* - siehe Rezept Seite 92.
• *Zinnkrauttee* – 1 TL auf ¼ l kochendes Wasser, 5 Minuten ziehen lassen.

Vergeßlichkeit

Gehirnstärkend allgemein wirkt Misteltee. Speziell gegen Vergeßlichkeit wird der ausgleichende Ehrenpreistee eingesetzt. Auch Melissentee ist angeraten.

Ehrenpreistee

$^1/_2$ TL auf $^1/_2$ l kochendes Wasser, 5 Minuten ziehen lassen. Morgens und abends je eine Tasse trinken. Auch für eine 4–6wöchige Kur ausgezeichnet geeignet.

Stillhilfe

Um den Milchfluß anzuregen, ist folgender Tee günstig:

Milchbildungstee
20 g Fenchelsamen
15 g Anissamen
5 g Kümmel

Zutaten mischen. 1 TL mit $^1/_4$ l kochendem Wasser übergießen und 5 Minuten ziehen lassen.

Trinkt man zuviel von diesem Tee, kann es zu Durchfall kommen. Er ist jedoch harmlos und verschwindet, sobald der Tee abgesetzt wird.

Allgemeine Regeneration und Vitalisierung

- *Estragontee:* Vertreibt Rheuma und Gicht, stärkt den Verdauungssäftefluß, entwässert und entstaut. Dafür 1 EL frisch gehacktes Kraut mit $^1/_2$ l kochendem Wasser übergießen, 5 Minuten ziehen lassen.
- *Ehrenpreistee:* s. o.
- *Ginsengtrinkkur:* Auf 1 l Alkohol (mind. 38 %) 2 zerkleinerte Wurzeln Ginseng 10 Tage bei Raumtemperatur im Dunkeln stehen lassen. Täglich schütteln. Danach abfiltern und in Tropfflaschen füllen, 3 mal täglich 20–30 Tropfen auf ein Glas Wasser zu sich nehmen.
Der Ginseng kann noch zweimal wieder verwendet werden. Er sollte, wenn irgend möglich, 50–60 Jahre alt und wild gewachsen sein.

- **Kressetrunk:** 1 Handvoll Kresse, 1 Apfel, 1 Zitronenscheibe (1 cm dick, ungespritzt) im Mixer zusammen pürieren, sofort trinken. Je ein Glas frühmorgens und abends trinken.

Tees zu allen Gelegenheiten

Auch wenn wir keinen Kaffee und keinen Schwarztee trinken, brauchen wir unser Leben in puncto Getränke trotzdem nicht »trist« werden zu lassen.

- Zum Nachmittag mit einem Stückchen Gebäck oder auch solo trinken wir gern einen duftenden **Lapachotee** mit **Gewürzen.** Ich nehme dazu auf 1 l kochendes Wasser 1 EL Lapachotee – übrigens eine Baumrinde – und gebe $^1/_2$–1 TL Yogiteemischung (Zimt, Kardamom und Ingwer) dazu. Wer mag, kann mit einem Schuß Sahne und/oder Ahornsirup verfeinern. Der Tee schmeckt aber auch allein schon köstlich.
- Nach den Mahlzeiten bekommt ein herzhafter **Ingwertee.** Er hilft der Verdauung und schmeckt hervorragend. Dazu nehme ich 1 gehäuften TL frischen, in einer kleinen Kaffeemühle gemahlenen biologischen Ingwer, übergieße ihn mit ca. 1 l kochendem Wasser und lasse ihn 1–10 Minuten ziehen.
- Ab und zu schmeckt auch **Grüntee.** Er besitzt immunstimulierende Eigenschaften und gibt den Zellen Information dahingehend, daß sie nicht zu einer Krebszelle umgewandelt werden können. Nur sollte er nicht gleich nach einer Mahlzeit getrunken werden, da er die Verdauung behindern kann. Zubereitung: 1 geh. TL Grüntee in einem Sieb mit heißem Wasser (max. 80 °C) übergießen, so daß er schwach bedeckt ist. Nach ca. 3 Minuten den Tee herausnehmen und das Wasser

wegschütten. Das Teekraut nun erneut mit etwa 1 l heißem Wasser überbrühen. Kurzes Ziehen ergibt einen stimulierenden Tee, längeres einen beruhigenden Trunk.

• Auch **Odermennigtee** hat sich als Ersatz für Schwarztee sehr bewährt. Er schmeckt nicht nur ähnlich, sondern hat sogar die Fähigkeit, einen erschlafften Darm wieder zu regenerieren. Man nimmt 1 geh. TL auf 1 l kochendes Wasser und läßt etwa 5 Minuten ziehen.

• Viel begrüßt ist bei uns auch immer unser **Quer-durch-den-Garten-Tee**: Erdbeer- und Himbeerblätter, ein bißchen Vogelknöterich, 1–2 Rosenblütenblätter (vor allem die roten), eventuell noch etwas Minze oder Zitronenmelisse. Lassen Sie sich von Ihrer Phantasie leiten. Die frischen Blättchen mit kochendem Wasser überbrühen und nur kurz ziehen lassen. Solch ein Tee schmeckt immer erfrischend und köstlich.

Mit der Zeit wird sich Ihr Geruchssinn deutlich verfeinern, vor allem bedingt durch die hier dargestellte Ernährung, und Sie werden Ihre eigene Kräuterhexe oder auch Ihr eigener Hexenmeister sein. Nur Mut!
Und schreiben Sie uns gern von Ihren gelungenen Kreationen!

Ernährungsempfehlungen und Rezepte für besondere Lebenssituationen

Ernährung in Schwangerschaft und Stillzeit

Schwangerschaft ist keine Krankheit, im Gegenteil, jede Schwangerschaft gibt der Mutter Stoffwechselimpulse, baut demzufolge ihr Knochensystem auf und reinigt ihren Körper, vorausgesetzt, sie verköstigt sich und ihr noch ungeborenes Kind mit bester Vollwertkost im Sinne der 5-Elemente-Ernährung.

Durch meine drei eigenen Schwangerschaften, aus denen gesunde, lebenskräftige Kinder hervorgegangen sind, habe ich sehr viel gelernt, was eine gesunde Lebensführung in Schwangerschaft und Stillzeit betrifft. Mein drittes Kind habe ich mit über vierzig Jahren geboren, und diese Schwangerschaft habe ich wohl am meisten genossen. Es gab keine Probleme mit Übelkeit mehr, bedingt durch die Hormonumstellung des Körpers, keine Wadenkrämpfe (Magnesium- bzw. Kalziummangel) und nicht einmal besondere Eßgelüste, die schwangere Frauen so oft heimsuchen, weil irgendwelche Nähr- oder Vitalstoffe nur defizitär vorhanden sind. Die Geburten verliefen leicht und ohne überdimensionalen ärztlichen Zauber, die Babys fanden sich rasch in die menschlichen Verhältnisse ein und verließen frühzeitig bzw. pünktlich mit der Mama das »Wochen«bett.

Dabei habe ich wahrhaftig kein sogenanntes »gebärfreudiges« Becken vorzuweisen, ganz im Gegenteil. Bei einem Wanderausflug, bei dem ein Grüppchen Schülerinnen hinter mir herging, bekam ich mit, wie sie ungläubig darüber diskutierten, wie denn in einer derart schmalen Hüftpartie überhaupt Säuglinge hätten ausgetragen werden können. Letztlich waren es wohl das Glück und die Freude, verbunden mit einer absolut vollwertigen Ernährung für die Mutter und ihr noch ungeborenes Kind, die mir diese problemlosen Schwangerschaften ermöglichten. Dabei habe ich oft erlebt, daß in den späten Schwangerschaftsmonaten bei vielen Frauen der Eisenspiegel sinkt und der Kalziumhaushalt gestört ist. Immer häufiger tritt auch der gefürchtete Blutdruckanstieg auf, deswegen beargwöhnt, weil ein erhöhter Blutdruck Ernährungsprobleme für den Foetus an der Plazenta mit sich bringt und es dadurch bedingt zur Unterversorgung des ungeborenen Kindes kommen kann.

Doch all diese Probleme und noch viel mehr können mit einer solch simplen Hilfe wie einer richtigen Rundernährung in der Schwangerschaft angegangen werden.

- Bei Neigung zu Übelkeit muß man eben Hormone zuführen – aus der Gemüseküche. Es gibt nämlich eine ganze Reihe von Pflanzen, die östrogenähnliche Stoffe beinhalten, die wir uns zunutze machen können. Essen Sie in jedem Fall betont Gerste, Mais, Champignons, junge grüne Erbsen, Kartoffeln, Tomaten, Mungosprossen und Weizen- bzw. Dinkelkeime. In kleinen Mengen über den Tag verteilt Ingwertee trinken.
- Gegen Appetitlosigkeit, die gar nicht so selten während Schwangerschaften auftritt, helfen Aprikosen, Brunnenkresse, Brokkoli, Endivien- und Kopfsalat, Löwenzahn, Melone (allein gegessen), Papayas, Petersilie, Pfirsich, Pflaume, Spargel und Spinat.
- Die gleiche Liste gilt für Frauen, die Probleme mit dem Stillen haben.

- Gegen ein Einbrechen des Mineralstoffhaushalts sollten Sie in jedem Falle vorbeugen und nicht erst auf Waden- und Zehenkrämpfe oder gar Zahnschmerzen warten. Hier helfen ganz großartig der Mineralspender Sesam und/oder Chufas. Als Kalziumquelle sollte man sich häufiger Gomasio (s. Rezept Seite 160) über die Speisen streuen oder – besser noch – mindestens einmal am Tag eine Sesammilch zubereiten (s. Rezept Seite 56), am besten mit dem Eisenspender Aprikose (4–5 Stück).
- Schwierig erscheint jedoch das Bluthochdruckproblem in der Schwangerschaft. Hier sind als Verursacher auf der einen Seite die tierischen Eiweiße zu nennen, vor allem Fleisch, aber auch Quark und Käse sowie Eier, und auf der anderen Seite der Industriezucker, der versteckt in praktisch allen industriell hergestellten Nahrungsmitteln lauert: in fast sämtlichen Säften, Saucen, Suppen und Fertiggerichten, in Mayonnaise, Ketchup und sogar in Salami. Lesen Sie – wenn Sie schon Fertig- oder Fastfood kaufen – gewissenhaft die Zutatenliste durch, und entscheiden Sie sich erst dann, wenn überhaupt, für diesen Kauf. Sie tun sich und ihrem Baby überhaupt keinen Gefallen damit. Essen Sie, wenn Sie keine Lust oder keine Zeit zum Kochen haben, lieber einen Apfel oder anderes Obst; auch eine Melone auf leeren Magen tut gut. Prophylaxe ist hier wichtig, denn ein bereits manifestierter Bluthochdruck ist nicht so einfach wieder herunterzuholen.
- Geradezu essentiell sind für die werdende Mutter B-Vitamine, Vitamin E und Vitamin A. Letzteres holt man sich über Karotten, Tomaten, roten und gelben Paprika, gelb-orange und rote Früchte (z. B. Mango, Papaya).
- Geben Sie täglich 2 EL Bierhefe (aus dem Reformhaus) als Vitamin B- und Folsäurespender zum Essen. Der Folsäurebedarf steigt in der Schwangerschaft um 100 Prozent. Folsäure

findet sich in allen grünen Gemüsen, in Brokkoli, Hülsenfrüchten (Linsen), Nüssen, Grapefruits und Bananen. Essen
Sie ab und zu eine Linsensuppe und streuen Sie sich gekeimte Linsen und Kichererbsen über das Essen. Geben Sie
zusätzlich täglich 1 TL Weizenkeimöl (nicht kochen!) und
2 EL Weizenkeime an Salate. Knabbern Sie zwischendurch
jegliche Art von Nüssen, mit Ausnahme von Erd- und Pa-
ranüssen. Am besten sind Mandeln, gekeimte Sonnenblumenkerne, Kürbissamen und Cashewkerne geeignet.

- Auch Vitamin C sollten Sie vermehrt zuführen, z. B. in Form
von Acerola, Äpfeln, frischen Beeren oder Sauerkraut (frisch
und naturvergoren). Wenn sie es mögen, können Sie vor
jeder Mahlzeit ein Glas ungezuckerten Fruchtsaft trinken, am
besten frisch gepreßt, mit 1 TL Acerolapulver verrührt.

- Gegen Ende der Schwangerschaft wird – zur Vorbereitung
auf die Geburt – die Versorgung mit Vitamin K, dem Blutge-
rinnungsfaktor, wichtig. Er findet sich vor allem in Spinat,
Mangold, Blumenkohl und Kraut. Möchten Sie eine Erleichterung Ihres Geburtsschmerzes erfahren, dann stellen Sie
sich für die Zeit kurz vor der Geburt (zum Trinken vor der Ab-
fahrt in die Klinik) einen Trank zurecht aus $1/4$ l Stutenmilch
(gibt es eingefroren direkt von einer Stutenfarm zu kaufen)
und 2000 mg Kalzium.

Und vor allem: Freuen Sie sich auf Ihr Baby! Genießen Sie das
Glück, die ersten Strampelbewegungen in Ihrem Bauch zu
spüren. Fühlen Sie sich verbunden mit der reinen, göttlichen
Lebensessenz, denn das sind Sie tatsächlich. Feiern Sie ihre
Schwangerschaft, jeden Tag!

Rezeptbeispiele

Zum Schluß noch einige Rezeptbeispiele für die Zeit der Schwangerschaft und auch nach der Geburt. Selbstverständlich können Sie auch geeignet erscheinende Rezepte aus dem übrigen Teil des Buches zubereiten oder aber Ihrer Phantasie freien Lauf lassen, indem Sie sich nach den Elementelisten selbst Gerichte nach Rundkochart zusammenstellen.

Frühstücksvorschläge

Chufastraum

1 Apfel, 1 kleine Banane,
3 eingeweichte Aprikosen
mit Einweichwasser
1 Zitronenscheibe (1 cm dick,
aus biologischem Anbau)

2 EL Chufas,
$^1/_2$ Birne
etwas Zimt und/oder Ingwer
zum Bestreuen

Apfel, Banane, Aprikosen und Wasser mit der ganzen Zitronenscheibe pürieren. Die Chufas erst am Schluß mitpürieren. In einem Puddingschälchen mit darüber geschnittenen Birnenwürfeln anrichten und nach Belieben mit den Gewürzen bestreuen. Bald verzehren!

Buchweizenhäppchen

Diese Häppchen schmecken süß oder pikant: z. B. mit Ghee bestrichen und Bananenscheiben belegt, mit Aprikosenkonfitüre, mit Ghee, Knoblauchscheibchen und Königssalz oder mit Gurkenscheibchen, Radieschen oder Sauerkrautstreifen belegt. Dazu ein Becher Ingwertee!

300–400 g Buchweizen,
fein gemahlen
3 EL Chufas
1 geh. TL Dolpes
(Mineralstoffpräparat,
s. Bezugsquellen)

2 Tassen Brottrunk
1 Tasse Kürbiskerne
1 geh. TL Königssalz
(nierenschonendes Steinsalz,
siehe Bezugsquellen
Seite 340)

Alle Zutaten miteinander verkneten. Ist der Teig zu fest, etwas Wasser zufügen. Der Teigkloß sollte geschmeidig sein. Ein Backblech mit Olivenöl einpinseln und den Teig mit nassen Händen gleichmäßig darauf platt drücken. Bei 200 °C etwa 10 bis 15 Minuten backen. Aus dem Ofen nehmen und mit einem spitzen Messer in quadratische Stücke schneiden. Danach weitere 10 bis 15 Minuten backen, bis sie leicht braun sind.

Stutenmilch

Vollwertig ist auch lediglich ein Becher Stutenmilch, frisch aufgetaut, im Wechsel mit Brottrunk, 1:1 mit Wasser gemischt, getrunken. Stutenmilch spendet wichtige Eiweißbausteine, B-Vitamine, Folsäure, Cholin und Acetylcholin, und Brottrunk enthält Mineralstoffe in Hülle und Fülle. Beides reinigt Leber und Nieren, und Ihr Baby und Ihr Körper werden es Ihnen danken!

Beispiel für Mittag- oder Abendessen

Indische Linsen-Möhren-Suppe

E/M *3–4 Möhren, klein geschnitten*
W *³/₄–1 l kochendes Wasser*
  1–1 ¹/₂ Tassen rote Linsen
H *2–3 EL Olivenöl*
F *¹/₂ TL Cayenne*
M/! *je 1 geh. TL Thymian und Majoran*
  3–4 cm frischer Ingwer, in Scheibchen geschnitten
  1 mittelgroße Zwiebel in Ringen
W *1–2 TL Königssalz*
H *1 Schuß Brottrunk*
F *1 geh. TL Kurkuma*
E *2 EL gekeimte Sonnenblumenkerne*
  2 EL Ghee
! *2 Stengel Petersilie, fein gewiegt*

Die Möhren putzen, schneiden, in einen Topf geben, mit kochendem Wasser reichlich auffüllen (bis 2 cm über den Möhren) und gleichzeitig, ohne vorher umzurühren, die Linsen dazugeben. Anschließend das Olivenöl, Cayenne, Thymian, Majoran und Ingwer zufügen und dabei jeweils umrühren. Knapp 10 Minuten köcheln lassen, bis die Linsen aufplatzen. In die heiße

Brühe die Zwiebelringe geben und umrühren. Etwas abkühlen lassen, salzen, dann Brottrunk, Kurkuma und schließlich die Sonnenblumenkerne sowie in einem Arbeitsgang auch das Ghee zufügen. Alles im Mixer sehr fein pürieren und bei Bedarf heißes Wasser dazugeben, wenn die Suppe zu dick ist. Mit Petersilie garniert servieren.

Speisenfolge des Tages bei Appetitlosigkeit

Tip: Essen Sie immer nur sehr wenig, dafür aber Kleinigkeiten zwischendurch. Allmählich wird sich auf diese Weise Ihr Appetit wieder einstellen.

Frühstück:

1 Tasse Ingwertee und 1 Stück Obst, z. B. Wasser- oder Honigmelone oder $1/2$ rosafarbene Grapefruit.
Einige frische oder getrocknete Aprikosen, am Abend vorher eingeweicht, bringen die Verdauung auf Trab und reinigen den Darm.

Mittagessen:

1. Rohkostsalat

Einige Kopfsalatblätter waschen, zerteilen und auf einem Teller anrichten, etwas Olivenöl darüber, einige Röschen Brokkoli, Königssalz darüber stäuben, Petersilie über alles, einige Löwenzahnspitzen dazu und zum Schluß einige Würfel Papayafruchtfleisch.
Trinken Sie zum Salat oder auch vorweg 1 Glas Brottrunk, 1:1 mit Wasser verdünnt.

2. Spargel mit Butter

Einige Spargelstangen (am besten Grünspargel) dünsten, den bißgaren Spargel mit Ghee übergießen und Petersilie darüber streuen.

Wenn es irgend geht, legen Sie sich nach der Mahlzeit etwas hin oder gehen langsam einige Schritte an der frischen Luft spazieren. Wenn Sie berufstätig sind, bereiten Sie den Salat morgens vor und garnieren ihn mit einigen am Abend zuvor gekochten Spargelstreifen. Als Beilage eignet sich dazu eine Reiswaffel.

Abendessen:

Einige Kopfsalatblätter waschen, zerteilen und auf einem Teller anrichten, einige Papayawürfel zufügen. Spinatblätter waschen, kurz dünsten und mit etwas Ghee, Sahne und einigen Spritzern Zitrone verfeinern. Spinat in die Mitte des Tellers füllen und nach Belieben mit einigen Knoblauchscheibchen und etwas Königssalz darüber würzen.

Speisenfolge des Tages bei Neigung zu Übelkeit

In kurzer Zeit ist mit dieser oder ähnlicher Kost, bei der betont »Erde« gegessen werden sollte, wieder alles in Ordnung.

Frühstück

Zuerst 1 Becher Ingwertee (bis sich der Verdauungstrakt wieder beruhigt hat). 10 Minuten später 1–2 EL Weizenkeime (gut kauen!) oder $^{1}/_{2}$–1 Banane.

Mittagessen

Rohkost: Tomaten mit Mungosprossen und etwas Petersilie
Warme Speisen: Körnig gekochter Reis mit Kurkuma und Königssalz gewürzt. Dazu grüne Erbsen mit Champignons in Ghee leicht gedünstet, mit Thymian, Majoran und etwas Cayenne bestreut.
Eine Viertelstunde nach dem Essen 1–2 Becher Ingwertee. Sie können diesen Tee mit Zimt und Kardamom variieren.

Abendessen

Maistortillas mit Tomatensalat
dazu Brottrunk-Wassergemisch als Getränk
Vor dem Einschlafen noch einen Becher Ingwertee trinken.

Ernährung für Säuglinge und Kleinkinder

Von ganzem Herzen gratuliere ich Ihnen zu Ihrem Familienzuwachs, vor allem dann, wenn Ihr Baby das erste ist, das bei Ihnen Einzug gehalten hat. Es wird Ihr Leben von nun an kolossal verändern und vor allem bereichern. Und Sie haben dieses Ihnen anvertraute Schätzchen in Ihrer Obhut und binden es in Ihre Liebe ein, haben dadurch bereits Verantwortung für dieses kleine Menschlein übernommen. Sie allein mit Ihrem Mann zusammen legen den Grundstein für das Gelingen dieses neuen Lebens. Ja, Sie als Köchin und Mutter haben den Schlüssel für eine lebenslange Gesundheit Ihres Kindes in den Händen. Denn in den ersten Lebensjahren wird der Grundstock für die Beschaffenheit von Immunsystem und Körper gelegt.

Für den Fall, daß Sie sich bereits vor der Schwangerschaft vegetarisch vollwertig ernährt haben, herzlichen Glückwunsch! Bei Ihnen hat der neue Erdenbürger seinen besten Start. Sicher wissen Sie in einem solchen Falle bereits, wie wertvoll die Muttermilch für das Kind und indirekt auch für die Mutter ist. Das Stillen vermag ja nun wirklich alles zu stillen bei Mama und Säugling. Hier liegt quasi eine Symbiose vor, bei der beide gleichwertig voneinander profitieren. Das Kind erhält bestens aufgeschlüsselte, vitale Nährstoffe und gleichzeitig wärmende, liebende Zuwendung, die so unermeßlich wichtig für seine ganze Entwicklung ist, und Sie, die Mutter, dürfen die ganze Fülle Ihrer Mutterschaft erleben, erfahren die bestmögliche Rückbildung Ihrer Gebärmutter nach der Geburt und dürfen die Harmonie und lebendige Akzeptanz spüren, die Ihnen die beim Stillen abgegebenen Endorphine und natürlichen Halluzinogene vermitteln. Ich wünsche Ihnen von Herzen, daß Sie sich dieses Erleben gönnen können!

Für den Fall, daß Sie nicht stillen wollen oder können oder gar eine ärztliche Indikation dagegen vorliegt, seien Sie bitte nicht traurig! Es gibt viele, viele Hilfen, daß Ihr Kind dennoch gesund und vital aufwachsen kann.
Dazu nun meine Vorschläge:

Frühkost (1.–3. Monat)
Mandelmilch: 10 Mandeln (aus biologischem Anbau) mit lauwarmem Wasser bedeckt ca. 20 Minuten stehen lassen, enthäuten und schließlich in $^1/_4$ l abgekochtem und etwas abgekühltem Wasser 3 Minuten pürieren (Mixer oder Zauberstab). Die Milch durch ein feines Bambussieb gießen und sofort verwenden.
Stutenmilch: $^1/_4$ l Stutenmilch (Kumylac, eingefroren) im Wasserbad auftauen und nach Bedarf erwärmen. Stutenmilch kommt der Muttermilch in ihrer Zusammensetzung am nächsten.
Ab 4. Monat kann zur Abwechslung *Reismilch* (Naturkostladen) mit etwas Wasser verdünnt gegeben werden. Gelegentlich mit 1 TL frisch gepreßtem Möhrensaft mischen.

Babykost ab 5. Monat
Immer noch Milch, wie unter 1.–4. Monat beschrieben. Zusätzlich aber Obst und Gemüse wie folgt:
Erste Obstmahlzeit: $^1/_4$ pürierte Banane
Erst wenn diese Mahlzeit vertragen wird, nach ein paar Tagen auch Gemüse geben.
Erste Gemüsemahlzeit: 1 kleine Möhre in Stückchen schneiden, bißgar kochen und nach dem Abkühlen im Kochwasser pürie-

ren. Nach Belieben mit etwas Mandelmilch anreichern. In gleicher Weise kann mit Kohlrabi verfahren werden.

Juniorkost ab 6. Monat

- 1 Pellkartoffel mit Ghee und etwas Petersilie (am besten frisch) zerdrücken, nach Bedarf noch etwas abgekochtes Wasser zufügen.
- Möhren, Kohlrabi, Brokkoliröschen bißgar kochen. Im abgekühlten Kochwasser mit $^1/_2$ bis 1 TL Sesampulver pürieren.
- *Süßer Hirsebrei* (gut für Knochen, Zähne und Haut): Hirse sehr fein mahlen, mit kaltem Wasser anrühren. Die zweifache Menge Wasser zum Kochen bringen und den Hirsebrei hineinrühren, aufkochen und abseits der Feuerstelle quellen lassen. In den abgekühlten Hirsebrei etwas Reismilch geben, ganz wenig Ghee und einige Bananenstückchen.
- Steckrübchen stifteln und mit Fenchel und Anissamen bißgar kochen. Im abgekühlten Kochwasser pürieren. Zum Andicken einige Löffel Chufa-Nüßli zufügen, dazu etwas Sonnenblumenöl.
- *Zucchini mit Reis:* Milchreis in Olivenöl glasig rösten, mit $1^1/_2$-facher Menge Kochwasser löschen und noch 35 Minuten weiterköcheln lassen. Die gewürfelten Zucchini, etwa die Hälfte der Reismenge, unterheben und noch 15 Minuten quellen lassen. Abgekühlt mit etwas Thymian bestreuen und pürieren.
- Für Juniorbabys mit empfindlichem Darm ist *Buchweizen mit Mango* zu empfehlen. Buchweizen in kochendes Wasser einstreuen (er sollte nur eben mit Wasser bedeckt sein), 3 Minuten ziehen lassen, den roten Schaum abgießen. Erneut Kochwasser zufügen, bis bedeckt, dazu etwas Anis- und Fenchelsamenpulver. Etwa 10 Minuten köcheln lassen. In den ab-

gekühlten Buchweizen frische oder eingeweichte Mangos und etwas Sahne einrühren. Alles zusammen leicht pürieren.

- *Amaranth mit Blumenkohl:* Amaranth in der $1\frac{1}{2}$fachen Menge Wasser plus Ghee gar kochen (der Amaranth ist gar, wenn die Samen aufzuplatzen beginnen). Parallel dazu Blumenkohlröschen in wenig Wasser weich kochen; etwas Dill zugeben und alles leicht pürieren. Einige Spritzer Zitrone oder besser noch einen Schuß Brottrunk zufügen. Mütter, die sich nicht vorstellen können, daß ihre Babys salzlose Kost mögen, können noch eine Miniprise Königssalz zugeben.
- *Hirse-Gemüse-Allerlei:* Hirse weich kochen. Möhren, Mangold, Kohlrabi, Blumenkohl, Brokkoli in wenig Wasser bißgar kochen. Etwas abkühlen lassen, zusammen mit der Hirse pürieren. Mit Sahne und Petersilie verfeinern.
- Apfel-Möhren-Kompott: 1 kleine Möhre bißgar kochen, gründlich abkühlen lassen. 1 kleinen, süßen Apfel in Stücke schneiden, Kerngehäuse entfernen. Möhre und Apfel mit wenig Zitronensaft oder Acerolapulver in Mandelmilch pürieren.

Sie werden sich über den Appetit Ihres Babys wundern! In jedem Falle wird meistens eine Mahlzeit aus Kartoffeln und Gemüse (vor allem Möhren, Kohlrabi, Brokkoli o. ä.) vertragen, aber kein Kohl, keine Zwiebeln und keine Hülsenfrüchte!
Je älter das Kind wird, desto mehr kann es einige »Stückchen« in seiner Mahlzeit verkraften und freut sich sogar über das Kauen, auch mit noch blanken »Felgen«.
Allgemein werden Sie staunen, wie gern Ihr Baby auch Rohkost mag, z. B. Möhrchen mit Apfel püriert und mit etwas Ghee oder Öl verfeinert, Kohlrabi mit Apfel und Sesamöl, Banane mit etwas Brokkoli und Sahne, blanchierter Blumenkohl mit Apfel, Petersilie und Sahne oder, oder, oder ... Ihrer Phantasie und

dem Geschmack Ihrer/s Jüngsten sollten Sie keine Grenzen setzen. Wichtig ist nur, wie gesagt, daß Sie keine blähenden Speisen wie Hülsenfrüchte, Zwiebeln und Kohl einsetzen.

Ein einjähriges Kind schließlich kann alle leichten Speisen vom Tisch der Familie mitessen, natürlich noch auf seine »Kauleisten« zugeschnitten.

Ernährung für
hochbetagte Menschen

»Hinten Lyzeum, vorne Museum«-manch einer Dame, die ihr Alter nicht gleich jedem verraten möchte, wird das vorwitzig hinterhergesagt. Und doch, recht hat sie, die ältere Dame, oder auch der ältere Herr, der seinem Seniorenalter ein Schnippchen schlagen will. Und daß das geht, das wußten schon unsere Alten von Anno dazumal.

Ganz nebenbei: Die über Hundertjährigen mehren sich, und auf der ganzen Erde gibt es etliche Menschen, die weit über hundert Jahre zählen.

Es ist also tatsächlich so, daß unser Glaube ans Alter uns älter macht. Glaube ich an ein Alter mit Krankheit und Siechtum, dann ereilt es mich auch. Glaube ich dagegen an Gesundheit, Wohlstand und Lebensglück, dann widerfährt mir auch das! Picasso hat es uns seinerzeit vorgemacht: Mit gut 80 Jahren hat er eine um viele Jahre jüngere Frau geheiratet und mit ihr in seinem 84. Lebensjahr einen Sohn gezeugt. Tatsächlich, meine Herren – wagen Sie es, sich zu verlieben, es lohnt sich!

Wenn Sie zudem ein klein wenig auf Ihre Ernährung und auf die richtigen Getränke achten (in diesem Zusammenhang möchte ich auf das auf Seite 84/85 erwähnte vitalisierende »Juniorenwasser« hinweisen), dann dürfen Sie sicher an Ihren Erfolg glauben.

1. Da bei vielen älteren Menschen der Säftefluß erlahmt und damit auch die Verdauungsdrüsen, kommen wir mit Kräutern und Tees zu Hilfe. Günstig wirken 1 Glas Brottrunk (1:1 mit Wasser verdünnt) und $^1/_2$ bis 1 EL Schwedenkräu-

ter nach Maria Treben in etwas Tee vor jeder Mahlzeit, vor allem vor der Mittags- und Abendmahlzeit.

2. Nervensystem und Gehirn brauchen insbesondere die gesamte Palette der B-Vitamine mit Folsäure und Acetylcholin. Diese sind unter anderem sehr gut aus Bierhefe erhältlich. Es gibt sie als geschmacksfreundliches Fertigpräparat im Reformhaus zu kaufen. Nehmen Sie täglich vor jeder Mahlzeit 1 EL ein.

3. Bierhefe ist auch ein zuverlässiger Selenspender zur Sanierung des Gifthaushalts im Körper. Gute Dienste als Fänger freier Radikale leistet Weizenkeimöl mit seinem hohen Prozentsatz an Vitamin E. Täglich 1 – 2 TL über einen Salat träufeln (nicht erhitzen!).

4. Essen Sie ballaststoffreich! Das erreichen Sie am besten, indem Sie täglich faserreiche Rohkost einplanen. Fein geraspelt und mit zahlreichen Kräutern gewürzt, wird sie bestens vertragen und bringt zudem Ihren Darm in Schwung.

5. Meiden Sie weitestgehend tierisches Eiweiß, denn: Milch und Käse sowie Quark und Joghurt machen Knochen und Zähne kaputt, indem sie die gefürchtete Osteoporose fördern. Fleisch und Eier führen erwiesenermaßen zu Arteriosklerose.

6. Im Verein mit tierischen Eiweißen ist es vor allem raffinierter weißer Zucker, der den Kleister an den Gefäßwänden verursacht. Er ist zudem nachweislich ein Vitamin-B- und Kalziumräuber.

7. Das Eiweiß, das Senioren benötigen, sollten sie sich aus pflanzlichen Eiweißspendern holen, wie Linsen, Kichererbsen, Amaranth, Quinoa, Lupino (Reineiweiß aus Lupinensamen). Tofu dagegen besser nur selten verzehren, weil die Sojabohne, aus der er hergestellt wird, ein ungünstiges Phosphor-Kalzium-Verhältnis besitzt.

8. Würzen Sie alle Speisen, wenn überhaupt mit Salz, dann mit Königssalz (Bezugsquelle S. 340), da dieses Salz allein nierenschonend ist. Es sollte jedoch nicht bei hohen Temperaturen gekocht werden. Würzen Sie großzügig mit Kräutern und auch mit Samengewürzen wie Cayenne, Kardamom, Zimt und Ingwer. Gehen Sie verschwenderisch mit Knoblauch um.

9. Freunden Sie sich mit Spirulina an. Spirulina ist eine Mikroalge, die gespickt ist mit Aminosäuren, B-Vitaminen, Acetylcholin und Cholin. Sie kann zu leckeren Pasten verarbeitet werden und hilft bei so manchem Zipperlein.

10. Achten Sie auf ausreichende Vitamin A- bzw. Carotinzufuhr. Es steckt in roten und gelben Gemüsen und Früchten.

11. Elementar wichtig sind zudem Kalzium, Magnesium, Eisen, Kupfer und Zink. Sie finden diese Spurenelemente in dunkelgrünen Gemüsen, Aprikosen, Mandelmilch, in Pilzen, Kohlsorten, Algen wie Spirulina, Vollkorn und in Bierhefe.

Im Laufe seines Lebens bewegt sich der Mensch immer weiter in die Energie des Vata-Elements hinein. Der Geist gewinnt an Reife, man gewinnt sozusagen an Weisheit, das Miteinander wird von reifen Senioren bewußt liebevoll und einfühlsam gestaltet. Der Körperbau wird des öfteren asthenischer, letztlich natürlich auch deshalb, weil die Zellen Wasser verlieren und die Muskulatur erschlafft.

Der Vata-Träger ist an das Metallelement gebunden, und dieses wiederum an Lunge und Dickdarm. Sie sollten also darauf achten, daß Rachen und Bronchialäste nicht verschleimen. Das gilt besonders für Ihre Stimme, meine Herren, denn sie kann bis ins hohe Alter sonor und melodisch im tiefen, klaren Baß oder Bariton klingen, wenn Sie auf die Säuberung Ihrer Stimmbänder achten. Stellen Sie sich vor: ein 70- oder 80jähriger mit der wohlklingenden Stimme eines Fünfzigers!

Hier deshalb eine ganze Palette von Rezepten für eine saubere, melodische Stimme, für einen Bronchialapparat ohne Schleim sowie für einen gut funktionierenden Dickdarm.

- Trinken Sie des öfteren einen Tee aus Huflattich und Spitzwegerich oder ein Gläschen frischen Zitronensaft (Saft von $^1/_2$ Zitrone auf 1 Glas Wasser). Beides entschleimt und entsäuert Ihren Organismus auf sanfte, aber sehr tiefgreifende Weise.
- Geben Sie das Rauchen auf! Wenn Sie möchten, gibt Ihnen sicher ein Heilpraktiker oder Naturheilarzt seine Hilfe zur Raucherentwöhnung. Heutzutage geht alles auf ungiftige und doch sehr wirksame Weise, z. B. über spagirische Heilmittel, mit denen man nach und nach selbst die Lust auf eine Zigarette verliert.
- Der Seniorentee nach Ingeborg Münzing-Ruef läßt die Säfte wieder richtig fließen: 10 g Fenchelsamen, 20 g Melisse, 10 g Basilikum, 20 g Hagebutten, 20 g Hibiskus und 20 g Benediktinerdistel mischen. Davon 3 Fingervoll mit $^1/_4$ l kochendem Wasser übergießen. 5 Minuten ziehen lassen, jeweils 1 Becher davon als Abendtee trinken.
- Ein bis zweimal im Jahr ist eine Mistelkur sehr erfolgreich. Man weicht dazu 1 TL Mistelkraut über Nacht in einer Tasse kaltem Wasser ein, seiht den Kaltansatz morgens ab und trinkt ihn leicht erwärmt. Gleichzeitig wieder eine Tasse für den Abend ansetzen. Dieser Tee gleicht den Blutdruck aus, stimuliert das Drüsensystem und klärt das Gehirn.
- Folgender Gewürztee hat ebenfalls eine großartige Wirkung auf Lunge, Darm und Nieren: 1 geh. TL frisch gemahlene Ingwerwurzel, 1 TL »Yogitee«-Mischung (Naturkostladen) und

1 EL Maisbartkraut mit kochendem Wasser übergießen und 12 Minuten ziehen lassen. 3–4 Tassen pro Tag trinken. Schmeckt mit etwas Sahne darin übrigens sehr lecker zu einer meiner Vollkornkuchen-Kreationen!

Und da sind wir auch schon beim Thema Ernährung. Ich gebe Ihnen hier Vorschläge für den gesamten Tagesplan vom Frühstück bis zum Abendessen.

Ernährungs-Tagesplan

Die folgenden Rezepte sind jeweils für 1–2 Personen berechnet, falls nicht anders angegeben.

Morgens nach dem Aufstehen

1 Gläschen Brottrunk, 1:1 mit lauwarmem Wasser verdünnt. Wenn Sie das nicht vertragen, trinken Sie ein Glas lauwarmes bis heißes Wasser auf nüchternen Magen. Geben Sie in dieses Wasser 1 EL Silicea-Gel aus dem Reformhaus. Beides bringt den Darm auf Trab und spült Gifte aus.

Zum Frühstück

Selbstverständlich können Sie sich auch jeden anderen Frühstücksvorschlag aus dem Kochbuch gönnen, vorausgesetzt, sie vertragen ihn. Am besten ist jedoch für einen hochbetagten Menschen ein leichtes Frühstück aus Obst und dazu evtl. leichtverdaulichem Getreide wie Reis, Hafer, Buchweizen oder Hirse.

Hafersüppchen

Sie können in die etwas abgekühlte Suppe eine halbe Banane, einen süßen Apfel oder eine Birne schneiden. Gut schmecken dazu auch einige getrocknete, am Abend vorher eingeweichte Aprikosen. Zum Schluß die Obsthafersuppe mit etwas Zimt und Ingwer bestreuen. Dazu schmeckt Gewürz- oder Ingwertee.

$^1/_2$ Tasse grob geschroteter Hafer
1 EL Chufas

$^1/_2$ l Wasser zum Kochen bringen, Hafer auf einmal hineinrühren, aufkochen und sofort von der Feuerstelle nehmen. Die Chufas unterrühren und einige Minuten quellen lassen.

Chufas-Pudding

5 getrocknete Aprikosen
2 EL Sonnenblumenkerne,
zwei Tage gekeimt
1 Apfel
1 Banane

2 geh. TL Acerolapulver
1 Zitronenscheibe (1 cm dick,
aus biologischem Anbau)
2 geh. EL Chufas

Am Abend vorher die Aprikosen in reichlich Wasser einweichen. Am Morgen mit Sonnenblumenkernen, Apfel, Banane, Acerolapulver und Zitronenscheibe im Mixer pürieren. Zum Schluß die Chufas dazugeben.
Den Pudding auf Tellern oder in Müslischüsselchen anrichten und darüber etwas Zimt und gemahlenen Ingwer streuen. Eine halbe Birne würfeln und damit garnieren.

Buchweizenhäppchen mit Gemüse

Schmeckt vorzüglich mit Butter oder Ghee bestrichen und diversen Gemüsen belegt, z. B. Radieschen, Avocado mit Zitronensaft und Kräutersalz, Gurke, Tomate, Sauerkraut oder nur einigen Knoblauchscheibchen, mit etwas Königssalz bestreut. Trinken Sie dazu Gewürz- oder Kräutertee.

300 g Buchweizen   *¹/₂–1 TL Königssalz*
100 g Hirse, gemahlen   *Olivenöl fürs Blech*
1 Tasse Kürbiskerne

Hirse und Buchweizen fein mahlen, mit Königssalz, Kürbiskernen und 1¹/₂ Tassen Wasser zu einem zähen Teig verkneten. Während der Teig etwas quillt, das Blech mit Olivenöl bestreichen und mit nassen Händen den Teig darauf flach ausstreichen. Bei ca. 170 °C ca. 20 Minuten backen, dann das Blech aus dem Ofen holen und den Teig in Rhomben schneiden. Anschließend noch 5 Minuten zu Ende backen.

Frühstück für die schnelle Hausfrau

Zuerst einen Apfel essen. Nach 15–20 Minuten Pause 3–4 Reiswaffeln mit Butter oder Ghee und wahlweise mit Bananenscheiben oder **Aprikosenmarmelade** (s. Rezept Seite 119) bestreichen. Dazu paßt Ingwertee oder Getreidekaffee aus geröstetem Soja- oder Gerstenschrot. Gut schmeckt auch Carobsahne: 1 TL Carobpulver im Becher mit heißem Wasser übergießen und mit einem Schuß Sahne verfeinern.

2–3 Handvoll getrocknete
Aprikosen

Saft und abgeriebene Schale
von ¹/₂ Zitrone
Ingwer

Am Abend zuvor die Aprikosen knapp mit Wasser bedecken und mindestens 3–4 Stunden einweichen. Am Morgen die Aprikosen im Einweichwasser mit dem Saft und der abgeriebenen Schale einer halben Zitrone pürieren. Mit etwas Ingwer würzen.

Melonenfrühstück

Ausgezeichnet für einen kranken Darm.

¹/₄ Wassermelone
1 Zitronenscheibe (aus
biologischem Anbau)

2 Scheibchen frischer
Ingwer

Melone mitsamt den Kernen, der Zitronenscheibe und dem Ingwer pürieren. Dieser Saft ist ein erfrischendes Darmputzergetränk. Bei großem Hunger können Sie auch 1 EL Kürbiskerne mitpürieren.

Oder die Melone einfach in Schiffchen schneiden, die Kerne möglichst vollständig entfernen und mit Messer und Gabel servieren.

Fruchtsaft-Klassiker

Bei Dünn- oder Dickdarmentzündung (meist bedingt durch Parasiten) ist ein heilender, frisch gepreßter Fruchtsaft zum Frühstück sehr hilfreich.

1 Mango   *1 süßer Apfel*
1 kleine Ananas   *$^1/_2$ Papaya*

Mango im Wechsel mit Ananas und Apfelspalten entsaften, den entstandenen Saft mit der geschälten halben Papaya zusammen im Mixer pürieren. Bei Bedarf mit Wasser auffüllen. Langsam und gut eingespeichelt trinken.

Zum Mittagessen:
Immer ein Drittel für die Sättigung, ein Drittel für die Liebe und ein Drittel für Chi, die Lebensenergie, d. h. nie so viel essen, daß die Magenwände spannen!

Vorschlag 1

Vorspeise:

Bunter Rohkostsalat

F *2 Artischockenböden aus der Dose*
E *1 Avocado*
M *1 Kästchen Kresse*
W *$^1/_4$ Schlangengurke*
H *2 Tomaten*

Für die Sauce:

$^1/_2$ TL Thymian   1 Lsp. Königssalz
$^1/_8$ l Sahne   1 kleine Knoblauchzehe,
2–3 Stengel Petersilie   zerkleinert

Pro Person einen Teller folgendermaßen herrichten: In die
Mitte einen Artischockenboden legen, darum Schlangengurken-
scheibchen im Wechsel mit Tomatenachteln und Avocadospal-
ten, dazwischen einige Kressebüschel arrangieren. Für die
Sauce Sahne mit Petersilie (mit Stengel), Thymian, Königssalz
und Knoblauch mischen und über den Salat gießen.

Hauptspeise:

Möhrencremesuppe mit Kapern

H $^1/_2$ Tasse gemahlener Amaranth
F 2 Möhren, gewürfelt
E $^1/_2$ gelbe Paprikaschote in Stücken
M 2 Scheiben Kohlrabi, gewürfelt
W 1–1 $^1/_2$ TL Königssalz oder Gemüsebrühe
H einige Kapern
F $^1/_2$ TL süßes Paprikapulver
E $^3/_8$ l Sahne
M $^1/_2$ TL Rosmarin
W $^1/_2$ TL Dill

Zunächst ca. $^1/_2$ l Wasser in einem Topf erhitzen. Sobald das
Wasser kocht, den Amaranth mit dem Schneebesen kräftig einrühren. Sofort danach die Möhrenwürfel zufügen, zusammen

aufkochen. In die heiße Suppe nacheinander Paprika- und Kohlrabistückchen geben. Wenn das Gemüse weich ist, alles im Mixer pürieren und zurück in den Topf geben. Mit Gemüsebrühe oder besser etwas Königssalz würzen, einige Kapern zufügen, Paprika und schließlich die Sahne unterrühren und mit Rosmarin und Dill abrunden.

Vorschlag 2

Vorspeise:

Möhrensalat alternativ

M pro Person 1 mittelgroße Möhre
W einige Ringe Porree
H 1 großer, feinsüßer Apfel, Blüte und Stiel entfernt
F 1 rote Paprikaschote
E Sesamöl nach Belieben

Möhren ganz fein raspeln. Porree in hauchdünnen Ringen darübergeben. Apfel in Schnitze und diese in feine Streifen schneiden, dabei Schale und Gehäuse mit verwenden. Gemüsepaprika in feinen Würfeln dazugeben. Alles mit Sesamöl übergießen und miteinander vermischen. Wenn möglich, in Glasschälchen servieren.

Hauptspeise:

Hirseauflauf

E *Ghee für die Form, gekochte Hirse*
M *1 TL Kurkuma*
W *3 Schwarzwurzeln, gebürstet und in Stifte geschnitten*
H *wenig Zitronenwasser*
F *2 Stengel Stangensellerie*
E *1–2 TL Ghee zum Beträufeln des Auflaufs*
H *einige Büschel Dill*
W *¹/₈ l heiße Gemüsebrühe*
H *1–3 Tomaten*
F *1 TL Liebstöckel*
　　Olivenöl zum Beträufeln

2 Tassen Wasser zum Kochen bringen, 1 Tasse Hirse unter Rühren dazugeben und 20 Minuten leicht köcheln lassen. Mit 1–1 ¹/₂ TL Gemüsebrühe würzen und bei ausgeschalteter Flamme weitere 10 Minuten quellen lassen.
Eine Auflaufform mit Ghee ausstreichen und die Hälfte der gekochten Hirse einfüllen, die mit Kurkuma goldgelb gewürzt wurde. Die Schwarzwurzeln im Zitronenwasser angaren und mit dem in Halbmonde geschnittenen Stangensellerie darauf verteilen. Etwas Ghee darüberträufeln und einige kleingezupfte Dillbüschel darüber streuen. Das Ganze mit der Gemüsebrühe übergießen und darauf die restliche Hirse geben. Mit Tomatenscheiben garnieren, die mit etwas Olivenöl beträufelt werden, damit sie nicht verbrennen. Die Liebstöckelwürze nicht vergessen. Bei 170–200 °C im Backofen ca. 45–60 Minuten backen. Dazu als Verdauungshilfe ein Glas Brottrunk reichen, 1:1 mit Wasser verdünnt.

Vorschlag 3

Vorspeise:

Krautsalat

M ¹/₈ Weißkohl, sehr fein geraffelt
W einige Streifen weißer Rettich
H einige EL Kürbiskernöl
F 1 Msp. Cayenne
E 1 Apfel, süß, in feinen Schnipseln
M einige Ringe einer kleinen roten Zwiebel
W 1 Prise Königssalz
H ¹/₂ TL Kardamomkörner
F 1 kleine Möhre in feinen Raspeln
E 1 EL Maiskörner aus dem Glas
  2–3 EL Olivenöl, nach Belieben

Weißkohl, Rettich und Kürbiskernöl in eine Schüssel geben und etwas miteinander verkneten, bis leicht der Saft austritt. Übrige Zutaten in der angegebenen Reihenfolge zufügen und zum Schluß mit Olivenöl übergießen. Als Garnierung passen dazu einige grüne Oliven.

Hauptgericht:

Kartoffelgratin mit Chufaskruste, Gemüsebratlinge

Lecker sind zu diesem Gratin kleine Gemüsebratlinge oder auch ein Salat.

Für das Gratin:

Olivenöl für die Form
pro Person 3–4 mittelgroße
Kartoffeln in dünnen
Scheiben
Petersilie, Basilikum,
Senfsaat, Kräutersalz
¹/₄ l Gemüsebrühe

Für den Guß:

¹/₄ l Sahne
1 TL Kräutersalz
2 Knoblauchzehen
1 TL Senf, 1 Msp. Cayenne
2–3 EL Chufas

Eine Form mit Olivenöl ausstreichen, die Kartoffeln darin dachziegelartig anordnen, üppig mit Kräutern und Kräutersalz bestreuen. Alles mit der Gemüsebrühe übergießen und die mit dem Zauberstab pürierte Sauce aus Sahne, Knoblauch, Chufas und Gewürzen darüber verteilen. Im Backofen bei 180 °C in 60 Minuten goldbraun backen.

Für die Bratlinge:

E *2 Möhren und 2 Kartoffeln, geraspelt*
M *¹/₂ TL Thymian*
W *2 TL Gomasio, 1 Schuß Wasser und 1 Prise Salz*

125

H einige Lauchringe, 1 Schuß Brottrunk
F 2 EL gemahlener Buchweizen
    Olivenöl zum Braten

Alle Zutaten nach und nach gemäß der Elementfolge in eine Schüssel geben, wobei nach jeder Zugabe einmal umgerührt wird. Zum Schluß mit Buchweizenmehl verkneten und aus dem Teig flache Taler formen. In Olivenöl in einer Pfanne auf beiden Seiten goldgelb braten.

Vorschlag 4

Pikanter Salat Bella Italia
mit Dattelreis

Besonders dekorativ wirkt es, wenn Sie den Reis als Türmchen zum Salat servieren. Außerdem bleibt er dann länger warm. Dazu spült man eine Tasse mit Wasser aus, füllt den Reis mit etwas Druck in die Tasse und stürzt ihn auf den jeweiligen Teller.

Für den Salat:

E 4–6 Knollen Topinambur, gesäubert und geraspelt
M $^1/_2$ frische Papaya in Würfeln
W 1 Birne in Würfeln
H 1–2 Ananasringe, frisch, in Stückchen
F 1 Prise Cayenne
E $^1/_8$–$^1/_4$ l Sahne, $^1/_2$ Banane (zusammen püriert als Sauce)

Für den Reis:

1–2 EL Olivenöl
1 Tasse Vollkornreis
1 $^1/_2$ Tassen kochendes
Wasser
1 geh. TL Curry

$^1/_2$ Tasse in Ringe
geschnittene Datteln
$^1/_2$ TL Königssalz

Für den Salat alle Zutaten der Reihenfolge nach vermischen, jeweils bei jedem Elementwechsel vorsichtig umrühren. Zum Schluß die Bananensauce darüber träufeln.
Das Olivenöl im Topf erhitzen, parallel dazu das Wasser zum Kochen bringen. Den Reis in das heiße Öl schütten und unter Rühren anbraten, bis er glasig wird und duftet. Mit dem kochenden Wasser ablöschen und sofort die Hitzezufuhr drosseln. Den Reis zugedeckt 35 Minuten lang auf kleiner Flamme köcheln lassen. Danach vom Herd nehmen, Curry und Datteln zufügen und schließlich das Königssalz mit dem Reis vermischen. Alles noch ca. 10–15 Minuten bei geschlossenem Deckel quellen lassen.

Vorschlag 5

Pellkartoffeln mit Kelppaste

Dies ist ein schnell zubereitetes und doch äußerst vollwertiges Gericht, reich an Aminosäuren, nährend für Nerven und Gehirn sowie entgiftend. Reichen Sie vorneweg einen Krautsalat (s. Rezept Seite 124). Auch er ist im Handumdrehen zubereitet.

2–3 Kartoffeln pro Person,
in wenig Wasser als
Pellkartoffeln gegart

1 kleine Zwiebel
in Würfeln

Für die Paste:

6–10 Kelp- oder Spirulina-
Algentabletten (oder Pulver,
wenn erhältlich)
2 EL Oliven ohne Kern
2–3 Knoblauchzehen

1–2 EL Olivenöl
$^1/_4$ Tasse Brottrunk
1 Msp. Cayenne
1 TL Königssalz

Alle Zutaten für die Paste im Mixer pürieren. Die Zwiebelwürfel
daruntermischen und die fertige Paste zu den abgepellten Kartoffeln servieren. Dazu passen noch einige Tomatenwürfel.

Zum Abendessen:

Am besten bekömmlich ist zum Abendessen ein kleines gekochtes Gericht. Wenn aber zu Mittag kein Rohkostsalat gegessen wurde, sollte man es jetzt nachholen oder aber zum Frühstück am nächsten Morgen ausschließlich Obst verzehren. Möchten Sie jedoch lieber Brot essen, so enthält dieses Kochbuch eine Reihe gesunder Brot- und auch Fladenbrotrezepte, die mit den entsprechenden Aufstrichen oder auch mit Gemüse belegt eine willkommene und leckere Alternative sein können.
Essen Sie aber zur Abendmahlzeit bitte sehr, sehr wenig und gewöhnen Sie sich daran, diese Mahlzeit auch einmal ausfallen zu lassen, vor allem, wenn sich kein Appetit oder Hunger meldet. Ihr Darm und Ihr ganzer Körper werden es Ihnen danken.

Ernährung für den beruflich Engagierten

Wenn das Bewußtsein wächst, daß man mit der entsprechenden Ernährung sein ganzes Organgerüst wieder in Schwung bringen kann, ist es oft ein mehr oder weniger großes Malheur, wenn man den Arbeitstag im Büro, der Fertigungshalle, im Dienstleistungsbetrieb oder wo auch immer verbringt, fernab der häuslichen Küche.

Hinzu kommt, daß ja der Arbeitsalltag meist unter künstlichem Licht abläuft und zudem oft in schlecht gelüfteten Arbeitsräumen. Kein Wunder, daß dann schon vormittags zur Kaffeekanne gegriffen wird, in der Hoffnung, einen Energieschub zu erhalten, der dann leider nach 4–6 Stunden in ein Tief mündet, was zur erneuten Kaffeevergiftung führt.

Wußten Sie übrigens, daß unser Arbeitsalltag als »Höhlenmaus«, d. h. bei künstlichem Sonnenersatz, einen wesentlichen Grund dafür darstellt, daß die Menschen in Nordeuropa und auch in anderen nördlichen Kontinenten unverhältnismäßig mehr an Bluthochdruck, erhöhtem Cholesterinspiegel, Infarktgefährdung, Diabetes und ähnlichem leiden? Bei der Bevölkerung um das Mittelmeer herum sind diese gesundheitlichen Probleme signifikant geringer. In Finnland ist außerdem die Selbstmordrate infolge des dortigen Sonnenlichtmangels um vieles höher als bei uns, und in Süditalien zum Beispiel ist sie statistisch kaum erwähnenswert. Sonnenlicht, vitales, Leben spendendes Licht, wirkt eben vor allem auch gegen Depressionen.

Seit einiger Zeit gibt es nun Sonnenlicht und damit buchstäblich Sonnenenergie aus Lampen, die man auf dem Schreibtisch, an der Wand oder an der Decke befestigen kann. Meßergebnisse dazu weisen aus, daß in derart mit »Sonnenlicht« bestrahlten

Räumen die Konzentration bei der Arbeit zunimmt, weniger Fehler auftreten, Ermüdungsphasen sich kaum auswirken, die Krankheitsquote sinkt und die allgemeine Motivation der Belegschaft, also auch die Arbeitsmoral, steigt. Jetzt werden Sie vielleicht fragen: Was hat ein Lichtthema mit Ernährung zu tun? Nun, wir alle sind Lichtwesen, denn unsere Körperzellen ernähren sich im wahrsten Sinne des Wortes von Licht, der sogenannten Biolumineszenz (vgl. Seite 85). Natürliches, der Sonne nachempfundenes Licht am Arbeitsplatz und Sonnenkost auf dem Teller – beide gehören als wesentliche Faktoren zu einer gesunden Arbeitsstelle, die die Basis ist für Fortschritt und Wohlstand sowie Gesundheit und damit letztlich Glück.

Wie können Sie sich nun trotz Streß und Arbeitsbelastung gesund und vital ernähren, d. h. durch Sonnenkost?
Sie brauchen dazu einen kleinen verschließbaren Behälter nach Art eines Müslischälchens, vielleicht noch eine Thermoskanne und eventuell eine sogenannte Feldbox, d. h. einen Behälter, in dem man gekochte Speisen ohne großen Wärmeverlust ein paar Stunden eßwarm halten kann. Haben Sie dann noch einen Bioladen oder Biobauern in Ihrer Nähre oder auch ein Bioregal mit Obst und Gemüse in Ihrem Supermarkt, ist es gar nicht so schwer.
Alle folgenden Rezepte lassen sich mit wenig Zeitaufwand und Mühe morgens in einem Deckelschälchen zurechtmachen und sind noch am Mittag sehr lecker. Mit einem Vollkornbrötchen oder einigen Häppchen Fladenbrot stellen sie zusammen mit Ihrem Lieblingskräutertee ein durchaus vollwertiges Büroessen dar. Selbst ein sättigender Rohkostsalat reicht dafür aus. Am Feierabend können Sie sich selbstverständlich mit etwas aufwendigeren Gerichten bekochen, oder Sie wählen wieder einen

水

leichten Salat oder gar nur ein vollreifes Stück Obst, um Ihren
Darm gleich für den nächsten Tag zu reinigen.

Die hier aufgeführten Rezepte sind mit jahreszeitlicher Betonung angelegt: für den Frühling sauer und grün, für den Sommer bitter und rot, für den Herbst süß und gelbockerfarbig, für
den Frühwinter scharf und süß sowie weiß, für den späten Winter salzig und schwarz.

Frühling

Zeit des Keimens, Zeit der Hoffnung. Außerdem ist
jetzt der beste Zeitpunkt, sich von Winterschlacken zu
reinigen. Für die Mutigen und Konsequenten unter
Ihnen deshalb hier viele Salatrezepte, denn die
schmecken im Frühjahr am besten, kurieren Darmprobleme
und ersticken Infekte im Keim.

Portulaksalat

Portulak, auch Postelein, braucht nicht geschnitten zu werden
und oxidiert deshalb nicht so leicht. Dazu passen ein Dinkelfladenbrot (s. Rezept Seite 242) und ein spritziger Brottrunk,
1:1 mit Wasser verdünnt, sowie ein Hibiskus- oder Melissentee.

H *1–2 Hände voll Portulak,*
  einige Röllchen Stangensellerie
F *3–5 Kirschtomaten*
E *¹/₂ gelbe Paprika in Spitzstreifen*
M *einige Streifen Kohlrabi*
W *Kräutersalz*
H *Petersilie*

Für die Sauce:

F *1 Prise Cayenne*
E *¹/₂–1 Becher saure Sahne*
M *einige Blättchen Minze*
W *einige Kürbiskerne zum Bestreuen*

Die angegebenen Gemüse in einen Behälter schichten. Sie Sauce mischen, darüber träufeln und alles mit einigen Kürbiskernen bestreuen.

Artischockenspeise

Zur Abwechslung empfehle ich Ihnen zu diesem Salat als Folgespeise eine warme Suppe, die Sie in einem Warmhaltebehälter transportieren können.

! *1–3 Artischocken aus der Dose*
H *3 Fingervoll Sauerkraut, naturvergoren*
F *¹/₂ rote Paprikaschote*
E *einige rohe Champignons oder andere Pilze, süße Sahne*

Dazu:

M *etwas Kresse oder Schnittlauch*
W *1 Prise Königssalz*
H *grüne Oliven, in Scheiben geschnitten,*
    einige Spritzer Zitrone

Geben Sie alle Zutaten der Reihenfolge des Rezepts nach in Ihren Behälter. Die Würzzutaten mischen, darübergeben und zum Transport verschließen.

Hirsecremesuppe

Diese Suppe benötigt nicht mehr als 5 Minuten Zubereitungszeit. Ist Ihnen dies jedoch am frühen Morgen zu viel Mühe, bereiten Sie sich einfach eine leckere Trinkbrühe aus heißem Wasser mit einem gehäuften TL Gemüsebrühe in Bioqualität in der Thermosflasche zu. Oder Sie backen auf Vorrat Brot oder Fladenbrot, bereiten sich beim Frühstück zu Hause einige Scheiben mit Butter und Gemüseauflage oder -aufstrich, und nehmen in einem verschließbaren Behälter noch einige Gemüsestücke mit, die man problemlos aus der Hand essen kann, wie Möhren, Kohlrabischeibchen, Radieschen, Gurke, gelbe oder rote Paprika etc. Dazu einige Beutel Gewürz- oder Kräutertee, den Sie dann mit heißem Wasser aufbrühen. Oder Sie greifen zu Obst – was immer Sie möchten, außer Mandarinen und Apfelsinen. Ein Obsttag ist nie verkehrt.

$^1/_4$ l Wasser
$^1/_2$ Tasse Hirse
1 TL Gemüsebrühe
1 TL Curry

1 Prise Dillspitzen,
ein Schuß Sahne,
einige Kapern

Das Wasser im Kochtopf erhitzen. Hirse inzwischen fein mahlen und mit etwas kaltem Wasser und Gemüsebrühe sämig rühren. Mit dem Schneebesen in das kochende Wasser einrühren, aufkochen. Curry, Dillspitzen und Sahne unterrühren, ein paar Kapern zufügen.

Eisbergsalat mit Spargel

Ein sehr leckerer und sättigender Frühlingssalat für die schnelle Küche. Verwenden Sie Grünspargel, dessen untere Drittel am Abend zuvor für eine Spargelcremesuppe Verwendung fanden. Wählen Sie dazu einen Tee oder eine Gemüsebrühe, und wenn Sie sehr viel Hunger haben, einige Reiswaffeln als Beilage.

W *2 Tassen mundgerecht geschnittener Grünspargel, bißgar*
F *einige Blättchen Eisbergsalat, zerzupft*
E *2 EL Sesamöl*
M *2–3 Radieschen, in dünne Scheiben geschnitten*
W *$^1/_4$ TL Königssalz*

Alle Zutaten der Reihenfolge nach in den Behälter geben und vorsichtig mischen.

Mexikanischer Möhrensalat

Lecker schmeckt dazu am Abend vorher gekochte Carobreissuppe (s. nachfolgendes Rezept) oder ein Fladenbrot Ihrer Wahl.

F *1–2 Möhren, geraspelt oder in dünnen Scheiben*
E *2 EL Maiskörner aus dem Glas*
M *1 Lsp. grüner Pfeffer aus der Mühle*
! *1 Lsp. Ingwerpulver*
H *Saft von 1 Zitrone*
F *$^1/_2$ TL Paprikagewürz*
E *1 EL Rosinen, 1–2 EL Sonnenblumenöl*

Alles der Reihenfolge nach in einen Behälter mit Deckel füllen, nach jeder Zugabe kurz mischen. Zum Schluß das Öl darüber gießen.

Carobreissuppe

$^1/_3$ Tasse gemahlener Reis
2 Tassen kochendes Wasser
1–2 geh. EL Carob
$^1/_4$ TL Vanillepulver

$^1/_4$ TL Veilchenwurzelpulver (Reformhaus)
ein Schuß Ahornsirup,
$^1/_4$ Becher süße Sahne

Den gemahlenen Reis mit dem Schneebesen in das kochende Wasser einrühren, 1–2 Minuten unter Rühren köcheln, Carob unterrühren, mit Vanillepulver, Veilchenwurzelpulver, Ahornsirup und süßer Sahne verfeinern.
Diese Suppe schmeckt warm und kalt. Kochen Sie doch am Vortag gleich für den nächsten Tag mit!

Sommer

Fülle und Wärme, doch auch Hitze und Last sind dem Sommer eigen. Lassen wir die Energien lieber fließen.
Wer erhebliche Darm- und/oder Herzbeschwerden hat, sollte zwar nicht ganz auf Rohkost verzichten, aber doch vermehrt bißfest Gekochtes bevorzugen. Hier folgen einige Beispiele.

»Sommerreigen lieblicher Kürbis«

F   1–2 Tassen in wenig Wasser bißgar gekochte Kürbis-
       stückchen, evtl. von einem Kürbisgericht vom Vortag
       $^1/_2$ Tasse blanchierte Blumenkohlröschen
E/M einige Ringe rote Zwiebel
W   1 Handvoll Feldsalatblätter, gewaschen und geputzt
H   3–4 Scheiben Sternfrucht (Karambole)
F   3–5 Datteln, in Ringe geschnitten
E   2–3 EL Sesamöl
M   1 TL Ingwersirup
W $^1/_2$ TL Kardamom, ganze Körner
H   3 Fingervoll Mungosprossen

Alle Zutaten in der angegebenen Reihenfolge zufügen, dabei
nach jedem Wechsel der Elemente mischen. Zum Schluß die
Mungosprossen als Garnierung über den Salat streuen. Dazu
paßt ein Vanilletee.

Bunter Gemüsetopf »Blitzzauber«

Haben Sie das Gemüse am Abend vorher geputzt und geschnitten sowie luftdicht verpackt, geht am Morgen alles schnell und
reibungslos. Die Kartoffelwürfel sollten bei diesem Gericht sehr
klein sein, sonst werden sie nicht gar.

E   3 EL Olivenöl, 3 EL Kartoffelwürfel
M   1 EL Zwiebelwürfel
W   1 TL Liebstöckel, $^1/_2$ TL Salz
H   1 geh. TL Kapern
F   1–2 Stangen Staudensellerie, in Ringe geschnitten,
       und 1 mittelgroße Möhre, in dünnen Scheiben

Zunächst den leeren Kochtopf erhitzen (F). Öl und geputzte, mit Schale belassene Kartoffelwürfel zufügen, umrühren. Dann die übrigen Gemüse und Gewürze in Elementreihenfolge zugeben und danach jeweils umrühren. Das Ganze unter ständigem Rühren etwa 5 Minuten lang garen.

Chicoréepfanne mit Tofu

E *2–3 EL Olivenöl*
M *1 1/2 Möhren in Stiften*
W *100–150 g Tofu*
H *1 TL Salbei*
F *1/2 Möhre, gestiftelt, 1/2 TL süßes Paprikapulver*
E *1/2 Tasse Dattelringe*
M *1 TL Kurkuma*
W *3 Spritzer Tamari*
H *1 Prise Thymian*
F *1 Chicorée, in Streifen*

Topf oder Pfanne heiß werden lassen (F). In der Reihenfolge der Zutaten alles in die Pfanne oder den Topf geben. Nach jedem neuen Element umrühren. Zum Schluß die Chicoréestreifen zufügen und alles so lange unter Rühren garen, bis der Chicorée weich zu werden beginnt.
Dazu passen Reisplätzchen, Curryreis oder Haferfladenhäppchen.

137

Tomatensalat mit Kartoffeldip

Dazu paßt ein warmer Tee (aus dem Feuerelement) oder auch einmal Malzkaffee mit etwas Sahne.

Für den Salat:

F *2–3 Tomaten, 1 Msp. Peperonigewürz*
E *1–2 EL Distelöl*
M *1 kleine Zwiebel, in Ringen*
W *einige Gurkenscheiben*
H *Saft von ¹/₂ Zitrone*

Für den Dip:

1 gekochte Kartoffel *1 TL Senfkörner,*
vom Vortag *¹/₂ TL Kümmel, gemahlen*
¹/₂ Tasse Brottrunk *2–3 Stengel Petersilie,*
1–2 EL Olivenöl oder Ghee

Den Salat in der angegebenen Reihenfolge zubereiten. Den Dip mit Mixer oder Zauberstab pürieren, mit ¹/₂ TL Königssalz und 1 TL Kapern würzen und extra abfüllen.

Würziger Rosenkohl

Wenn Sie möchten, kochen Sie bei diesem Gericht etwas mehr Rosenkohl und verwenden eine Tasse davon für einen Salat am nächsten Tag (s. nächstes Rezept).

F *2–3 Tassen Rosenkohl, geputzt,*
    am Strunk kreuzweise eingeschnitten
E *so viel Olivenöl, daß der Topfboden bedeckt ist*
M *1 Prise Pfeffer*
W *etwas heißes Wasser*
H *1–2 EL Brottrunk*
F *1 Prise Cayenne*
E *1 Lsp. Muskat*
M *$^1/_2$ TL Curry*
W *$^1/_2$ TL Königssalz*
H *einige Spritzer Zitronensaft*

Den Rosenkohl im Olivenöl anbraten, mit Pfeffer würzen und mit heißem Wasser und Brottrunk ablöschen. Kochen, bis Aroma aufsteigt (= F), dann Cayenne dazugeben und die Hitze drosseln. Die weiteren Gewürzzutaten in der angegebenen Reihenfolge zufügen. Den Rosenkohl bißfest garen, so daß er noch seine grüne Farbe behält. Dazu paßt Curryreis.

Rosenkohlsalat mit Haferfladen

F 1 Tasse gekochter Rosenkohl (vom Rezept auf Seite 139)
F $^1/_2$ rote Gemüsepaprika, in Streifen geschnitten
E 2–3 EL Sesamöl
M 1 kleine Zwiebel, in Ringe geschnitten
W $^1/_4$ TL Salz
H einige Spritzer Zitronensaft

Alles der Reihenfolge nach mischen, dabei nach jedem Element jeweils umrühren. Wenn Sie es gern peppig mögen, fügen Sie nach Fertigstellung des Salats noch etwas Cayenne oder Pfeffer hinzu. Dazu paßt Buchweizen-Hafer-Fladenbrot (s. Rezept Seite 243 oder nachfolgende Variante).

Haferfladenbrot-Variante

Hier ist eine Variation des Haferfladenbrots für die Feuerzeit. Das abgekühlte Brot können Sie im Frühstücksbeutel an den Arbeitsplatz mitnehmen. Dazu paßt ein Hagebutten- oder auch Matetee.

2 Tassen Buchweizen und
1 Tasse Nackthafer
zusammen fein mahlen
$^1/_2$ Tasse Schafskäse,
in Würfel geschnitten

1 Tasse Brottrunk
1–1 $^1/_2$ Tassen Wasser
1 TL Königssalz
1 TL Kümmel

Alle Zutaten zu einem zähen Teig verkneten, bei Bedarf noch etwas Wasser zufügen. Mindestens 20 Minuten ruhen lassen, da Hafer sehr stark nachquillt. Inzwischen ein Backblech mit Olivenöl bestreichen. Teig mit nassen Händen darauf verteilen. Mit der Gabel einige Lochbahnen einstechen, damit die Luft entweichen kann. Im Backrohr bei 180 °C in ca. 15–25 Minuten knusprig backen. 10 Minuten vor dem Ende der Backzeit das Backblech kurz aus dem Ofen nehmen und in Stücke, z. B. Rhomben, schneiden. Fertig backen.

Quinoatürmchen

Als Nachtisch zu einem Rohkostsalat, so etwa 2 Stunden später, passen diese feurigen Knabbertürmchen.

200 g Quinoa,
fein gemahlen
die Hälfte dieses Volumens
an Popamaranth
zufügen

¹/₃ Glas Zuckerrübensirup
(450-g-Glas, Bioqualität)
4 EL Ghee
je 1 geh. TL Zimt und Ingwer
heißes Wasser

Alle Zutaten vermischen. So viel heißes Wasser zugeben, daß der Teig klebrig bleibt. Ein Backblech mit Backpapier auskleiden, mit einem Teelöffel Häufchen daraufsetzen und als Türmchen hochziehen. Im Backofen bei 180 °C in ca. 20–25 Minuten goldbraun backen.

Herbst

Goldener Herbst. Zeit der Reife. Zeit der Süße. So
sollte auch Ihre Mittagsmahlzeit sein.

Fenchel-Möhrensalat
mit Hirsebratlingen

Die Bratlinge können Sie bereits am Abend vorher zubereiten.
Sie sind vielseitig kombinierbar und schmecken sowohl zu süßer
Vanillesauce wie auch zu einem saftigen Salat.

Für den Salat:

E *1 kleine Fenchelknolle, in mundgerechte Stückchen*
geschnitten, 1 Möhre und 1 Apfel,
jeweils in Würfel geschnitten, 1 Becher saure Sahne
M *1 Msp. rosa Pfeffer*
W *¹/₂ TL Königssalz*
H *einige Stengel Petersilie, gerebelt*
F *¹/₂ TL süßes Paprikapulver*

Den Salat in der angegebenen Reihenfolge mischen und anma-
chen, dabei nach jedem Element jeweils umrühren. In einen
verschließbaren Behälter füllen.

Für die Hirsebratlinge:

3 Tassen Wasser
2 Tassen Hirse
1 Prise Königssalz
je ¹/₂ Tasse Rosinen
und Dattelringe
2 geh. EL Ghee

¹/₂ Tasse Ahornsirup
1 TL frisch gemahlener
Ingwer, ¹/₂ TL Zimt
abgeriebene Schale von
1 Zitrone (unbehandelt)
Olivenöl für das Blech

Für die Bratlinge das Wasser erhitzen, dann die Hirse zufügen, abgedeckt 15 Minuten köcheln, salzen, vom Herd nehmen und weitere 10 Minuten quellen lassen. Wenn alles Wasser aufgesogen ist, ist die Hirse gar.
Anschließend mit den angegebenen Zutaten der Reihenfolge nach mischen. Wenn die entstandene Teigmasse noch zu bröckelig ist, einige EL Chufas oder $^1/_2$ bis 1 Tasse Mandelmehl sowie etwas warmes Wasser daruntermischen. Die Bratlingsmasse sollte von der Konsistenz her relativ schwer sein.
Mit den Händen oder mit einem nassen Eßlöffel kleine Taler formen und diese in heißem Olivenöl von beiden Seiten goldgelb braten. Die Bratlinge sollten verhältnismäßig flach ausfallen, da sie so besser durchbraten und ihr Geschmack runder wird.

Pilzragout mit Blumenkohl-Kartoffelpuffern

Diese Puffer schmecken warm wie auch kalt. Dazu paßt Brottrunk, 1:1 mit Wasser verdünnt.

Für das Ragout:

E so viel Olivenöl, daß der Topfboden bedeckt ist
1–2 Tassen Pilze, z. B. Champignons, in Scheiben
M 1 Zwiebel, in Ringe geschnitten
W $^1/_2$ EL Gemüsebrühe
H 1–2 Tomaten
F $^1/_2$ TL Rosmarin, 1 Prise Pfeffer

Die Zutaten der Reihenfolge nach in dem erhitzten Öl dünsten. Sobald die Tomaten zugefügt werden, vom Herd nehmen und mit den Feuergewürzen zusammen nur noch ziehen lassen. Dies kann auch bereits im Warmhaltegefäß geschehen.

Für die Puffer:

E *2–3 Kartoffeln, in Würfel geschnitten*
    1 Tasse Blumenkohlröschen, in wenig Wasser
    bißfest gedünstet
M *1 TL Petersilie, gerebelt*
W *1 TL Thymian, gerebelt, 1 TL Königssalz,*
    $^1/_4$ TL Muskat
H/F *Chufas, Kapern*

Alle Zutaten im Mixer pürieren und würzen. Einige Eßlöffel Chufas zufügen, bis eine zähflüssige Konsistenz entsteht. Eventuell noch einige Kapern dazugeben. Olivenöl in einer Pfanne heiß werden lassen, mit einem Eßlöffel Puffer formen und von beiden Seiten goldgelb braten.

Bunter Kartoffelsalat mit Maisketchup

Füllen Sie das Ketchup in einen extra Behälter. Es schmeckt nicht nur ausgezeichnet zum Kartoffelsalat, sondern auch zu Nudelgerichten und Reis, ja selbst auf Butterbrot. Als Getränk dazu paßt Ingwertee.

Für den Kartoffelsalat:

E *1–2 EL Maiskörner aus dem Glas*
2–3 gekochte Kartoffeln, in Würfel geschnitten
$1/_8$ Schlangengurke, gewürfelt, 3–4 EL Öl
M *1 EL weißer Rettich, gewürfelt, einige Blumenkohl-*
und Brokkoliröschen
W *1 kleine Möhre in Würfeln, $1/_2$ TL Kräuter-*
oder Königssalz
H *1 Tomate in Achteln, 1 Schuß Brottrunk*
F *einige Blättchen Eisbergsalat, zerzupft*
Petersilie nach Belieben, Majoran
1–2 Zehen Knoblauch in Scheibchen,
Pfeffer oder Cayenne

Alle Zutaten der Reihenfolge nach zugeben, dabei nach jedem Element mischen. Mit den Feuergewürzen abschmecken.

Für das Maisketchup:

restliche Maiskörner　　　　*1 TL Rübensirup*
aus dem Glas　　　　　　　*(aus biologischem Anbau)*
1–3 EL Tomatenmark　　　　*1 kleine Zwiebel*
(biologisch)　　　　　　　　*in Würfeln*
1 TL Thymian, gerebelt　　　*1–2 EL Olivenöl*
$1/_2$ TL Kräutersalz　　　　　*einige Oliven, in Scheiben*
einige Spritzer Balsamicoessig　*geschnitten*

Für das Ketchup die restlichen Maiskörner des angebrochenen Glases mit Tomatenmark, Thymian, Kräutersalz, Balsamicoessig, Rübensirup, Zwiebel, Olivenöl und Oliven gründlich vermischen.

Andalusischer Gurkensalat und Carobpudding

Der Pudding sollte am Vortag zubereitet werden und über Nacht im Kühlschrank stehen. Am besten stellen Sie ihn an Ihrem Arbeitsplatz auch wieder kühl. Er schmeckt dann besser und hat die richtige Konsistenz.

Für den Salat:

E *¹/₄ Gurke, in Halbmonden*
1–2 EL Bambussprossen
¹/₂ gelbe Paprikaschote
1–2 EL Sonnenblumenöl
M *1–2 EL Mungosprossen*
W *etwas Salz, am besten Königssalz, 1 geh. EL Korinthen*
H *Saft einer halben Zitrone*
F *1 TL süßes Paprikapulver*
einige Stückchen Grapefruitfleisch

Die einzelnen Zutaten in der angegebenen Reihenfolge vermischen, dabei nach jeder Elementzugabe umrühren.

Für den Carobpudding:

¹/₂ Tasse Hirse, fein gemahlen   *1 gr. Msp. Vanillepulver*
1 TL Agar-Agar   *1 Prise Veilchenwurzelpulver*
2–3 EL Ahornsirup   *(Reformhaus)*
2–3 geh. TL Carob   *¹/₈ l geschlagene Sahne*

¹/₄ l Wasser zum Kochen bringen. Die in wenig kaltem Wasser angerührte Hirse mit einem Schneebesen ins kochende Wasser

einrühren. Agar-Agar zufügen, einmal aufkochen, von der Feuerstelle nehmen und abkühlen lassen. In den lauwarmen Pudding Ahornsirup, Carob und die Gewürze einrühren. Sobald die Temperatur unter 40 °C sinkt und die Hirsemasse fest zu werden beginnt, die Sahne steif schlagen und mit dem Schneebesen unterheben. Wenn Sie mögen, können Sie noch einige geraspelte Mandeln dazumischen.

Frühwinter

Mit Beginn der Metallzeit, hier Frühwinter genannt, sollten wir uns ausschließlich ohne tierische Eiweiße, Weißmehl und Industriezucker ernähren.  Unser Körper wird es uns damit danken, daß er keine Grippe und oft nicht einmal einen Schnupfen oder Husten davonträgt. Auch in der anschließenden Wasserzeit ist tierisches Eiweiß nicht zu empfehlen.

Statt dessen sollten Sie sich von pflanzlichem Eiweiß ernähren, das ja in wunderbar vollwertiger Form in Getreiden wie Amaranth und Quinoa oder in den bekannten Hülsenfrüchten vorkommt, an ihrer Spitze die Linsen.

Zum Metallelement gehören Lunge und Dickdarm. Sie gilt es mit süßer und scharfer Nahrung zu versorgen. Häufig ißt der Vata-Mensch, der Metall-Typ, gern Rohkost, bisweilen jedoch überhaupt nicht gern. In diesem Fall ist zum Dickdarm auch noch der Dünndarm geschwächt. Dem sollte man dann durch bißfest gekochte Speisen Rechnung tragen, denen man beim Pürieren entsprechende Rohkostanteile hinzufügt und alles interessant würzt.

Kohlsalat mit Obstreis

Für den Salat:

M 1–1 ¹/₂ Tassen Weißkohl, hauchdünn geschnitten
¹/₂ Tasse ganz feine Steckrübenstreifen,
einige Zwiebelwürfel
W 1 Apfel in dünnen Streifen, ¹/₂ TL Salz
H 1–2 TL Balsamicoessig
F 1 Prise Pfeffer
E 2–3 EL Oliven- oder Distelöl

Für den Salat alle Zutaten der Reihenfolge nach zusammenmischen. Dabei die Speisen der Elemente M, W und H kräftig mit einem Eßlöffel kneten, bis Saft austritt. Dann Pfeffer und Öl zugeben und jeweils mischen.

Für das Obstrisotto:

M 1–2 Tassen körniger, mit wenig Salz gekochter Reis
¹/₂ Tasse Feigen
W ¹/₂ Tasse Korinthen
H Saft von ¹/₂ Zitrone, 1 Apfel in Stückchen
F 1 EL Sanddorn
E 1–2 EL Ahornsirup, je ¹/₂ TL Zimt und Ingwer,
1–2 EL Sesamöl

Für das Risotto alle Zutaten gemäß der Elementfolge nach und nach miteinander vermischen und in einen gesonderten Behälter füllen.
Dazu schmeckt am besten ein Mate- oder Yogi-Gewürztee.

Feine indische Kohlsuppe

Warum nicht auch einmal eine pürierte Kohlsuppe, deftig orientalisch oder auch pikant indisch gewürzt?

M *je ¹/₂ Tasse Weißkohl und Kohlrabi, grob geraffelt*
1 kleine Zwiebel
W *heißes Wasser, 1 kleine Möhre in Scheiben*
¹/₂ TL Salz
H *1 Schuß Brottrunk*
F *erhitzen*
E *je 1 TL Kurkuma und Indisches Gewürz*
1 EL Ghee, einige grüne Kohlrabiblätter

Alle Zutaten von M bis H zusammen etwa 5 Minuten köcheln (entspricht F), dann mit dem Kochwasser in den Mixer füllen und mit den weiteren Gewürzen, Ghee und Kohlrabiblättern sehr fein pürieren. Sehr bald im warmen Zustand in einen Thermosbehälter füllen. Dazu passen eine Reiswaffel und Ingwertee.

Radieschensalat mit Quinoaplätzchen

Bereiten Sie ruhig am Abend vorher eine größere Menge der Plätzchen zu, dann haben Sie eine leckere Knabberei für viele Gelegenheiten, nicht nur zum Radieschensalat. Probieren Sie dazu einmal einen Goldrutentee!

Für den Salat:

M *6–8 Radieschen in Spiralen*
W *einige Blättchen Feldsalat, einige Gurkenscheiben,*
   1 Prise Salz
H *einige grüne Oliven, halbiert*
F *1 Tomate in Achteln*
E *1–2 EL Olivenöl, 1 TL Weizenkeimöl,*
   1–2 Zehen Knoblauch in dünnen Scheiben

Alle Zutaten in eine Schüssel schichten. Zum Schluß mit dem Öl beträufeln und mit Knoblauch garnieren.

Für die Plätzchen:

H/F *1–2 Tassen Quinoa, fein gemahlen*
E   *¹/₂ Tasse Olivenöl oder Ghee*
M   *¹/₄ TL Peperonigewürz*
W   *1 TL Königssalz*
H   *¹/₂ EL Majoran*
    ca. ¹/₂ Tasse Wasser

Alle Zutaten miteinander vermischen und so viel Wasser zugeben, daß ein fester, aber noch knetbarer Teig entsteht. Einige

Minuten quellen lassen, dann mit nassen Händen Kugeln formen. Diese mit reichlich Abstand auf ein mit Backpapier ausgelegtes Blech legen und mit einer Gabel plattdrücken. In ca. 10–15 Minuten bei 180–200 °C im Backofen goldbraun backen.

Bunter Kressesalat mit Zwiebelkuchen

Essen Sie zum Kressesalat ein oder zwei erkaltete Stücke des Zwiebelkuchens. Mit einer Tasse Gemüsebrühe wird das Ganze rund.

Für den Salat:

M *1 Kästchen Kresse, $^1/_2$ rote Paprika,*
 einige Röschen Brokkoli
W *Rettich in dünnen Streifen, oder Radieschen,*
 1 Prise Salz
H *Chinakohlstreifen*
F *einige Blättchen Eisbergsalat, klein gezupft*
E *$^1/_2$–1 Becher saure Sahne*
 1–2 Knoblauchzehen, zerstoßen
 etwas Petersilie, 1 Prise Königssalz

Alle Zutaten in der angegebenen Reihenfolge miteinander vermischen. Die saure Sahne zusammen mit Knoblauch, Petersilie und Salz mit dem Zauberstab pürieren und über den Salat gießen.

Für den Zwiebelkuchen:

M *1 ¹/₂ Tassen Reis*
    ¹/₂ Tasse Hafer
W *1 TL Königssalz*
H *¹/₂ Tasse Brottrunk*
F *¹/₄ TL Muskat*
E *¹/₂ Tasse Olivenöl*

Für den Belag:

M *2–3 große Zwiebeln in dünnen Ringen*
W *1 TL Liebstöckel*
H *2–3 EL Tomatenmark, biologisch, 1 EL Kapern*
F *1 TL Origano*
E *einige Maiskörner aus dem Glas, Olivenöl zum Beträufeln*

Reis und Hafer zusammen mahlen, mit den übrigen Zutaten der Reihenfolge nach einen Teig bereiten. Nach ca. 15 Minuten Quellzeit ausrollen und in eine gefettete Tortenform füllen. Den Teig mit Zwiebelringen belegen, die mit Liebstöckel bestäubt werden, darüber Tomatenmark mit Kapern verteilen. Über alles Origano streuen, mit Maiskörnern garnieren und als Abrundung Olivenöl darüber träufeln. Bei 180–200 °C ca. 35–40 Minuten backen.

Endiviensalat in Cremesauce mit Kartoffelsalat

Für den Endiviensalat:

M *1–2 Handvoll Endivie, fein geschnitten*
$^1/_2$ Tasse Stangensellerie in Röllchen
W *1 Apfel, fein geschnitten*
1 Prise Königssalz, $^1/_2$ Tasse Alfalfasprossen
H *3 Fingervoll Sauerkraut*
1 Msp. Cayenne
E *$^1/_2$ Becher Sahne mit Königssalz*
1–2 Knoblauchzehen, 1 TL Acerolapulver,
Schale von 1 Zitrone

Die Salatzutaten miteinander vermischen, dabei die Reihenfolge beachten. Für die Sauce die Sahne mit Salz, Knoblauch, Acerolapulver und Zitronenschale pürieren. Mit dem Salat vermengen.

Für den Kartoffelsalat:

E *2–4 frisch gekochte Pellkartoffeln, geschält*
und in Scheiben geschnitten
2–4 EL Olivenöl
M *1 Zwiebel in Würfeln*
W *$^1/_2$ TL Salz*
H *1 Schuß Brottrunk*
F *$^1/_2$ TL Thymian*

Auch hier alle Zutaten gemäß der Elementreihenfolge miteinander vermischen. Etwas ziehen lassen und in einen Behälter füllen. Dazu paßt Matetee.

Spätwinter

Wasserzeit, Zeit der klirrenden Fröste und des Schnees. Zeit der Einkehr und auch der Muße. Zeit der Regeneration.  Auch jetzt sollten wir den Organismus nur mit pflanzlichen Eiweißen ernähren. Aber wir sollten auch daran denken, unsere Nieren zu wärmen, damit die Ausscheidung der Schlackenstoffe gut funktioniert.

Indische Linsensuppe
mit Sauerkrautsalat

Wenn man im Hochwinter, bedingt durch die Temperaturunterschiede zwischen Frösten und warmer Stube, leicht friert, sollte man immer zuerst das Gekochte und danach den Salat zu sich nehmen. So wie hier: erst die Suppe und dann den Salat. Wenn Sie mögen, trinken Sie nach der Mahlzeit Maisbart- oder Birkenblättertee. Das stärkt die Nieren.

Für die Suppe:

W *2 Tassen Wasser*
1 Tasse rote, geschälte Linsen
H *einige Porreeringe*
F *1 kleine Zwiebel, in Ringe geschnitten*
E *2–3 EL Olivenöl*
M *$^1/_2$ TL Thymian*
W *1 EL Gemüsebrühe*

Wasser in einen Topf füllen, die Linsen zufügen. Mit Porree und Zwiebel zusammen erhitzen und 8–10 Minuten köcheln lassen, bis die Linsen zerfallen. Olivenöl, Thymian und Gemüsebrühe zugeben. Mit 1–2 cm frischem Ingwer, 1–2 Stengeln Petersilie und 1–1 $^1/_2$ TL Kurkuma pürieren, nach Belieben noch mit etwas Ghee verfeinern. Arbeitszeit maximal 15 Minuten!

Für den Salat:

W *1 weißer Rettich, in Stifte geschnitten*
H *2–3 EL frisch vergorenes Sauerkraut*
F *$^1/_2$ rote Paprika oder 1 Tomate oder*
1 kleine Möhre in Stückchen
E *2–3 EL Sonnenblumenöl oder Distelöl*
1 TL Kardamomkörner
M *1 kleine Zwiebel, in Ringe geschnitten*
W *1 Prise Salz und $^1/_2$ TL Schwarzkümmel*

Alle Zutaten gemäß der Elementreihenfolge vermischen.

Kichererbsenfladen und
Rote-Bete-Salat

Zu diesem Menüvorschlag paßt Holunder- oder Hibiskustee. Beide leiten überschüssige Energie aus der Niere ab.

Für die Fladen:

W *1 Tasse Kichererbsenmehl, 1 ¹/₂ Tassen Wasser, 1 geh. TL Gemüsebrühe*
H *1–2 Zehen Knoblauch einige Oliven, in Scheiben geschnitten*
F *1 Prise Cayenne*
E *1 EL Olivenöl*
M *1 kleine Zwiebel, gewürfelt*

Das frisch gemahlene Kichererbsenmehl in kochendes Wasser einrühren, mit der Gemüsebrühe würzen und 2–3 Minuten unter Rühren köcheln lassen. Die weiteren Zutaten zufügen, bei Bedarf weiteres Erbsmehl zugeben, um die Masse anzudicken. Ein Backblech mit Öl bestreichen und mit einem Eßlöffel kleine Fladen darauf verteilen. Bei 170–200 °C in 20–25 Minuten knusprig backen.

Für den Salat:

F *1 kleine rote Bete*
E *1 kleiner Apfel etwas Olivenöl, ¹/₂ TL Kardamomkörner*
H *einige Zwiebelringe*
W *einige Salbeiblättchen, gerebelt*
H *1–2 TL Zitronensaft*

Rote Bete schälen, beim Apfel Stiel und Kerngehäuse entfernen, dann beides zusammen fein raspeln. Die weiteren Zutaten zugeben, zum Schluß den Zitronensaft darüber verteilen und den Behälter verschließen.

Schwarzwurzelsuppe und Spargelsalat

Für die Suppe können Sie auch vorgekochte Schwarzwurzeln verwenden. Suppe und Salat schmecken zusammen besonders lecker. Zum Abschluß paßt dazu Yogi- oder Ingwertee.

Für die Suppe:

W *3–4 Schwarzwurzeln*
H *1 EL Chinakohl, in Streifen geschnitten*
F *1 kleine Möhre, gestiftelt*
E *$^1/_8$ l Sahne, $^1/_2$ TL Curry*
M *1 TL Schnittlauch*

Die Schwarzwurzeln schrubben, bis die schwarze Wurzelhaut nahezu abgeschabt ist, in Zitronenwasser bißfest kochen und abtropfen lassen. Wenig Gemüsebrühe mit Wasser zum Kochen bringen, die Schwarzwurzelstückchen und die weiteren Zutaten in der Rezeptabfolge zufügen, dabei jedesmal umrühren. Alles 5 Minuten köcheln lassen. Zum Schluß Sahne und Curry unterrühren. In einen Wärmebehälter füllen und mit Schnittlauchröllchen bestreuen.

Für den Salat:

W *Spargel aus der Dose in mundgerechten Stückchen*
H *1 Tomate in Achteln*
F *einige Blättchen Eisberg- und Kopfsalat, zerzupft*
E *¹/₈ l Sahne*
M *1 Prise Pfeffer*
W *¹/₄ TL Kräutersalz*

Die Gemüse nacheinander in einen Behälter füllen und mit der Sauce aus Sahne und Gewürzen übergießen.

Sojanudeln mit Pilzsauce und Gurkensalat

Sie können die Sauce entweder im Warmhaltebehälter über die Nudeln gießen oder aber in einem zweiten Behälter mitnehmen. Dazu schmeckt ein Glas Brottrunk, 1:1 mit Wasser verdünnt.

Für die Nudeln mit Sauce:

W *¹/₄–¹/₂ Paket Sojanudeln*
   4–6 Shiitakepilze, geputzt und in Scheiben geschnitten
H *Sauerrahmbutter*
F *einige rote Zwiebelringe*
   1 Prise Pfeffer und etwas Basilikum
E *1 EL Kürbiskerne, 1 Becher saure Sahne*
M *einige Blättchen frischer Dill*
W *1–2 TL oder mehr Tamari*

So viel Wasser in einen Topf füllen, daß der Boden 2 cm hoch bedeckt ist. 1 gestr. EL Gemüsebrühe und einen Schuß Olivenöl zufügen und erhitzen. In das kochende Wasser die Nudeln geben und bei geschlossenem Deckel 8–10 Minuten leicht köcheln lassen, bis sie bißfest sind. Dann die Nudeln sofort von der Kochplatte ziehen und den Deckel abnehmen. Während die Nudeln kochen, etwas Sauerrahmbutter zu den Pilzen geben und beides erhitzen. Zwiebelringe, Pfeffer und Basilikum zufügen, umrühren. Die Kürbiskerne darüberstreuen und die Sahne unterrühren. Den Topf vom Herd nehmen, Dill zugeben und mit Tamari würzen.

Für den Salat:

W *¹/₄–¹/₂ Schlangengurke, in Halbmonde geschnitten*
etwas Königssalz
H *2–3 Blättchen Eichblattsalat, zerzupft*
F *1 Tomate oder ¹/₂ rote Paprika in Stückchen*
E *1–2 EL Sesamöl oder Distelöl*
M *1–2 Knoblauchzehen und 1 Prise Cayenne*

Die Rezeptzugaben entsprechend der Reihenfolge in der Liste ins Transporttöpfchen füllen.

Kartoffeln mit Gomasio und Feldsalat mit Mungokeimlingen

Zu diesem Gericht schmeckt zur Stärkung des Wasserelements ein Maisbarttee.

3–4 Pellkartoffeln

Für das Gomasio:

1–2 EL Sesam
1 Msp. Königssalz

Sie können die Pellkartoffeln frisch garen und in einen Thermosbehälter füllen oder kalte Kartoffeln vom Vortag verwenden, mit etwas Öl, Zwiebelwürfeln und Kräutersalz vermischt. Für das Gomasio werden Sesam und Königssalz miteinander vermahlen und getrennt transportiert.

Für den Salat:

W *1 Handvoll verlesener Feldsalat,*
 reichlich Mungokeime, etwas Königssalz
H *einige grüne Oliven*
F *1 Prise Cayenne oder süßes Paprikapulver*
E *1–2 EL Leinöl, 1 TL Weizenkeimöl*
M *¹/₂ TL Meerrettich, gerebelt*

Die Salatzutaten nach der angegebenen Reihenfolge zusammenstellen und in einen Behälter füllen.

Rezepte der Feng-Shui-Küche

Salate –
Energiespender per se

Alle meine Babys, es sind drei kleine Leute gewesen, habe ich ab dem vierten oder fünften Lebensmonat mit mindestens der Hälfte Rohkostbrei gefüttert, und sie sind fabelhaft gediehen. Alle waren sie nicht einmal ein Viertel so oft krank wie ihre Alterskameraden im Kindergarten und in der Grundschule.

Aus diesem Grunde sollte man sein ganzes Leben lang kein Rohkostverächter sein, selbst wenn es nur kleine Mengen sind und für Gebißträger sehr fein geraspeltes Gemüse natürlich den Vorzug erhält. Gönnen Sie sich diese vitale, vitamin- und mineralstoffreiche Nahrungsbereicherung! Gönnen Sie dies Ihrem Körper und auch Ihrem Gemüt, denn glücklich ist nur der, der sich gesund fühlt. Auf daß Sie ein langes, beschwerdefreies (oder zumindest -armes) Leben genießen können – auch bei viel Arbeit oder vielen Sorgen!

Darum möchte ich Sie mit meinen besten Salatkreationen verlocken, die Sie in das Land der tausend Genüsse führen werden. **Alle folgenden Rezepte sind für 4 bis 5 Personen berechnet.**

Brokkoli-Braut

Ein Salat für festliche Gelegenheiten. Auch Ihre Gäste können Sie mit dieser Vorspeise überraschen.

M *1 Brokkoli-Kopf, davon nur die feinen Röschen*
(den Rest für eine Suppe verwenden)
W *½ Gurke, in Halbmonde geschnitten*
H *Petersilie, etwas Zitronensaft*
F *2–3 Frühlingszwiebeln mit Grün, in Ringe geschnitten*
E *⅓–½ Honig- oder Netzmelone, in mundgerechte*
Stücke geschnitten

Für die Sauce:

1 Becher saure Sahne
M *1 Msp. Cayenne*
W *½ TL Kräutersalz (oder etwas mehr)*
H *Saft von ½ Zitrone*
F *1 Prise Basilikum*
E *1 EL Pistazien oder Kürbiskerne zum Garnieren*

Alle Zutaten der Reihenfolge nach in eine Salatschüssel schichten. Zutaten für die Sahnesauce miteinander verrühren und darüber geben. Mit Pistazien oder Kürbiskernen garniert, wirkt dieser Salat wie ein Gedicht und schmeckt auch so.

Artischocken im Sahnemantel

Pro Person 3 Artischockenböden aus der Dose

Für die Sauce:
E *1–2 Becher saure Sahne*
M *¹/₂–1 TL Curry*
W *¹/₂ TL Salz*
H *1–2 TL Zitronensaft*
F *1 Msp. Pfeffer*

Jeweils 3 Artischockenböden auf einem Teller anrichten, mit der Sahnesauce übergießen und mit einer Olive, einigen Pistazien oder auch einem Peperoniring je Boden garnieren.

Avocado-Traumschiffchen

Achtung: Avocado darf nie in einer Menüfolge zusammen mit tierischem Eiweiß serviert werden, weil sie Stoffe enthält, die die Eiweiß-Verdauungsenzyme hemmen.

   2–2 ¹/₂ Avocados (pro Person ¹/₂ Avocado)
F *Kopfsalatblätter, wohlgeformt und schön*
E *das Avocadofleisch püriert mit 1 Becher saure Sahne*
M *pro Person 1 Msp. grüner Pfeffer*
W *gut ¹/₂ TL Kräutersalz, besser noch Königssalz*
H *2–4 TL Zitronensaft oder je 1 TL Acerolapulver pro Person*
   Petersilie zum Garnieren

Die Avocados halbieren, den Kern entfernen, das Fleisch mit einem Eßlöffel herausnehmen. Die Avocadohälften mit je einem Salatblatt dekorativ auslegen. Das Avocadofleisch mit den nachfolgenden Zutaten, die alle nacheinander dazu gegeben werden sollten, pürieren und in die Avocadoschiffchen füllen. Mit einem Sträußchen Petersilie garnieren und gekühlt servieren.

Möhrenblitzsalat

F/E *3–4 Möhren, mittelfein geraspelt, 3–4 EL Öl*
! *2–3 Äpfel*
W *etwas Petersilie, gerebelt*
H *Saft von $^1/_2$ Zitrone*

Möhren putzen und fein raspeln, Öl (z. B. Sonnenblumenöl) zufügen, darüber die Äpfel raspeln und alles vermischen. Mit Petersilie bestreuen, Zitronensaft darüberträufeln, umrühren.

Möhrenblitzsalat, Variante

Noch schneller hergestellt und ebenfalls ausgezeichnet im Geschmack ist diese Variante. Achten Sie jedoch darauf, daß bei den übrigen Gerichten der Mahlzeit die fehlenden Elemente ergänzt werden.

3–4 Möhren
100 g ganze Mandeln

$^1/_2$–1 Becher süße Sahne

Möhren und Mandeln im Wechsel miteinander grob raspeln.
Sahne darüber geben, umrühren, fertig.

Vierjahreszeitensalat

H 1 kleiner Kopf Bataviasalat, zerzupft
F 1 kleine rote oder weiße Zwiebel, in Ringe geschnitten
E 1 kleine Fenchelknolle in Streifen
M 1 rote Paprikaschote in dünnen Streifen
W $^1/_2$ Gurke in Würfeln und Spiralen,
   einige Blättchen Feldsalat
H 1–2 Tomaten, in Achtel geschnitten, etwas Sauerkraut
F frische Petersilie und Zitronenmelisse, klein geschnitten
E reichlich Distel- oder Sonnenblumenöl,
   1 Glas Maiskörner (abgetropft)
   einige Ringe der oben genannten Zwiebel
H 1 geh. TL süßes Paprikapulver, 1 Prise Pfeffer
W 1 Schuß Brottrunk, $^1/_2$–1 gestr. TL Königssalz
! 2–4 Zehen Knoblauch in Scheibchen
   nach Geschmack Keimlinge zum Bestreuen

Die Zutaten der Elementfolge entsprechend nacheinander in eine Schüssel geben und nach jeder Elementzugabe alles vorsichtig miteinander vermischen. Ist Ihnen der Salat zu lasch gewürzt, geben Sie beim Holzelement noch etwas Balsamicoessig hinzu. Sind Sie allerdings mitten in der Anfertigung, dann gehen Sie bitte – wie beschrieben – den ganzen Zyklus bis zum Holzelement wieder durch, geben aber jeweils nur kleinste Mengen jedes Elements hinzu.

Tomatensalat »einmal anders«

H 4–8 Tomaten in Scheiben

Für die Sauce:

    1 Becher Schafsjoghurt
F *2 Stengel Frühlingszwiebeln*
E *$^1/_2$ Avocado, 2 TL Sesamöl*
M *je $^1/_2$ TL Rosmarin und Thymian*
    1 Lsp. scharfes Paprikapulver
    1 EL Schnittlauchröllchen
W *$^1/_2$–1 gestr. TL Königssalz*

Die Joghurtsauce über die portionierten Tomaten geben, mit einigen Oliven garnieren.

Andalusischer Selleriesalat

H *2–3 Möhren, geraspelt*
F *1 Prise Cayenne*
E *$^1/_3$–$^1/_2$ Sellerieknolle, gebürstet und geraspelt*
    1–2 EL Ahornsirup, 1 Becher Sahne,
    $^1/_2$ kleingeschnittene, frische Ananas
    1–2 EL Cashewkerne grob zerkleinert
M *1 TL Curry*
W *1 EL Datteln in Ringen, oder getrocknete Aprikosen,*
    fein geschnitten

Alles der Elementfolge gemäß miteinander vermischen. Einige Möhrenstreifen darüberstreuen, für Kinder mit Fähnchen verziert servieren.

Bohnensalat »Großmutterzauber«

E pro Person 1 Tasse grüne Bohnen,
in wenig Wasser mit Gemüsebrühe bißfest gekocht
$^1/_2$ Tasse Olivenöl
M 1–2 kleine Zwiebeln in Würfeln
1 Bund Radieschen, in Scheiben geschnitten
1 EL Schnittlauchröllchen
W $^1/_2$–1 TL Königssalz
H Saft von $^1/_2$ Zitrone
F 2–3 Tomaten, $^1/_2$ Tasse Schafskäse in Würfeln

Alle Zutaten entsprechend der Elementfolge übereinander schichten. Tomaten und Schafskäse locker auf dem Salat verteilen.

Kopfsalat »Sommernachtsparty«

F $^1/_2$–1 Kopfsalat, $^1/_4$–$^1/_2$ Eissalat,
in mundgerechten Stückchen
einige Blättchen Radicchio in feinen Streifen
E 3–4 EL Olivenöl, 2 EL Mungokeimlinge
M 1 EL Schnittlauchröllchen, 1 Prise Pfeffer
W $^1/_2$–1 TL Königssalz
H 1–2 EL Oliven
Saft von $^1/_2$ Zitrone
1 EL frische Petersilie, fein zerkleinert

Alle Zutaten entsprechend der Elementfolge vermischen und rasch servieren.

Lieblicher Schwarzwurzelsalat

Dieser Salat ist sehr erdbetont, so daß das übrige Menü die anderen Elemente herausheben sollte, vor allem Metall und Wasser.

E *6–8 Schwarzwurzeln, in Scheiben geschnitten und gegart*
   1 Becher süße Sahne
   $^1/_2$ Tasse Kokosraspel
   1–2 EL Agavensirup
   1–1 $^1/_2$ Bananen in Würfeln
! *abgeraspelte Schale einer Zitrone*
F *1 Msp. Cayenne*

Schwarzwurzeln unter fließendem Wasser bürsten, putzen, in Scheiben schneiden und in wenig Salzwasser mit etwas Zitronensaft garen. Schwarzwurzelscheibchen mit Bananenwürfeln mischen, die Sahne mit Zitronenschale, Agavensirup sowie Cayenne vermengen und darübergießen. Kokosraspel darüberstreuen und vorsichtig unterheben. Mit einigen Zitronenschalenstreifen garnieren.

Bunter Eisbergsalat mit Avocadocreme

F *$^1/_2$–$^3/_4$ Kopf Eisbergsalat (je nach Größe)*
E *pro Person 1 TL Sesamöl*
M *1 rote Paprikaschote, in Streifen geschnitten*
W *ca. $^1/_2$ TL Königssalz, über alles gestäubt*
H *1–1 $^1/_2$ Tassen Sauerkraut, naturvergoren*

Für die Sauce:

$^1/_2$ Becher süße oder   1 Msp. Cayenne
1 kleiner Becher saure Sahne   2–4 Zehen Knoblauch
$^1/_2$ Avocado, Fruchtfleisch   pro Person 3 Oliven
ausgehoben   als Garnierung
$^1/_2$ TL Königssalz

Die Zutaten entsprechend der Elementfolge auf Portionsteller füllen. Die Sahne mit dem ausgehobenen Avocadofleisch und den Gewürzzutaten im Mixer pürieren. Über jeden Teller etwas Avocadocreme als breiten Kamm tropfen lassen und mit den Oliven garnieren.

Blumenkohl in Kräutercreme

F   1 kleiner Kopf Blumenkohlröschen, blanchiert
E   1 Glas Maiskörner
M   1 Bund Radieschen in Scheiben
W   1 mittelgroße Möhre, in schmale Streifen geschnitten
H $^1/_2$ Glas Kapern, gut unter Wasser abgespült

Für die Sauce:

E   1 Becher saure Sahne
M   1 geh. TL frische Minzblätter, zerstoßen
W $^1/_2$–1 gestr. TL Kräutersalz
H   einige frische Salbeiblättchen, klein geschnitten
     Saft von $^1/_2$ Zitrone, $^1/_2$ TL abgeriebene Zitronenschale
F   1 große Msp. scharfes Paprikapulver

Das Gemüse gemäß der Reihenfolge der Elementzugehörigkeit in einer Schüssel oder in Portionsschälchen hübsch anordnen. Saucenzutaten vermischen und darüber verteilen. Bei Einzelportionen sollten Sie die doppelte Menge Sauce zubereiten.

Hirtensalat
nach griechischer Art

Der 13. Salat sollte einen Glückfall darstellen, denn wer wird schon bei der dreizehn einen Unglücksraben erwarten wollen!
Wegen des Schafskäses ist dieser Salat vorwiegend für den Sommer geeignet. Schmeckt köstlich mit Fladenbrot.

M/W *2–3 Handvoll Feldsalat*
W *1 Prise Salz*
H/F *3–5 Tomaten, in Achtel geschnitten*
E *1 gelber Paprika, in Streifen*
M *1 mittelgroße Zwiebel, in Ringe geschnitten*
W *1 TL Liebstöckelkraut*
H *2 EL schwarze Oliven*
F *ca. 1 Tasse Schafskäsewürfel*
E *Olivenöl*

Den Feldsalat an den Wänden der Salatschüssel verteilen, Salz darüber streuen, alle übrigen Zutaten entsprechend der Elementabfolge zum Salat zufügen. Reichlich Olivenöl darübergießen.

Bohnensalat »Farbenpracht«

Zu diesem Salat sollte eine leichte Suppe gereicht werden.

F *1 rote Paprikaschote, gewürfelt*
E *1–2 Tassen grüne Erbsen (frisch oder grün getrocknet)*
   $^1/_2$–1 Glas Maiskörner
   2–4 EL Olivenöl
M *ca. 1 Tasse Mungobohnenkeimlinge*
W *1 Dose rote Bohnen, 1 Prise Salz*
H *1–2 TL Balsamicoessig*
   ca. 1 EL Petersilie, gerebelt

Zuerst die Erbsen zubereiten: erntefrische Erbsen blanchieren, getrocknete Erbsen (am besten solche, die nach einem Schweizer Verfahren aus frischen grünen Erbsen sehr schonend hergestellt werden – s. Bezugsquelle Seite 340 –, denn sie sind weit besser als eingefrorene) über Nacht, mindestens aber einige Stunden vorher einweichen, dann ganz leicht ca. 20 Minuten in wenig Gemüsebrühe kochen, abgießen und erkalten lassen. Die Brühe ist eine gute Grundlage für eine Gemüsesuppe.

Alle übrigen Zutaten, mit den Paprikawürfeln beginnend, der Elementfolge nach zugeben und dabei jeweils kurz umrühren. Mit Balsamicoessig und Petersilie abschließen.

Lieblicher Reis-Obst-Salat

Dieses Gericht ist im Sommer oder Spätsommer eine ausreichende Mahlzeit, da es einen hohen Erdanteil hat. Besonders beliebt ist es bei Kindergeburtstagen und -festen.

E   *½ oder 1 kleine frische Ananas in Stückchen*
!   *1 Apfel in Würfeln*
!   *3–5 Aprikosen, frisch oder getrocknet*
E   *3–5 EL Sesamöl*
E   *½–1 TL Curry, 1 Lsp. Veilchenwurzelmehl*
M/W *2–3 Tassen Reis, körnig gekocht und mit*
     wenig Gemüsebrühe gewürzt
H   *½ Tasse Haselnüsse, geraspelt*
F   *1 Prise Cayenne*

Alle Zutaten der Reihenfolge nach miteinander vermischen. Zum Schluß geraspelte Haselnüsse darüberstreuen.

Pikanter Tofu-Salat

Dieser Salat sollte wegen des Mißverhältnisses von Kalzium und Phosphor im Tofu nicht zu oft gegessen werden.

F   *2 rote Paprikafrüchte, in Würfel geschnitten*
E   *1 Päckchen Tofu, mariniert, 2 gelbe Paprika,*
     in Würfeln
M   *1 kleine Zwiebel in hauchdünnen Ringen*
W   *½ Schlangengurke, in grobe, dünne Würfel geschnitten*

¹/₂ TL Königssalz oder 1 TL Tamari
¹/₄ TL Ingwerpulver, 1 EL frischer Dill, gerebelt
H *1 EL Kapern*

Den Tofu in Würfel schneiden, mit einer Stopfnadel anstechen und in einer Marinade aus 3–5 EL Sesamöl, ¹/₂ TL Balsamicoessig, ¹/₂ TL scharfem Paprikagewürz und 1 EL Tamari über Nacht ziehen lassen.
Auf die gewürfelten roten Paprika die Tofuwürfel mit der Marinade schichten, alle anderen Zutaten in Elementfolge hinzufügen und jeweils vorsichtig vermischen. Zum Schluß die Kapern zufügen.

Feinscharfer Linsensalat

W *1 Tasse gekeimte Linsen, kurz blanchiert,*
　　gut ¹/₂ TL Königssalz
H *¹/₂ Tasse Chinakohl in Streifen, 2–3 Tomaten in Achteln*
F *1 mittelgroße Zwiebel, in Ringen*
E *2–3 EL Olivenöl, einige Shiitakepilze, in Scheiben*
M *¹/₂ Tasse Brokkoliröschen*
　　1 gestr. TL Meerrettich, 1 gestr. TL süßes Paprikapulver
　　2–3 Knoblauchzehen, zerdrückt oder in Scheiben
　　1 EL grüne eingelegte Pfefferkörner, ganz

Die Linsen mit Königssalz bestreuen, dann in der angegebenen Reihenfolge die weiteren Zutaten dazugeben. Zum Schluß die Gewürzzutaten darüberstreuen und untermischen.

Fenchelsalat »Querbeet«

Dieser Salat ist sehr saftig und pikant-lieblich.

M *1 große oder 2 kleine Fenchelknollen, in ca. $^1/_2$ cm breite Streifen geschnitten, Fenchelgrün extra klein schneiden*
1 mittelgroßer Apfel, in Achteln und feinen Scheibchen
1 EL Schnittlauchröllchen
W *1–2 Möhren, in Streifen geraspelt, $^1/_2$ TL Salz*
H *Saft von $^1/_2$ Zitrone*
F *einige Streifen weißer Rettich*

Für die Sauce:

E *1 Becher saure Sahne, 1 TL Petersilie,*
$^1/_2$ TL zerdrückte Knoblauchzehen, 1 Prise Kräutersalz

Alle Zutaten gemäß der Elementreihenfolge nacheinander in eine Schüssel geben. Für die Sauce die genannten Zutaten miteinander vermischen und über den Salat ziehen.

Süßer Selleriesalat

Da dieser Salat viel Erdelement enthält, sollten Sie bei den übrigen Gerichten möglichst alle erdenden Zutaten beiseite lassen und statt dessen einen Joker dazugeben. So wird die Mahlzeit insgesamt ausgeglichen.

E *$^1/_2$ Sellerieknolle, 2–3 EL geraspelte Mandeln*
1 Becher süße Sahne, 3 EL Zuckerrübensirup
! *$^1/_2$ TL Ingwerpulver, $^1/_2$ TL Zimt*

Sellerie und Mandeln miteinander grob raspeln. Sahne mit Rübensirup und den Gewürzen verrühren und über das Gemüse-Mandel-Gemisch geben.

Deftiger Dinkelsalat

Zum Abschluß der Salatliste ein herzhafter Getreide-Gemüsesalat, der eine sättigende Mittags- wie auch Abendmahlzeit darstellen kann und bei Jung und Alt gut ankommt. Ich habe ihn schon oft für Kindergarten- oder Grundschulfeste zubereitet, wenn die Mütter um eine Büfettgabe gebeten wurden, und bin jedesmal erstaunt, wie schnell dieser Salat verputzt ist.
Wegen der Käsewürfel eignet er sich hauptsächlich für die Sommermonate (Feuerelement). Zur übrigen Zeit können Sie den Käse weglassen – der Salat schmeckt auch ohne Käse ausgezeichnet.

H *1 Tasse Dinkel*
F *1 kleiner Kopf Friséesalat, fein gezupft*
E *1 kleine Dose Spargel, in mundgerechten Stücken*
M *1 kleiner oder $^1/_2$ großer Kohlrabi, in Spiralen*
     und anschließend in bißgroße Stücke geschnitten
W *$^1/_2$–1 TL Pimentgewürz*
H *3–4 Tomaten in Achteln, 1 guter Schuß Brottrunk*
F *$^1/_4$ TL Cayenne oder Chili, 1 TL Senfkörner, ganz*
     1 Tasse Ziegengouda, gewürfelt
E *$^1/_2$ Tasse Distelöl, $^1/_2$ Sträußchen Petersilie, gerebelt*
M *4–6 Knoblauchzehen in dünnen Scheibchen*
W *$^1/_2$–1 TL Königssalz*

Die Dinkelkörner in der zweieinhalbfachen Menge Wasser über Nacht einweichen, dann 20 Minuten im Wasser köcheln, mit 1 TL Gemüsebrühe würzen und anschließend bei ausgeschaltetem Herd noch 40 Minuten nachquellen lassen. Den abgekühlten Dinkel mit den übrigen Zutaten der Elementreihenfolge nach in eine Schüssel geben und danach jeweils kurz mischen.

So kreieren Sie Ihre eigenen Rezepte

Diese Küche ist nicht nur lecker und gesund, sie ist auch denkbar einfach zu handhaben. Selbst meine Söhne trauen sich an die Zubereitung dieser Gerichte heran, und mein Ehepartner fürchtet kein einziges »aushäusiges« Wochenende seiner besseren Hälfte mehr, hat er doch dieses Kochbuch zur Hand – er, der Zeit seines Lebens nicht gekocht und im Haushalt aus diesem Grunde nicht immer die routinierte Grifftechnik hat!

Aber nicht nur in meiner Familie möchte ich zu eigenen Versuchen jedes einzelnen anregen, auch Sie, meine lieben Leser, möchte ich verlocken, ein gleiches zu tun. Versuch macht klug! Experimentieren Sie! Sammeln Sie Erfahrungen! Sehen Sie vor allem den Spaß an der Sache!

Sie können die Gerichte, die Ihnen am besten schmecken, selbst zusammenstellen. Schlagen Sie in den Tabellen das Gemüse oder die Zutaten nach, die Ihnen momentan am besten schmecken würden, notieren Sie sich die Elementzugehörigkeit und kombinieren Sie alles in der Reihenfolge des Elementzyklus, also H → F → E → M → W → H usw.

Vergessen Sie dabei nicht Öl oder Sahne und auch nicht Kräuter und Gewürze! Anders bin auch ich nicht vorgegangen.

Ein rund zubereiteter Salat ist immer eine Köstlichkeit – eben weil er rund ist. Noch gourmethafter wird er natürlich durch kontrolliert biologisches Gemüse!

Die Salatbar

Und damit Sie Ihre Familie, ja selbst Ihre Gäste auf den Geschmack des Fünf-Elemente-Kochens bringen können, mache ich Ihnen den Vorschlag einer Salatbar, um die Sie selbst Richard Olney, ein großer Meisterkoch, Weinkenner und Gourmet, beneiden würde. Bereiten Sie einige oder auch alle der Dips, Saucen und Vinaigrettes auf Seite 179 bis 181 zu. Fertigen Sie dazu einige Bratlinge (s. Seite 142), Frikadellen oder »Tanzmäuse«, wie sie bei uns heißen (s. unten). Waschen und putzen Sie eine Auswahl verschiedener Gemüsesorten aus allen Elementbereichen, wie auf Seite 178 aufgeführt. Dekorieren Sie die Salatbar mit Kräuterbüscheln, Blumen, Gewürzstreuern oder Schälchen mit Gewürzen, Servietten usw. Drapieren sie alles ansprechend, und vergessen Sie auch Teller, Gläser und Bestecke nicht. Man wird Ihnen gratulieren!

Soja-Tanzmäuse

W *1–2 Tassen Sojagranulat, mit 1 Tasse lauwarmem Wasser und 1–2 geh. TL Gemüsebrühe zum Quellen gebracht*
H *1 TL Kapern*
F *1 kleine Zwiebel in Würfeln*
E *2 geh. EL Tartex-Pastete (Reformhaus)*
M *$^1/_2$ TL grob gemahlener Pfeffer*

Alles miteinander vermischen und mit feuchten Händen kleine Frikadellen oder »Würstchen« (hier: »Tanzmäuse«) formen und unter dem Grill von beiden Seiten braun rösten, ohne daß die Zwiebeln verbrennen.

177

Hier eine beispielhafte Gemüsezusammenstellung:

Holz	Artischocken (Dose) 1–2 Tassen Endivie, fein geschnitten 1–2 Tassen Batavia, in grobe Blätter gezupft ca. 1 Tasse Stangensellerie in Ringen
Feuer	1 großer Teller Möhren, geraspelt Zwiebelringe, um die Möhren dekoriert 4-6 Tomaten in Achteln oder Scheiben, mit Petersilie garniert 1–2 Tassen Eisbergsalat, zerzupft etwas Rosenkohl, in Gemüsebrühe und Muskat gar gekocht
Erde	1 Gurke in Würfeln Bambussprossen (Dose) 1–2 gebackene Auberginen, ganz oder in Streifen, in würziger Tomatensauce 1–2 Tassen Brokkoliröschen, blanchiert 1 Schälchen Zuckerschoten, blanchiert
Metall	1 kleines Schälchen weißer Rettich in Streifen 1 Kästchen Kresse 1–2 rote Paprikaschoten in Streifen 1 Bund Radieschen, zu Blüten geschnitten 1 Kohlrabi in feinen Spiralen
Wasser 	1–2 Tassen Feldsalat 1 Schälchen Sojasprossen reichlich Spargel, am besten grüner, in Gemüsebrühe bißgar gekocht 1 kleine Schale grüne Bohnen, bißgar gekocht und mit etwas Pfeffer und Gemüsebrühe angemacht

Salatsaucen

Avocadocreme

1 Avocado, aus der
Schale gehoben
2 Becher süße oder
saure Sahne
3–4 Knoblauchzehen
1 Prise Cayenne

1 geh. TL Senf
1 gestr. TL Königssalz
Saft von 1 Zitrone
1 geh. TL Dill,
fein geschnitten

Alle Zutaten zusammen pürieren. Wenn die Sauce nicht flüssig
genug ist, noch etwas Sahne hinzugeben.

Zitronendip

2 Becher saure Sahne
Saft und geraspelte Schale
von 1 Zitrone, dabei etwas
weißes Unterfleisch mitraspeln

wenig Kräutersalz als ganz
zarte Würze
1 geh. TL Acerolapulver

Alle Zutaten miteinander zu einer cremigen Masse verschlagen.

Deftige Tomatensauce

1 Glas biologisches	$^1/_2$ TL süßes Paprikapulver
Tomatenmark (350 g)	$^1/_4$ TL scharfes Paprikapulver
$^1/_2$ Tasse Olivenöl,	1 EL Petersilie, gerebelt,
$^1/_2$ Tasse Brottrunk	1 TL Dill
1 EL Balsamicoessig	1–2 EL Kapern
1–1 $^1/_2$ TL Königssalz	1 EL Zwiebeln in Miniwürfeln

Alles gründlich und vorsichtig miteinander vermischen.

Nußcreme

1–2 Tassen gebrochene	$^1/_2$–1 Tasse Brottrunk,
Cashewkerne	$^1/_2$–1 EL Balsamicoessig
1–1 $^1/_2$ TL Senf	2 EL Kapern,
2–3 EL Sesamöl	$^1/_2$ TL Kräutersalz

Alles miteinander verrühren. Die Creme sollte dickflüssig sein.
Bei Bedarf noch etwas Brottrunk oder Öl zufügen, in diesem
Falle evtl. nachsalzen.

Currysauce, lieblich

2 Becher süße Sahne,   1 geh. TL Kurkuma,
1–2 EL Ahornsirup $^1/_2$ TL Curry
                              1–2 EL Chufas

Alle Zutaten miteinander pürieren. Die Zugabe von Chufas macht die Sauce sämig.

Kräutersauce

2–3 Becher saure Sahne   1–1 $^1/_2$ TL Kräutersalz
je 2 EL Petersilie   Saft von $^1/_2$ Zitrone oder
und Majoran   1 TL Acerolapulver
je 1 TL Salbei, Dill und
Schnittlauch

Alle Zutaten miteinander verrühren.

Würzige Öltunke

1 Tasse Sesamöl, 1 Tasse   einige Pfefferkörner,
Sonnenblumenöl   grob zerstoßen
$^1/_2$ Tasse Brottrunk, $^1/_2$ TL scharfes Paprikapulver
1 EL Balsamicoessig   1 TL in feine Streifen
1–2 EL Zitronensaft,   geschnittene grüne Gewürz-
$^1/_2$ TL Kräutersalz   paprikaschote

Alle Zutaten gründlich miteinander verschlagen (evtl. mit Zauberstab).

Deftige Eintopfgerichte und duftende Süppchen

Linsensuppe

Diese Suppe, ein deftiges Linsengericht, tauscht ein Fleischesser sogar gern gegen eine Bratwurst ein.

F *heißer Kochtopf*
E *¹/₂ Tasse Olivenöl*
   gut 1 Tasse Kartoffelwürfel
M *1 große Zwiebel in Ringen*
W *³/₄ l Wasser*
   1 Tasse geschälte rote Linsen
   2 schwach gehäufte EL Gemüsebrühe
H *1 guter Schuß Brottrunk*
! *1 mittelgroße Knoblauchknolle*

Einen großen Suppentopf erhitzen und das Olivenöl darin erhitzen. Die Kartoffeln und bald danach die Zwiebeln anbraten, mit heißem Wasser auffüllen. Sobald alles kocht, die Linsen und die Gemüsebrühe zugeben und ca. 5–6 Minuten bei geschlossenem Deckel leise köcheln lassen, bis die Linsen aufzuplatzen beginnen. Den Topf vom Herd nehmen, Brottrunk hineinrühren und die enthäuteten Zehen der Knoblauchknolle hineinpressen (oder jede Zehe in hauchfeine Würfel schneiden).
Wenn Sie möchten, können Sie noch eine Runde Gewürze anfügen, z. B.: (F) Curry, (E) Thymian, (M) grüner Pfeffer, (W) Liebstöckel, (H) einige grüne Oliven oder Kapern – aber die Suppe schmeckt auch so lecker!

Bohnensuppe als deftiger Mitternachtseintopf

Eine deftig scharfe Suppe, die vorzüglich in die lange Sylvester-nacht oder eine durchzechte Karnevalsfeier paßt. Doch selbst-verständlich ist dieser Eintopf nicht auf Partys beschränkt, son-dern kann jede Mittagsmahlzeit zu einem zünftigen Schmaus werden lassen. Servieren Sie ihn zum Beispiel mit einem safti-gen Sauerkrautsalat.

W *pro Person $^1/_2$ Tasse Sojabohnen*
H *1 TL Salbei, gerebelt*
F *$^1/_2$ TL Peperonigewürz*
E *$^1/_2$ Tasse Olivenöl*
M *2 mittelgroße Zwiebeln in Ringen*
W *1 $^1/_2$ geh. TL Kräutersalz*
H *$^1/_2$ Glas Kapern*
F *1 Msp. rosa Pfeffer*
E *$^1/_2$ TL Pimentgewürz*
M *1 kleine Zwiebel in Ringen*

Die Sojabohnen 10 Stunden einweichen und im Einweichwas-ser in 1 $^1/_2$–2 Stunden gar kochen. Nach ca. 75 Minuten den Salbei und anschließend das Peperonigewürz zufügen, dabei jeweils umrühren. Zu Ende kochen. Anschließend unter jewei-ligem Umrühren alle weiteren Zutaten hinzufügen.

Gemüsepotpourri Italiano

Als Kochgeschirr verwenden Sie dafür am besten einen Wok
oder einen hohen Topf.

E *Olivenöl*
M *2–3 kleine Zwiebeln in Ringen*
W *1–2 Schwarzwurzeln, gebürstet und in Scheiben
geschnitten*
H *einige Zitronenspritzer über die Schwarzwurzeln,
um Bräunung zu verhindern
1 großes Blatt Chinakohl in Streifen*
F *1 Tasse Blumenkohlröschen*
E *1 mittelgroße Möhre in Scheiben*
M *3–4 Shiitakepilze in Scheiben*
W *1 EL Sojasprossen*
H *2 EL Oliven, ganz oder halbiert*
F *¼ TL Cayenne*
! *1 EL frische Petersilie, gerebelt*

So viel Olivenöl in den Topf gießen, daß der Boden bedeckt ist,
und erhitzen. In schneller Reihenfolge die Zutaten von M bis E
in den Topf geben, dabei jeweils kurz umrühren. In 2–3 Minuten unter ständigem Rühren alles bißgar schmoren. Anschließend die Sprossen und die Oliven zufügen, mit Cayenne überstäuben, Petersilie darüberstreuen. Nur bei Bedarf salzen. Dazu
paßt Hirse oder Reis, körnig gekocht.

Bunte Brokkolipfanne

E so viel Olivenöl, daß der Topfboden gut bedeckt ist
M 1 Tasse Brokkoliröschen, 1 Tasse Zwiebeln in Würfeln
W $^{1}/_{2}$ Tasse Porree in Ringen
H 1 EL Kapern
F 3–4 Tomaten in Würfeln
E einige Chinakohlstreifen
M 1 Lsp. scharfes Paprikapulver
W 1 EL Kürbiskerne, eingeweicht
H 1 EL Kapern
F 2 EL Petersilie (oder mehr)

Olivenöl in einem Wok oder einem hohen Topf erhitzen. In schneller Folge die Zutaten von M bis wieder M unter jeweiligem Umrühren zufügen und einige Minuten unter Rühren bißgar schmoren. Zum Schluß Kürbiskerne, Kapern und Petersilie hinzufügen. Dazu paßt ausgezeichnet Curry-Reis (s. nachfolgendes Rezept).

Curry-Reis

Für ein Eintopfgericht können Sie diesen körnigen Reis einfach unter das Gemüse mischen.

etwas Olivenöl
1–2 Tassen Reis
(Patna- oder Basmatireis)

1 $^{1}/_{2}$–3 Tassen Wasser
1–2 TL Königssalz
1–2 TL Curry

Olivenöl in einem Topf erhitzen, den Reis darin glasig dünsten. 1 $^1/_2$–3 Tassen kochendes Wasser (die 1 $^1/_2$ fache Menge vom Reis) zugeben, umrühren und auf kleiner Flamme ca. 35 Minuten köcheln lassen. Den Deckel dabei nicht lüften! Anschließend vom Herd nehmen und noch ca. 15 Minuten quellen lassen. Sobald das Wasser völlig aufgesogen ist, mit Königssalz und Curry würzen.

Mangold-Kartoffel-Eintopf

Dieser Eintopf ist sehr gut erdend, von seiner Nahrungsenergie her jedoch auch recht gut für den Frühling geeignet. Er schmeckt herzhaft und vollmundig.

E *je 1–2 EL Olivenöl und Ghee*
1–2 Rosetten Mangold
4–6 Kartoffeln in sehr kleinen Würfeln
M *1–2 mittelgroße Zwiebeln in Würfeln*
W *1 Schuß heißes Wasser, 1 geh. EL Gemüsebrühe*
H *1–2 EL Kapern, 1 EL Zitronensaft*
F *3–4 Zehen Knoblauch, gepreßt*

Mangold putzen und den weißen Schaft vom Blatt trennen. Beides getrennt in Streifen schneiden. Olivenöl und Ghee in einem Topf erhitzen. In das heiße Fett zunächst die geschnittenen Mangoldstiele, darauf die Blattstreifen und über alles die Kartoffeln geben. Rühren und andünsten. Nun die Zwiebeln zufügen und rühren. Mit heißem Wasser ablöschen und mit Gemüsebrühe würzen. Deckel schließen und ca. 5 Minuten leise köcheln lassen. Die Kartoffelstückchen sollten gar und der Mangold etwas eingefallen, aber noch frisch sein. Den Topf vom Herd nehmen und Kapern, Zitronensaft und Knoblauch unterrühren.

Sauerkrauteintopf

Eine etwas abgewandelte Form des Eintopfs, den die Ostpreußen der alten Generation sonntagsmorgens in den Backofen schoben, um unbeaufsichtigt ein zünftiges Mittagsmahl
entstehen zu lassen, das man sich nach dem oft geistig anstren-
genden Kirchgang genüßlich zu Gemüte führen konnte. Nun,
unsere alten Ostpreußen waren halt praktisch.
Verwenden Sie für dieses Gericht am besten einen Römertopf,
dann wird es am saftigsten.

E *2–3 EL Olivenöl, 1–2 Tassen Kartoffelwürfel*
M *2 große Zwiebeln in Ringen*
W *1 große Tasse Sojafleisch*, 15–20 Minuten*
in Gemüsebrühe eingeweicht
H *2–3 Tassen naturvergorenes Sauerkraut*
F *¹/₂ TL Cayenne*

Den Römertopf 10 Minuten wässern, abtropfen lassen und die
Innenwände mit Olivenöl einpinseln. Zuerst eine Schicht Kartoffelwürfel hineingeben, darauf Zwiebelringe und Sojafleisch.
Etwas Gemüsebrühe darübergießen, Sauerkraut darauflegen
und mit Cayenne bestäuben. Weitere Schichten von (E) bis (F)
einfüllen, bis der Römertopf voll ist. Obenauf einige Butter-
flöckchen setzen, den Deckel schließen und in das kalte Backrohr stellen. Bei 200 °C in etwa 1–1 ¹/₂ Stunden fertigbacken.
Etwas Gomasio rundet diesen Eintopf ab. Es ist unwahrschein-
lich mineralstoffreich und unvergleichlich im Geschmack. Dafür
2–3 geh. EL Sesamsamen (ungeschält) mit ¹/₂ TL Königssalz in
einer Kaffeeschlagwerkmaschine mehlfein mahlen.

* Hierzu siehe den Hinweis beim Chicorée-Auflauf auf Seite 192.

Türkenpfanne

Ein köstlicher, orientalisch anmutender Eintopf.

E 2–3 EL Olivenöl
   1 große oder 2 kleine Auberginen in Würfeln (3 x 3 cm)
M 1 große oder 2 kleine Porreestangen in Ringen
   1 große Zwiebel in Ringen
W 1–2 gestr. EL Gemüsebrühe, $^1/_2$ Tasse heißes Wasser
H 1–2 Zucchini in Spiralen und Würfeln
   1 Tasse Kürbiskerne, $^1/_2$ Tasse halbierte Oliven
F 1 TL Basilikum, $^1/_2$ TL Chiligewürz,
   1 TL süßes Paprikapulver

Olivenöl im Topf oder in der Pfanne erhitzen. Nacheinander Auberginen, Porree und Zwiebeln darin anbraten. Mit Gemüsebrühe würzen und mit heißem Wasser ablöschen. Zucchini, Kürbiskerne und Oliven einrühren und kurz mitkochen. Alles etwa 5–8 Minuten köcheln lassen, bis die Auberginen gar sind. Anschließend vom Herd nehmen, würzen und alles noch einige Minuten bei geschlossenem Deckel ziehen lassen.

Als Beilage empfiehlt sich eine Dinkelstange oder ein selbst gebackenes Dinkelbrötchen (Partybrötchen).

Überbackener Grünkohleintopf

F   *Erhitzter Kochtopf*
    2–3 Büschel verlesener Grünkohl
E   *3 EL Olivenöl und 2 EL Ghee*
M   *3–4 Zwiebeln in Ringen*
W   *1 Schuß heißes Wasser, 1–2 EL Gemüsebrühe*
H/! *4–5 ganz feine Knoblauchscheiben,*
    2 geh. TL Senfkörner
F   *250 g Schafskäse, zerkrümelt, zum Überbacken*

Den Grünkohl in den erhitzten, noch trockenen Topf geben. Gleich danach die Fette zufügen und alles kräftig anbraten. Nun die Zwiebeln zufügen und rühren. Wenn der Kohl zusammenzufallen beginnt, mit Wasser ablöschen und die Gemüsebrühe hinzugeben. Alles auf kleiner Flamme 10–15 Minuten köcheln, bis der Grünkohl bißgar, aber noch leicht grün ist. Knoblauch und Senfkörner daruntermischen. Den Grünkohl in eine flache, mit Ghee gefettete Auflaufform füllen und mit Käse überkrümeln. Den Auflauf im Backofen oder unter dem Tischgrill backen, bis der Käse leicht braun wird.
Reichen Sie dazu einen Tomatensalat.

Bohnen-Papaya-Eintopf

Mit körniger Hirse oder auch solo serviert, ist dieser Eintopf sehr leicht verdaulich und unterstützt mit den vielen Verdauungsenzymen der Papaya den Dünndarm und die Bauchspeicheldrüse. Eine Alternative zu der in Niedersachsen so sehr geschätzten Mahlzeit »Bohnen und Birnen«!
Die Papayakerne können Sie übrigens auf einem Küchentuch trocknen lassen und dann zu Papayagranulat vermahlen. 1 TL Granulat mit Flüssigkeit vor einer Mahlzeit eingenommen hilft dem Darm bei der Verdauung.

E *2–3 EL Olivenöl*
M *3–4 große Hände voll frische grüne Bohnen,*
evtl. in der Mitte durchgebrochen
W *1 Schuß Wasser, 1–2 EL Gemüsebrühe*
H *1 kleine Porreestange in Ringen*
F *Alles 5 Minuten bißgar köcheln*
E *1 Papaya, entkernt, geschält und in Würfel geschnitten*
M *¹/₂ TL grob gemahlener grüner Pfeffer*
W *1 Prise Pimentgewürz*
H *¹/₂ TL Liebstöckel*
F *¹/₂ TL Curry*

Die Bohnen in Olivenöl anschmoren. Mit heißem Wasser ablöschen, Gemüsebrühe hinzufügen, umrühren und den Porree zugeben. Alles auf kleiner Flamme 5 Minuten köcheln lassen. Vom Herd nehmen und die Papayawürfel dazugeben, Pfeffer, Piment, Liebstöckel und Curry nacheinander unterrühren. Einige Minuten bei geschlossenem Topf ziehen lassen.

Paprika-Mais-Eintopf

Ein leckerer, sättigender und runder Eintopf, über den sich vor allem auch Kinder freuen.

F *Kochtopf erhitzen*
E *2–3 EL Ghee*
2 Tassen grüne Erbsen
2 Tassen Gemüsemais aus dem Glas
M *1–2 mittelgroße Zwiebeln in Ringen*
W *1 Schuß heißes Wasser zum Ablöschen,*
1–1 ¹/₂ EL Gemüsebrühe
H *3–4 Tomaten in Achteln*
F *2–3 rote Paprikaschoten, gewürfelt, ¹/₂ TL Cayenne*
E *2–3 EL Sonnenblumenkerne, gekeimt*
M *2 EL Petersilie, gerebelt*
H *1–2 EL Tomatenmark*

Einen hohen Topf erhitzen und die angegebenen Zutaten der Elementreihenfolge nach unter jeweiligem Umrühren einfüllen. Bevor die Tomaten hinzukommen, den Topf von der Herdplatte nehmen. Alle restlichen Zutaten nacheinander zufügen und zum Abschluß Tomatenmark einrühren.

Chicorée-Auflauf

Dieser Chicorée-Eintopf wird mit Sojafleisch zubereitet. Wie auf S. 65 bereits dargestellt, ist das Reineiweiß der Sojabohne zwar ein idealer Fleischersatz, hat aber ein ungünstiges Kalzium-Phosphor-Verhältnis und ist obendrein durch derartig vielfältige Chemiebäder gewandert, daß man es praktisch nicht mehr als Lebensmittel bezeichnen kann.

Es gibt jedoch ein Sojagranulat, das nicht mit der üblichen Extruder-Technik hergestellt wird, so daß es außer reinem Eiweiß auch die Fettanteile der Sojabohne enthält, die einen hervorragenden Gesundheitswert besitzen. Es wird in Naturkostläden angeboten und ist dem sonst üblichen bei weitem vorzuziehen. Gelegentlich genossen, wird es den Kalziumhaushalt kaum stören – zu warnen ist nur vor dem Dauergebrauch.

F   *3–4 Chicoréestangen, halbiert*
E   *2 Tassen Sojafleisch, gewürfelt und mariniert*
    2 süße Äpfel, entkernt und in Spalten geschnitten
    Ghee für die Form

Für die Sauce:

    1 Becher Sahne, 2–3 EL Chufas
M *1 TL Curry*
W *1 geh. TL Königssalz*
H *1 EL Petersilie*

Den Chicorée putzen und halbieren, dabei den bitteren Kern herausschneiden und schadhafte Hüllblätter entfernen. Das Sojafleisch würfeln, 15–20 Minuten in Gemüsebrühe quellen lassen und mit Zwiebelwürfeln, Salz und Pfeffer würzen.

Eine Auflaufform mit Deckel mit Ghee ausstreichen. Im gleichmäßigen Wechsel jeweils eine Chicoréehälfte, darauf Apfelschnitze und dazu 1–2 EL Sojamasse einschichten; mit Chicorée beginnend wieder anfangen, bis die Form voll ist. Sahne, Chufas, Curry, Königssalz und Petersilie mischen, darüberträufeln und bei 200 °C ca. 45 Minuten backen. Dazu paßt Buchweizen (s. nachfolgendes Rezept).

Buchweizenberge

Buchweizen ist ein Knöterichgewächs, das sich zum Feuerelement rechnen läßt. Dadurch ist erklärt, wieso er biochemisch hilft, die Organe, die zum Feuerelement gehören, blitzblank zu halten. Es ist sein Rutin, das einen herausragenden Arterien- und Venenputzer darstellt. Und zusammen mit den Bitterstoffen des Chicorée ist er eine reine Freude für unseren Dünndarm obendrein.

2–3 Tassen Buchweizen   *1 EL Butter*
(ganze Körner)   *1 TL Königssalz*
je 1 gestrichener TL Anis
und Fenchel

Den Buchweizen in kochendes Wasser schütten und 2–3 Minuten ziehen lassen. Nun das rötliche Oberwasser abgießen und sogleich mit heißem Wasser aufgießen, so daß die Buchweizenkörner bedeckt sind. Mit Anis und Fenchel würzen und noch ca. 10–15 Minuten leise köcheln lassen. Nach dem Abkühlen Butter und Königssalz zufügen.
Die fertige Buchweizengrütze in mit Wasser ausgespülte Tassen füllen und diese stürzen. Sieht nett aus und hält länger warm.

Elementbetonte Eintopfgerichte

Wie Sie bereits bei den Salatrezepten erfahren haben, ist es sehr einfach, ein der jeweiligen Jahreszeit entsprechendes rundgekochtes Gericht zuzubereiten. Man wählt dafür mehrere dem jeweils gerade herrschenden Element zugeordnete Nahrungsmittel aus und gibt von den übrigen Elementen jeweils eine Zutat zum Rundkochen hinzu. Dabei beginnt man mit dem Obst und Gemüse, das der jeweiligen Jahreszeit entspricht. Hier sind Beispiele für jede Jahreszeit, beginnend mit dem Frühling.

Element Holz

Frühlingseintopf

H *1–2 EL Sauerrahmbutter*
$^1/_2$ Tasse Haselnüsse in Scheibchen
1 Porreestange in Ringen
1 Glas Sauerkraut, zerzupft
F *1 TL Basilikum*
E *2 Zwiebeln in Würfeln, 4 Kartoffeln in Würfeln*
M *1 rote Paprikaschote, gewürfelt*
W *1 EL Gemüsebrühe, $^1/_2$ Tasse heißes Wasser*

Die Sauerrahmbutter im Topf schmelzen. Darin die Haselnüsse, den Porree und das Sauerkraut anrösten. Einige Minuten unter Rühren dünsten. Basilikum und nach und nach die übrigen Zutaten zufügen. Zum Schluß Wasser sowie Gemüsebrühe zugeben und alles köcheln lassen, bis die Kartoffeln gar sind.

Quer durch den Garten –
Sommergemüsesuppe

Dazu schmeckt ein Dinkelpartybrötchen, und vergessen Sie nicht den Brottrunk!

F *½ kleiner Kürbis in mundgerechten Stücken*
1 große Zwiebel in Ringen
2 gehäufte EL Buchweizenkörner
E *3–4 EL Olivenöl*
M *1 Tasse Brokkoliröschen*
W *1–2 EL Gemüsebrühe, ½–1 Tasse Wasser*
H *1 EL Petersilie, gerebelt*

Kürbis, Zwiebel und Buchweizen miteinander vermischen. Einen Kochtopf heiß werden lassen, Olivenöl darin erhitzen und alles andünsten. Nach 2–3 Minuten Rühren den Brokkoli dazugeben und weiterrühren. Schließlich mit Gemüsebrühe-Granulat bestäuben, mit heißem Wasser ablöschen und bei geschlossenem Topfdeckel noch 3–5 Minuten köcheln lassen. Wenn alles fast bißgar ist, den Topf von der Herdplatte nehmen. Etwas abkühlen lassen und die Petersilie unterheben.

Element Erde

Spätsommereintopf – Herbstreigen

Es ist für die Verdauung sehr gut, einmal nur Gemüse zu sich zu nehmen. Wenn Sie aber auf eine Beilage nicht verzichten wollen, eignen sich dazu eine Haferschnitte oder einige pikant gewürzte Hirsetaler.

E *2 EL Ghee*
1 dicke oder 2 dünne Fenchelknollen
in $^1/_2$ cm dicken Streifen
1 gelbe Paprika in Streifen
1 $^1/_2$ Tassen Champignons in Scheiben
1 kleiner Apfel in Würfeln oder feinen Scheibchen
M *1 TL Rosmarinpulver, $^1/_4$ TL scharfes Paprikapulver*
W *1 EL Gemüsebrühe, 1–1 $^1/_2$ Tassen heißes Wasser,*
1 TL Salbei
H *3–4 Tomaten in Achteln, 1 geh. TL Löwenzahn,*
geschnitten

Ghee erhitzen und alle E-Zutaten darin andünsten. Rosmarin und Paprika unterrühren, Gemüsebrühe und Salbei zufügen und mit dem heißen Wasser ablöschen. Anschließend noch etwa 5 Min köcheln lassen. In den bereits abgekühlten Eintopf die Tomaten und den Löwenzahn einrühren.

Winterliche Gemüsesuppe

Diese Eintopfsuppe sollte auf jeden Fall nur bißgar zubereitet werden, weil das Metallelement hauptsächlich Rohkost vorsieht. Sie tun gut daran, dies weitestgehend zu beherzigen, da die Metallzeit zum Organbereich Lunge und Dickdarm gehört. Rohkost stabilisiert die Dickdarmflora, und dadurch bleibt auch der Atemwegsbereich frei von Verschleimungen wie Husten und Schnupfen. Zu diesem Eintopf empfiehlt sich ein Sauerkrautsalat – eine leckere und herzhafte Kombination!

E *2–3 EL Oliven- oder Traubenkernöl*
M *1 kleiner Kohlrabi in Spiralenstückchen*
1 mittelgroße Zwiebel in Ringen
1 rote Gemüsepaprika in Streifen
1 Tasse Steckrübenscheibchen
$^1/_2$ Tasse Weißkohlstreifen, sehr dünn
1 geh. TL Ingwerpulver
W *1–2 TL Senfsamen, 1–2 TL Sesam, gemahlen*
1–2 EL Gemüsebrühe, 4–6 Tassen heißes Wasser
H *$^1/_2$ Stange Porree in sehr dünnen Ringen, 1 EL Kapern*
F *1 geh. TL süßes Paprikapulver*

Das Öl kurz erhitzen, alle »Metallgemüse« und Ingwer zugeben und unter Rühren schmoren. Dann Senf, Sesam und Gemüsebrühe zugeben und schließlich mit dem heißen Wasser ablöschen. Noch ca. 5 Minuten leicht köcheln lassen, dann vom Herd nehmen. Porree, Kapern sowie Paprikapulver in das heiße Gericht geben.

Element Wasser

Gemüsesuppe Frostbrecher

Im tiefsten frostigen Winter sollte ein Eintopf wärmend sein mit dem richtigen Fett und den passenden Gemüsen und Gewürzen, damit »dem Blut zum Tanze« gepfiffen wird, wie es bei Charles Dickens so schön heißt. Dieser Eintopf ist superwärmend, senkt Blutfett- und Cholesterinwerte und schmeckt trotzdem jedem. Sie können ihn auch scharf und würzig zubereiten.

W *1 ¹/₂ l Wasser*
1 Tasse frisch gemahlenes Kichererbsenmehl
¹/₂ EL Gemüsebrühe
1 TL Königssalz
¹/₂ Tasse Korinthen
¹/₂ Tasse entkernte Datteln in Ringen
2 dicke Schwarzwurzeln, gebürstet und in feine Streifen geschnitten
H *1 TL Salbei, gerebelt*
F *2 mittelgroße Möhren in Würfeln und Spiralen*
E *2 große EL Ghee, 3 EL Olivenöl*
M *1 ¹/₂ TL Curry, ¹/₂ TL scharfes Paprikapulver*

Das Wasser zum Kochen bringen. Das Kichererbsenmehl mit einem Schneebesen einrühren, mit Brühe und Königssalz würzen, dabei auch Korinthen, Datteln und Schwarzwurzeln zufügen. Unter Rühren 3–5 Minuten zart köcheln lassen. Den Salbei unterrühren, danach die Möhren. Fette zufügen und umrühren. Zum Schluß mit Curry und Paprika würzen.

Süppchen von cremig bis pikant

Linsencremesuppe

Diese Suppe schmeckt selbst Linsengegnern.

W *1–1 ¹/₂ l Wasser, 1 Tasse geschälte rote Linsen*
H *1 Tasse Porree in Ringen*
 1 Schuß Brottrunk
F *2–3 Möhren in Würfeln, blanchiert*
 (ein paar Würfel übrig lassen für 2. Runde)
 2 EL Ghee, 1 EL Kurkuma
M *¹/₂ TL scharfes Paprikapulver, 1 cm Ingwerwurzel,*
 gerieben
W *1 EL Königssalz*
H *1 EL Kapern*
F *restliche Möhren in Würfeln*
M *1 Lsp. scharfes Paprikapulver*

Das Wasser zum Kochen bringen, die Linsen dazugeben, einmal umrühren und 7–8 Minuten köcheln lassen. Den Porree hinzufügen und im Linsenwasser kurz ziehen lassen. Anschließend die Zutaten von Brottrunk bis Ingwer dazugeben. Den gesamten Topfinhalt nun nach und nach im Mixer pürieren, mit Königssalz würzen und wieder in den ursprünglichen Topf oder in eine Suppenschüssel geben. Nun die restlichen Zutaten ergänzen, und fertig ist das Süppchen.

Mangoldcremesuppe

Ein hellgrünes, cremiges, aromatisch duftendes Süppchen.

W *¹/₄ l Wasser*
1 Büschel Mangold, die weißen von den grünen Teilen
getrennt und beides in breite Streifen geschnitten
H *1 Porreestange in Ringen*
F *1–2 rote Zwiebeln in Ringen oder groben Stücken*
E *2 EL Ghee, 1 EL Kurkuma*
M *¹/₄ TL rosa Pfeffer*
W *1 ¹/₂–2 TL Königssalz, ca. ¹/₂ l heißes Wasser*
H *1 Schuß Brottrunk*
F *¹/₄ TL Cayenne*
E *1 Tasse Papayagranulat*
M *1 Prise scharfes Paprikapulver*

Das Wasser erhitzen und die Mangoldstückchen hineinschichten – die dicken weißen zuunterst, die grünen darüber. Die Porreeringe und die Zwiebeln zufügen und alles zusammen ca. 7 Minuten köcheln, bis der Mangold zusammenfällt.
Nun das Gemüsegemisch in einen Mixer füllen oder mit dem Zauberstab pürieren. Die restlichen Zutaten (E1–M2) zufügen und mit einem Klecks Schlagsahne servieren.

Pfifferlingcremesuppe

Diese Suppe schmeckt sehr delikat und fein und duftet auch entsprechend. Sie wirkt noch appetitlicher, wenn Sie sie mit einigen Schnittlauchröllchen bestreuen.

E *Ghee zum Anbraten, 1 Tütchen getrocknete Pfifferlinge, in Wasser gequollen und klein geschnitten*
M *1–2 Zwiebeln in sehr feinen Würfeln*
W *³/₄ l Wasser, 1–1 ¹/₂ EL Gemüsebrühe*
H *¹/₄ TL Knoblauchpulver*
F *¹/₂ TL Cayenne*
E *¹/₂ Tasse feingemahlene Hirse, in wenig kaltem Wasser angerührt*
1 geh. TL Kurkuma, ¹/₂ Becher Sahne
M *1 Msp. Pfeffer*

Aus Ghee, Pilzen und Zwiebeln in einem gesonderten Topf einen Pilzsud herstellen. Das Einweichwasser der Pilze dabei nicht mit verwenden, sondern beiseite stellen.
Für die Suppe Wasser mit Gemüsebrühe zum Kochen bringen und mit Knoblauchpulver sparsam würzen, dann Cayenne zufügen. In das sprudelnde Wasser die angerührte Hirse mit dem Schneebesen einrühren und einmal aufkochen. Jetzt vom Herd nehmen, Kurkuma und Sahne unterrühren, den Pilzsud zusammen mit dem Einweichwasser ergänzen und mit einer Prise Pfeffer abschmecken.

Cremige Mandelsahnesuppe

Dieses Süppchen, das geradezu festlich schmeckt, hat seinen Ursprung bei den alten Tscherkessen und heißt eigentlich Tscherkessenhuhn, da es nach dem ursprünglichen Rezept mit Hühnerbrühe zubereitet wurde. Wir machen es ein klein wenig anders.

W   *³/₄ l Wasser, 1 EL Gemüsebrühe*
H   *1 EL Kürbiskernöl*
F   *1 geh. TL Curry*
E   *1 ¹/₂ Tassen Mandeln, abgezogen*
      und sehr fein gemahlen
      ¹/₂ Becher Sahne
M/! *1 EL Petersilie, fein gerebelt*

Das Wasser mit der Gemüsebrühe zum Kochen bringen. Kürbiskernöl einrühren, anschließend Curry und Mandelmehl hineinschlagen. Einmal aufkochen, vom Feuer nehmen und die Sahne einrühren. Mit Petersilie bestreut servieren.

Italienische Tomatensuppe
mit Sahnemütze

W $^3/_4$ l Wasser, 1–1 $^1/_2$ EL Gemüsebrühe
H 3 geh. EL Tomatenmark
F $^1/_2$ TL Basilikum
E $^3/_4$ Tasse gemahlene Hirse
M/W $^1/_2$ TL Liebstöckel
H $^1/_2$ Tasse grüne Oliven, halbiert
F $^1/_4$ TL Cayenne
E $^1/_2$ TL Dill
M 1 EL Schnittlauchröllchen
1 Becher Schlagsahne für die »Mützen«
auf der fertigen Suppe

Das Wasser zum Kochen bringen. Die mit etwas kaltem Wasser, Brühe, Tomatenmark und Basilikum angerührte Hirse mit dem Schneebesen in das sprudelnde Wasser einrühren, aufkochen und vom Herd nehmen, Liebstöckel zufügen und einige Minuten ziehen lassen. Oliven, Cayenne, Dill und Schnittlauch dazugeben. Sahne steif schlagen und die Suppe mit einer Sahne-»mütze« auf jedem Teller servieren.

Griechische Linsensuppe

Dazu paßt ein bunter Salat der Saison des Elements Wasser.

W *³/₄ l Wasser, 1–1 ¹/₂ EL Brühe,*
    1 Tasse geschälte rote Linsen
H *1 Schuß Brottrunk*
F *¹/₄ TL Cayenne*
E *2 EL Olivenöl*
M *3 mittelgroße Zwiebeln in kleinen Würfeln*
W *¹/₂ TL Königssalz, ¹/₂ Tasse zerkrümelter Schafskäse*
H *¹/₂ Tasse grüne Oliven in Scheibchen*
F *¹/₂ TL Rosmarinpulver*
E *1 EL Olivenöl*
M *¹/₄ TL rosa Pfeffer*

Die Linsen in Wasser mit Gemüsebrühe 5–7 Minuten köcheln, Platte ausstellen. Brottrunk sowie Cayenne, Öl und Zwiebeln zufügen, einige Minuten ziehen lassen und dann pürieren. Mit den restlichen Zutaten abschmecken und servieren.

Kräuterkartoffelsüppchen

Dazu schmeckt ein Glas Brottrunk (1:1 mit Wasser verdünnt) besonders gut.

E *3–4 EL Olivenöl*
2–3 mitteldicke Möhren in Würfeln
4–6 mittelgroße Kartoffeln
M *1–2 Zwiebeln in Stückchen*
W *1–1 ¹/₂ l heißes Wasser, 1–2 EL Gemüsebrühe*
H *1 Schuß Brottrunk*
F *1 TL Zitronenmelisse, fein geschnitten*
E *1 TL Kümmel, 2 TL Ghee (nach Belieben)*
M *1 TL Thymian, gerebelt*
W *1 TL Salbei, gerebelt*
H *1 TL Majoran, gerebelt*
F *1–2 Knoblauchzehen, gepreßt*

Möhren, Kartoffeln und Zwiebeln im Öl andünsten und nach einigen Minuten mit heißem Wasser auffüllen, bis alles gut bedeckt ist. Brühe zugeben und 5–8 Minuten köcheln lassen. Nun vom Herd nehmen und die übrigen Zutaten in der Elementfolge zufügen. Zum Schluß alles pürieren und nach Belieben mit etwas Petersilie garnieren.

Gemüsebrühe mit Tuffinseln

Diese Gemüsesuppe kann aus noch nicht verwelkten Gemüse-abschnitten oder -resten hergestellt werden. Alles ist dafür ge-eignet, Sie brauchen sich keineswegs allein an meine Vor-schläge zu halten. Beachten Sie dabei jedoch die Elementtabel-len, damit auch wirklich ein »rundgekochtes« Süppchen ent-steht.

W *1 ^{1}/$_2$ l Wasser, ^{1}/$_2$ Tasse geschälte rote Linsen*
H *Reste von Porree und Chinakohl*
F *1 Stück Kürbis, geschält und in Würfel geschnitten*
   einige Blumenkohlröschen oder Stücke vom Strunk
E *1 große Zwiebel in Ringen, 1 Stückchen Sellerieknolle*
M *4–6 Knoblauchzehen in Scheiben*
W *1–2 EL Gemüsebrühe, 1 TL Schwarzkümmel*
H *1–2 Blättchen frischer Salbei*
F *1 geh. TL süßes Paprikapulver*
E *1 TL Basilikum, gerebelt, 2 EL Ghee,*
   1 gestr. EL Kurkuma
M *1 TL Thymian*

Linsen und Gemüse von H1 bis E1 in der Reihenfolge der Ele-mente in das Wasser geben und erhitzen. Wenn alles leicht kocht, die übrigen Zutaten hinzugeben und ca. 7–8 Minuten leise köcheln lassen. Nun in den Mixer füllen oder mit dem Mix-stab pürieren. Die Suppe in Teller füllen und mit Tuffinseln nach dem folgenden Rezept garnieren.

Tuffinseln

Ihre Familie oder Ihre Gäste werden sich über diese besondere Dekoration freuen, die aus jeder Suppe einmal etwas ganz anderes macht. Die Tuffinseln tragen außerdem zur Sättigung und natürlich auch zur Gesundheit bei.

F/E *3 Tassen Amaranth-Popcorn*
1 Tasse Mandeln, fein gemahlen
1 TL Rohrohrzucker
M *1 TL grüner Pfeffer, grob gemahlen*
W *1 $^{1}/_{2}$ TL Königssalz, 1 Tasse Brottrunk,*
1:1 mit Wasser verdünnt
H *$^{1}/_{2}$ TL Rosmarinpulver*
F *$^{1}/_{2}$ TL Cayenne*
E *1 TL Korianderkörner*
M *1 geh. TL frische Petersilie, fein gehackt*
W *1 TL frischer Liebstöckel, fein gehackt*
H *1 TL frischer Salbei, fein gehackt*

Alles der Elementreihenfolge nach miteinander vermischen, so daß ein lockerer Teig entsteht. Mit einem Teelöffel kleine Häufchen auf ein mit Backpapier belegtes Blech setzen und bei 180 °C ca. 15–20 Minuten backen, bis sie leicht gebräunt sind. Abkühlen lassen und beim Servieren der Suppe als schwimmende Inseln aufsetzen.

Spargelcremesuppe

Diese Suppe schmeckt nicht nur wunderbar, sie ist auch ein ausgezeichnetes Nierenreinigungsmittel, wobei alle übrigen Organe ebenso genährt werden. Dabei ist dem Grünspargel wegen seines Chlorophyllreichtums und seines köstlichen Aromas der Vorzug zu geben.

W *1 Bund Spargel, am besten Grünspargel*
 1 $^1/_2$ l Wasser, 1 EL Gemüsebrühe
H *$^1/_2$ TL grüner Pfeffer, grob gemahlen*
F *1 gestr. TL Curry*
E *1 Tasse Hirse, fein gemahlen und mit*
 kaltem Wasser angerührt
M *1 EL Petersilie, fein gerebelt*
W *einige gekochte Spargelstückchen, 1 gestr. TL Königssalz*
H *etwas grüner Pfeffer*
F *1 Prise Curry*
E *$^1/_2$ Becher Sahne*
M *etwas Petersilie*

Den Spargel gründlich waschen, schälen und die unteren Drittel abschneiden. Den geputzten Spargel in etwa 3 cm lange Stückchen schneiden, in einem nur am Boden mit Wasser bedeckten Topf in 6–7 Minuten bißgar dünsten und beiseite stellen. Schälen und untere Drittel (halbiert) in kaltem Wasser aufsetzen und ca. 10 Minuten leicht köcheln lassen, dann Spargelstücke und Schalen aus dem Wasser schöpfen, Gemüsebrühe sowie in der Elementreihenfolge auch die restlichen Zutaten dazugeben. Dabei die Hirse einmal kurz aufkochen. Alle weiteren Zutaten nicht mehr kochen lassen.

Süße Suppen

Zum Abschluß des Suppenkapitels einige süße Varianten, die nicht nur bei Kindern beliebt sind.

Obstsuppe auf Maisbasis

Von dieser Suppe können Sie ruhig einen großen Topf voll kochen, nach Belieben auch mit noch mehr Wasser und Früchten. Sie werden sich wundern, wie schnell sie verputzt ist!

W *1–1 $^1/_2$ l Wasser, 1 Prise Salz*
H *$^1/_2$ Tasse getrocknete Ananas in Stückchen*
F *$^1/_2$ Tasse Datteln, in Ringe geschnitten*
E *$^3/_4$ Tasse Mais, gemahlen*
M *$^1/_2$ Tasse Trockenpflaumen in Vierteln*
W *$^1/_2$ Tasse Korinthen*
H *$^1/_2$ Apfel in feinen Stückchen*
F *1 TL Ingwer, gemahlen*
E *$^1/_2$ Becher Sahne*
M *$^1/_2$ TL Zimt*

Das Wasser in einen Kochtopf füllen, Salz und Ananas zugeben. Jetzt die Kochplatte einschalten und die Datteln zufügen. Sobald das Wasser kocht, das Maismehl einrühren und unter ständiger Bewegung in etwa 8 Minuten zu einer sämigen Polentasuppe kochen. Nun die Pflaumen sowie alle übrigen Zutaten zufügen, wobei nach jeder Elementzugabe umgerührt wird.

Fruchtige Sommersuppe

An wirklich heißen Sommertagen, wenn die Temperaturen auf 25–30 °C steigen, gibt es für meine Familie oft diese Suppe, denn den herrlichen Sonnenschein am Vormittag genieße ich lieber unter freiem Himmel und nicht in der Küche. Etwas Warmes gibt es in diesem Falle dann zur Abendmahlzeit. Gleich nach dem Frühstück gekocht, kann die Suppe bis Mittag abkühlen und dann mit Obst fruchtig und üppig gespickt werden. Mit einem Klecks Sahne darauf laufen gleich alle Familienmitglieder schleunigst, den Tisch zu decken, weil ihnen förmlich das Wasser im Munde zusammenläuft. Ich wette, daß jeder einen Nachschlag haben will. Natürlich können Sie auch, wie gerade verfügbar, andere den Elementen entsprechende Obstarten wählen.

W *1–1 ¹/₂ l Wasser*
H/F *¹/₂ TL Vanillepulver*
E *³/₄ Tasse Hirse, fein gemahlen und mit etwas kaltem Wasser angerührt*
M *1–2 Pfirsiche, in kleine Stücke geschnitten*
W *1 Birne, fein geschnitten*
H *1 Tasse Himbeeren*
F *1 Tasse Weintrauben*
E *1 Banane in feinen Würfeln*
    1 EL Rohrohrzucker oder Fruchtzucker
M *3–5 Aprikosen in Würfeln*
    ¹/₂ TL Veilchenwurzelmehl (Reformhaus)
    1 Becher steifgeschlagene Sahne

Das Wasser am Morgen oder am Abend vorher zum Kochen bringen, Vanille zugeben und die Hirse mit dem Schneebesen unterrühren, aufkochen und vom Herd nehmen. Bis zur Mahlzeit kühl stellen. Dann in der angegebenen Reihenfolge die Obstzutaten und Gewürze unter jeweiligem Umrühren dazugeben. Jeden Teller mit einem Sahnehäubchen garnieren.

Reisvanillesuppe

Diese Suppe war ursprünglich das Puddingkunstwerk eines begeisterten ayurvedischen Meisterkochs, der uns bei der Besichtigung einer großartigen Ayurvedaklinik auf das Charmanteste beköstigt hat. Ich habe sie für das 5-Elemente-Rundkochen etwas abgewandelt. Noch besser schmeckt sie mit einer Himbeer- oder Erdbeersauce aus pürierten frischen Früchten. Sie eignet sich zum warmen oder kalten Verzehr.

M *1–1 $^1/_2$ Tassen gemahlener Reis*
W *1–1 $^1/_2$ l Wasser*
H *1 TL Bourbonvanille*
F *1 TL Veilchenwurzelmehl*
E *1 Tasse Ahornsirup*
   $^1/_2$ TL Kurkuma, 1 Msp. gemahlener Safran

Zum Reismehl im Topf das Wasser und die Vanille zugeben, unter kräftigem Rühren mit dem Schneebesen zum Kochen bringen. Veilchenwurzelpulver und Ahornsirup sowie Kurkuma und Safran zufügen.

Menüs für alle Tage

Hier möchte ich Ihnen einfache, schnell zu kochende, aber wohlschmeckende Gerichte vorstellen, die Sie auch kochen können, ohne alle Zutaten des Rezepts im Hause zu haben. Hängen Sie sich einfach die Übersichtspläne der Elementzuordnung der Nahrungsmittel gut sichtbar in Augenhöhe in die Küche. Dann können Sie das, was Sie nicht in Ihren Vorräten finden oder was Ihre Familie nicht so besonders mag, ganz einfach gemäß diesen Tabellen ergänzen, vor allem aus vorhandenen Gewürzen und Kräutern. Auf diese Weise werden Sie immer phantasievoller im Rundkochen und brauchen nach einiger Zeit nur noch gelegentlich dieses Kochbuch zu verwenden, wenn Sie irgend etwas Besonderes zubereiten möchten.

Und noch etwas Wichtiges:
Viele Leute meinen, daß ein Einkauf, bei dem biologisches Gemüse und Obst sowie biologisches, glutenfreies Getreide wie Hirse, Buchweizen, Reis usw. im Einkaufskorb landen, ein teures Vergnügen sei. Ich kann Ihnen aus über zehnjähriger Erfahrung in vollwertiger Ernährung versichern, daß dem in keinster Weise so ist. Im Gegenteil: Wenn Sie auf Obst und Gemüse der Saison und aus der Region achten und nur gelegentlich von nichtsaisonalen Nahrungsmitteln Gebrauch machen, wird sie sogar um einiges günstiger als die herkömmliche Ernährung mit Fleisch, Wurst, Käse und Milchprodukten.
Um dies zu überprüfen, habe ich im Abstand von ca. 2 Jahren jeweils alle Ausgaben und Kassenbons, die sich auf meinen Nahrungsmitteleinkauf bezogen, über ein Vierteljahr gesammelt, auf einen Monat umgerechnet und dies mit dem monatlichen Kücheneinkauf einer Nachbarin verglichen. Das Erstau-

nen war groß bei mir: Im Winter und Frühling war mein Einkauf um etwa ein Viertel preiswerter, von Sommer bis Herbst sogar um ein Drittel.

Wenn Sie es mir nicht glauben wollen oder können, testen Sie selbst, aber nur über mehrere Monate hinweg und nicht anhand von Einzelpreisschildchen! Kaufen Sie aber auch ab einer dreiköpfigen Familie keine Kilo-tüten Getreide, sondern bei diesem lagerfähigen Produkt wenig-stens 5 kg oder auch 10 kg. Fragen Sie im Winter nach einer Kiste preiswerter Äpfel und Birnen und auch nach einer Preis-reduktion bei Mengenabnahme, ebenso bei Kartoffeln, Nüssen und allen lagerfähigen Artikeln.

Preisgünstige Waren erhalten Sie auch bei den Bestelladressen ab Seite 339 – sonst hätte ich sie in dieses Kochbuch nicht auf-genommen. Tierisch-eiweißfreie »Wurst« beispielsweise von un-serem Metzger Stärfl ist preiswert, bekömmlich und lecker – preiswert, weil Herr Stärfl selbst eine Familie hat und deshalb ums Familienbudget weiß.

Gefüllte Gurken mit Kapernsauce

Am besten eignen sich für dieses Gericht dicke Gemüsegurken, nicht die schlanken Salatgurken. Man verwendet 1–2 Gurken pro Person. Die Kapernsauce schmeckt sehr lecker zu den Gurken, die vor dem Anrichten vorsichtig »entfädelt« werden müssen. Als Beilage paßt ein Eisbergsalat.

Für die Füllung:

E *ca. 2 EL Olivenöl*
M *1 mittelgroße Zwiebel, in Würfel geschnitten*
   und in Olivenöl glasig gedünstet
   2 Tassen Rundkornreis, in Gemüsebrühe
   nach Anleitung unten körnig gekocht
W *1 geh. TL Königssalz*
H *2–3 Tomaten, in Würfel geschnitten*
F/! *3–4 Knoblauchzehen, in Scheibchen geschnitten*
E *1 TL Dill*
M *¹/₂ TL grob gemahlener Pfeffer*
W *¹/₂ TL gerebelter Majoran*
H *1 EL grob geraspelte Haselnüsse*
F *1 gestr. TL Curry*

2 Tassen Reis in 2–3 EL Olivenöl unter stetigem Rühren glasig dünsten. Mit der 1 ¹/₂ fachen Menge kochendem Wasser auffüllen und auf kleinster Flamme zugedeckt ca. 35 Minuten garen. Dann mit 1 EL Gemüsebrühe würzen und noch ca. 15 Minuten zugedeckt nachquellen lassen.
Etwa 1–2 Gurken pro Person der Länge nach durchschneiden.

214

Mit einem Teelöffel das Fruchtfleisch herauslösen und für die Sauce beiseite legen. Die Füllung nach der Elementfolge zusammenrühren und mit einem Eßlöffel in die Gurken einfüllen. Die Füllung darf etwas hochragen, da ja die zweite Gurkenhälfte ebenfalls einen Hohlbauch aufweist und als Klappe darüber gelegt wird. Die gefüllten Gurken mit Baumwollband umwickeln, erst einmal längs, dann 3–4 mal rundherum, immer nach dem gleichen Schema. Die Gurken in wenig Olivenöl leicht andünsten und dann ca. 1–2 cm hoch mit Gemüsebrühe auffüllen. Das beiseite gestellte Gurkenfleisch dazugeben, abdecken und 10 Minuten leise köcheln lassen.

Für die Kapernsauce:

$^1/_4$ l Gurkenbrühe
knapp $^1/_4$ Tasse kalt
angerührtes Hirsemehl,
etwas Gemüsebrühe

1 TL Kurkuma,
$^1/_2$ Becher saure Sahne
$^1/_2$–1 kleines Glas Kapern
(Salzessigwasser abgießen)

Nach dem Garen der Gurken $^1/_4$ l Brühe abmessen (bei Bedarf mit heißem Wasser auffüllen), zum Kochen bringen, das Hirsemehl mit dem Schneebesen untermischen, aufkochen und vom Herd nehmen. Mit Brühe nachwürzen, Kurkuma und saure Sahne zugeben und zum Schluß die Kapern zufügen.

Mangoldrollen mit Tomatensauce

Diese Mangoldrollen sind das Farb- und Energiependant zum vorherigen Rezept und schmecken aus diesem Grund völlig anders. Auf die gleiche Weise können Sie gefüllte Kohlblätter mit Sojageschnetzeltem, Zwiebel und Tomatenmark sowie Kräutern oder auch gefüllte Weinblätter mit Reis, Pinienkernen und Gewürzen zubereiten. Lassen Sie Ihrer Phantasie freien Lauf!

W *4 große Mangoldblätter (pro Person 1 Blatt), gesäubert und blanchiert*
¹/₂ EL Gemüsebrühe

Für die Füllung:

H *2 EL Kürbiskerne*
F *¹/₄ TL Cayenne*
E *3 Tassen körnig gekochte Hirse, 3 EL Ghee*
M *je 1 TL Rosmarin und Thymian*

Zuerst 2 Tassen Hirse in 4 ¹/₂ Tassen kochendes Wasser schütten und zugedeckt 15 Minuten köcheln lassen. Dann die Hitzezufuhr abstellen, die Hirse mit 1 EL Gemüsebrühe würzen und weitere 10 bis 15 Minuten ziehen lassen.
Die Mangoldblätter ausbreiten, evtl. die dicke Mittelrippe längs etwas einschneiden. Die Füllung gemäß der Elementfolge zubereiten und auf einem Drittel der Blattfläche verteilen. Blätter um die Füllung wickeln, diese dabei an beiden Seiten etwas einschlagen und zusammenbinden (wie unter »Gefüllte Gurken« auf Seite 214 beschrieben).

Die Mangoldrollen in wenig Olivenöl andünsten, mit ca. $^1/_4$ l heißer Gemüsebrühe auffüllen und 15 Minuten zugedeckt köcheln lassen.

Für die Sauce:

Den Sud der Mangoldrollen plus $^1/_4$ Liter Wasser zum Kochen bringen. Inzwischen $^1/_4$ Tasse feingemahlene Hirse mit kaltem Wasser anrühren, dem 1 EL Gemüsebrühe und 2 gehäufte EL biologisches Tomatenmark zugefügt wurden. Diesen Brei mit dem Schneebesen in die kochende Brühe einrühren, aufkochen und 1–2 EL saure Sahne und 1 gehäuften TL Dill zufügen. Dazu paßt ein einfacher Möhrensalat (s. Rezept Seite 164).

Spaghetti mit »Hackfleisch«-Sauce

Für die Nudeln:

Wasser, 5 cm hoch
im Nudelkochtopf
2–3 EL Olivenöl

1 Packung Dinkelspaghetti
1 EL Gemüsebrühe

Für die Sauce:

E 2–3 EL Olivenöl
M 1–2 Zwiebeln in Würfeln
W 1 ¹/₂ Tassen Sojageschnetzeltes,
15–20 Minuten in Gemüsebrühe vorgequollen
1 TL Basilikum, 1 TL Königssalz
H 4 EL in Wasser angerührtes Tomatenmark
(aus kontrolliert biologischem Anbau)
¹/₂ TL Thymian, 1 EL Oliven, in Scheiben geschnitten
F 1 EL süßes Paprikapulver, ¹/₄ TL scharfes Paprikapulver
¹/₂ Tasse Petersilie, gerebelt

Das Wasser für die Nudeln zum Kochen bringen, Olivenöl auf die Oberfläche löffeln und die Spaghetti hineingleiten lassen, bis sie ganz mit Wasser bedeckt sind. Gemüsebrühe zufügen und auf kleiner Flamme 5–7 Minuten köcheln. Das Wasser sollte in dieser Zeit bis auf einen kleinen Rest von den Nudeln aufgenommen werden.
Für die Sauce alle Zutaten nach der Reihenfolge des Rezeptes mischen, dabei nach jeder Elementzugabe umrühren.

Buchweizen mit Pilzsauce

Zu diesem Gericht paßt ein mild würziger Tomatensalat.

F *2 Tassen Buchweizen*
E *je 1 TL Anis und Fenchelsamen, ganz*
M *1 TL Zwiebelwürfel*
W *$^1/_2$ TL Königssalz*
H *$^1/_2$ TL Thymian*

Für die Pilzsauce:

E *2–3 EL Öl*
M *1 große Zwiebel in Würfeln*
W *2–3 Tassen sehr fein geschnittene Shiitakepilze*
     1 geh. TL Gemüsebrühe
H *1 EL Petersilie, 1 TL Liebstöckel*
F *$^1/_4$ TL scharfes Paprikapulver*
     nach Belieben 1 Becher saure Sahne

Reichlich Wasser zum Kochen bringen, die Buchweizenkörner hineinschütten und 2–3 Minuten ziehen lassen. Danach den roten Schaum abgießen und mit heißem Wasser auffüllen, bis der Buchweizen bedeckt ist. Anis- und Fenchelsamen zufügen und zusammen ca. 8 Minuten leise köcheln lassen. Zwiebeln und nach kurzer Abkühlungszeit auch Königssalz und Thymian zufügen.

Für die Pilzsauce das Öl heiß werden lassen, nacheinander unter Umrühren Zwiebeln, Pilze und Gemüsebrühe dazugeben und unter Rühren einige Minuten schmoren. Dann vom Herd nehmen und die Kräuter in Rezeptfolge zufügen. Wenn Sie möchten, runden Sie die Sauce mit saurer Sahne ab.

Überbackener Fenchel
mit Dinkelbratlingen

Dazu paßt ein Salat aus Gemüsemais mit rotem Paprika, Salatgurke und Eichblattsalat mit einer herzhaften Öl-Zitronensauce.

Für die Bratlinge:

    am Vortag: 1 ¹/₂ Tassen ganze Dinkelkörner
    über Nacht in zweifacher Menge Wasser eingeweicht,
    1 ¹/₂ EL Gemüsebrühe, 1 TL Koriander, ganz
H   *¹/₂–³/₄ Tasse Dinkelmehl und die gekochten Körner*
F/! *1 geh. EL Petersilie, 2 EL Tomatenmark*
E   *3–4 EL Ghee*
M   *2 mittelgroße Zwiebeln, gewürfelt*
W   *1 ¹/₂ TL Königssalz*
    so viel Wasser, daß die Masse formbar wird
    Olivenöl oder Traubenkernöl zum Braten

Für den Fenchel:

W   *so viel Wasser, daß der Topfboden 1,5 cm hoch*
    bedeckt ist
H   *Saft von ¹/₂ Zitrone*
F   *1 Lsp. scharfes Paprikapulver*
E   *1 mittelgroßer Fenchel pro Person, halbiert*
M   *1–2 Knoblauchzehen in dünnen Scheibchen*

Für den Guß:

E   *1 Becher Sahne, 2–3 EL Chufas*
M   *2 Msp. Cayenne, 1 TL Senf*
W   *¹/₂ TL Königssalz*
H   *1 TL Zitronensaft*
F   *1 Lsp. weißer Pfeffer*

Für die Bratlinge den eingeweichten Dinkel im Einweichwasser mit Gemüsebrühe und Koriander so lange köcheln, bis alles Wasser von den Körnern aufgenommen ist. Jetzt oder am nächsten Tag das grob gemahlene Dinkelmehl mit den Körnern vermischen und die weiteren Zutaten in der Elementabfolge zugeben bis zum Königssalz. Nur so viel Wasser zugießen, daß die Bratlingsmasse formbar wird. Einige Zeit quellen lassen. Frikadellen formen und in heißem Oliven- oder Traubenkernöl von beiden Seiten braun braten.

Während die Bratlingsmasse quillt, den Fenchel putzen und halbieren. Einen Topf ca. 1 $1/2$ cm hoch mit Wasser füllen, Zitronensaft und scharfen Paprika zugeben und zum Kochen bringen. Jetzt die Fenchelhälften zufügen, im Wasser wenden und den Knoblauch dazugeben. 5–8 Minuten köcheln lassen.

Eine flache Auflaufform mit Ghee ausstreichen und mit Fenchel auslegen. Aus den angegebenen Zutaten die Sauce zubereiten und über den Fenchel gießen. Während die Bratlinge in der Pfanne brutzeln, kann der Fenchel im Backofen bei Oberhitze in 15–20 Minuten leicht bräunen.

Kartoffelpuffer mit Möhrengemüse

Für die Puffer:

E 8–10 Kartoffeln
M 2–3 Zwiebeln, fein gewürfelt
W 2 EL Gemüsebrühe, etwas Wasser
H 3 EL feines Dinkelmehl
F je 1 TL Rosmarin und Thymian

Für das Möhrengemüse:

E 2–3 EL Ghee, 2–3 Möhren in dünnen Scheiben
M ¹/₄ TL rosa Pfeffer
W ¹/₂ EL Gemüsebrühe, 1 kleiner Schuß Wasser
H 1 geh. EL Petersilie, fein gerebelt
F ¹/₄ TL Rosmarin

Die Kartoffeln gründlich bürsten, putzen und mit einem Schnetzler so fein wie möglich zerkleinern. Zusammen mit den übrigen Zutaten in Elementreihenfolge Frikadellen herstellen und diese in Olivenöl von beiden Seiten knusprig braun braten. Ghee schmelzen, die Möhren darin bißgar dünsten und in der Elementreihenfolge alle anderen Zutaten ergänzen. Petersilie und Rosmarin nicht mehr kochen, sondern nur noch etwas ziehen lassen.

Dazu paßt Blumenkohlsalat: Einige Blumenkohlröschen blanchieren, mit Stiften von rotem Paprika und einigen Zwiebelringen mischen und das Ganze mit einer Sauce aus 1 Becher flüssiger süßer Sahne mit 1 Prise Fruchtzucker, etwas Königssalz, Mandelblättchen und etwas süßem Paprikapulver übergießen.

Kartoffelgratin mit Brokkoligemüse

Zu dieser Mahlzeit paßt ein Gurkensalat mit Tomaten, gelbem Paprika und den noch fehlenden Elementen in Form von Gewürzen und Kräutern.

Für das Gratin:

E *Ghee für die Form*
pro Person 2–3 sauber gebürstete und ausgeschnittene
Kartoffeln, mit Schale in feinste Scheiben geschnitten
M *einige Zwiebelringe*
W *1 TL Kräutersalz*
H *2 EL Kapern*
F *1 Prise schwarzer Pfeffer*

Für den Guß:

E *1 $^1/_2$–2 Becher Sahne, $^3/_4$ Tasse Papayagranulat*
M *1 mittelgroße Zwiebel, grob geschnitten*
W *1 TL Kräutersalz*
H *1 TL Zitronensaft*
F *1 TL Basilikum oder Oregano*

Eine flache Form fetten, die Kartoffeln dachziegelartig in Reihen darin auslegen und mit den restlichen Zutaten garnieren, bestäuben und beträufeln. Anschließend in Elementabfolge aus den entsprechenden Zutaten den Guß bereiten und über die Kartoffeln geben. Im Backofen bei 180 °C in ca. 25 Minuten goldgelb backen.

Für das Brokkoligemüse:

E/M *1–2 EL Ghee*
Röschen von 2 Brokkolidolden, die dicken Strünke
geschält und in schmale Stücke geschnitten,
1 Tasse Möhren, 1 dicke Zwiebel in Ringen
W *1 EL Gemüsebrühe, heißes Wasser zum Ablöschen*
H *einige Spritzer Zitronensaft*
F *1 Prise Cayenne oder Pfeffer*

Das Gemüse im Ghee unter ständigem Rühren bißgar dünsten,
mit heißem Wasser ablöschen und würzen.

Quiche à la Kohlprinzessin

Eine Quiche, die Sie auch Gästen unbedenklich vorsetzen können.

Für den Teig:

1 Tasse Amaranth, fein gemahlen,
1 ¹/₂ Tassen Amaranth-Popcorn
1 Tasse Quinoa, fein gemahlen
250 g Butter
1 ¹/₂ TL Kräutersalz, 1 Schuß heißes Wasser

Für den Belag:

1 Kopf Brokkoli, in Röschen zerteilt, Strunk geschält
und in Stückchen geschnitten, blanchiert
Röschen von 1 kleinen Blumenkohl, blanchiert
2–3 Zwiebeln, in feine Ringe geschnitten
1 Prise Kräutersalz

Für den Guß:

2–3 Becher Sahne　　　*3–4 Knoblauchzehen*
2–3 EL Chufas　　　　　*1/2 TL Salz*
1 Msp. Cayenne

Für den Teig die Zutaten miteinander verkneten, ausrollen und ein gefettetes Backblech damit belegen. Auf dem Teig die Brokkolistücke und Zwiebelringe verteilen. Alle Zutaten für den Guß miteinander pürieren und die Sauce über das Gemüse gießen. Bei 180 °C in etwa 30–35 Minuten goldgelb backen.

Variation:

Pilzquiche

Bis auf den Belag ist alles mit dem vorigen Rezept identisch, die Quiche schmeckt aber noch eine Stufe feiner.

Für den Belag:

4 Tassen Pilze, in Scheiben geschnitten
4 Tassen Zwiebeln, in Ringe geschnitten
2 EL Ghee, Gemüsebrühe, 1 Prise Cayennepfeffer

Für den Belag die Pilze und Zwiebeln in Ghee glasig dünsten und mit etwas Gemüsebrühe und Cayenne überstäuben. Auf dem Teig verteilen, mit der Sauce bedecken und bei 180 °C in etwa 30–35 Minuten goldgelb backen.

Scharfe Kichererbsenbällchen
auf Gemüse

Dieses Gericht habe ich in einem ausgezeichneten vegetarischen Restaurant in Augsburg kennengelernt, der »Goldenen Gans«. Man ist dort liebenswürdig, hilfsbereit und, was ich besonders schätze, auch herzlich. Die Köche verstehen ihr Handwerk bewundernswert, und so war ich versucht, ein Lob durch die Durchreicheöffnung der Küche zu schmettern, was zu einem Rezeptaustausch geführt hat – ein Produkt davon sehen Sie hier.

Für die Kichererbsenbällchen:

W   *2 Tassen Wasser, 2 Tassen Kichererbsenmehl*
      1 EL Gemüsebrühe, 1 TL Königssalz
H   *$^1/_4$ Tasse Porreeringe*
F/E *$^1/_4$ Tasse Möhren in Scheibchen*
M   *$^1/_4$ Tasse Kohlrabi, fein geraspelt*
      1 geh. TL Chinagewürz
      1 Lsp. rosa Pfeffer
!   *1 TL Ingwerpulver*

Das Wasser zum Kochen bringen, Kichererbsenmehl einrühren, Gemüsebrühe zugeben und alles bei mäßiger Hitzezufuhr einige Minuten unter Rühren köcheln. Dann vom Herd nehmen, etwas abkühlen lassen und salzen. Porree, Möhren und Kohlrabi jeweils in wenig Wasser angaren, dann wie angegeben mit den weiteren Zutaten nach und nach zufügen und schließlich alles pürieren, am besten mit dem Zauberstab, da die Masse für den Mixer zu fest wäre. Mit nassen Händen kleine Kugeln formen und diese warm stellen.

Für das Gemüse:

Es sieht besonders hübsch aus, wenn Sie dreierlei Gemüse zubereiten. Die einzelnen Gemüse, jedes für sich, auf den Tellern anrichten. Die Kichererbsenbällchen auf einem Salatblatt dazu dekorieren und so bunt, wie es jetzt aussieht, jedem Gast oder Familienmitglied vorsetzen. Sie werden sehen, Ihre Lieben werden entzückt sein – und Ihre Mühe hat sich gelohnt.

Grüne Bohnen:

E   *1–2 EL Ghee*
E/M/W *3–4 Handvoll grüne Bohnen, geputzt und
        einmal durchgebrochen*
W   *$^1/_2$ Tasse heißes Wasser, $^1/_2$ EL Gemüsebrühe*
H   *1 EL feingeschnittene Zitronenmelisse*
F   *1 TL süßes Paprikapulver*

Die Bohnen zunächst in Ghee andünsten, dann mit heißem Wasser ablöschen und Gemüsebrühe zugeben. Einige Minuten köcheln lassen, bis sie bißgar sind. Von der Herdplatte nehmen und entsprechend der Elementfolge würzen.

Möhren:

E   *1–2 EL Ghee*
E/M *2 Tassen Möhren in Scheiben*
E   *$^1/_2$ Tasse Dattelringe*

Die Möhren in Ghee halbgar dünsten und zum Schluß mit den Datteln noch einige Sekunden weiter rühren.

Schwarzwurzeln:

W *so viel Wasser, daß der Topfboden bedeckt ist*
1 TL Gemüsebrühe
1–2 Schwarzwurzeln pro Person
H *Saft von ¹/₂ Zitrone*
M *1 gestr. TL Curry*

Die Schwarzwurzeln bürsten und wo nötig schälen, in 1–2 cm lange Stücke schneiden und in die kochende Gemüsebrühe geben, umrühren und mit Zitronensaft beträufeln. Einige Minuten köcheln lassen, bis sie fast gar sind, dann Curry zufügen.

Würziges Quinoa
mit pikantem Eisbergsalat

Wenn Sie möchten, lesen Sie noch einmal nach, was ich eingangs über Quinoa geschrieben habe (s. Seite 46). Dann werden Sie es sicher noch mehr schätzen, denn es ist und schmeckt phantastisch!

E *2–3 EL Olivenöl*
M *1 kleine Zwiebel in Würfeln*
W *3 Tassen heißes Wasser,*
1 $^1/_2$ TL Königssalz
H/F *2 Tassen Quinoa, ganz*
1 TL Rosmarinpulver
$^1/_2$ TL Peperonigewürz

Für den Salat, pro Person:

F *$^1/_4$ Kopf Eisbergsalat*
E *1 $^1/_2$ EL Olivenöl*
M *einige Zwiebelringe*
W *$^1/_2$ TL Salz, einige Gurkenwürfel*
H *1 geh. TL Kapern, 1 Tomate, in Achtel geschnitten*

Die Zwiebeln in Olivenöl einige Minuten unter Rühren anrösten, mit dem heißen Wasser auffüllen und salzen. Danach Quinoa zufügen und ca. 25 Minuten leicht köcheln, bis die Körner aufspringen. Etwas nachquellen lassen und die übrigen Zutaten in Elementreihenfolge unterheben.
Den Salat in einzelnen Portionen anfertigen. Dafür die Zutaten jeweils in Abfolge der Elemente vermischen.

Buntes Risotto

Diese Mahlzeit schmeckt warm und kalt, ist also ausgezeichnet im voraus zuzubereiten und dadurch auch ein leckerer Imbiß auf Wanderungen oder beim Picknick. Dazu paßt ein Möhrensalat mit Äpfeln und einigen Zwiebeln, übergossen mit einer Sauce aus Öl und Zitrone sowie etwas Sirup.

M *gekochter Reis (3–4 EL Öl, 2 Tassen Reis,*
 3 Tassen Wasser)
 1 Tasse Weißkohl, sehr fein geschnitten
W *1 TL Salz*
H *1 Glas Kapern*
F *je $^1/_2$ TL Rosmarin und Cayenne*
E *1 Tasse Gemüsemais, $^1/_2$ gelber Gemüsepaprika,*
 in feine Streifen geschnitten
M *4–6 Knoblauchzehen in Scheibchen,*
 1 Tasse Radieschenkeimlinge
W *1 Prise Salz*
H *2 Tomaten, fein gewürfelt, 2 EL Balsamicoessig*
F/! *1 Prise Majoran*
E *$^1/_2$ Tasse Olivenöl*
! *1–2 geh. EL Petersilie*

Den Reis unter Rühren im Öl glasig dünsten, heißes Wasser zufügen und 35 Minuten bei zugedecktem Topf leise köcheln, danach bei ausgeschalteter Flamme noch 15 Minuten nachquellen lassen.
Nun in der Abfolge der Elemente die einzelnen Zutaten unterrühren und zum Schluß noch etwas Olivenöl zufügen. Mit Petersilie bestreuen.

Rohkostsalat »Darmputzer« und Kartoffelbrei-5-Elemente

Dies ist mein absolutes Darmputzer-Menü.

Für den Salat, Zutaten pro Person:

H *einige Gabeln naturvergorenes Sauerkraut*
F *1 Lsp. Cayenne*
E *2 TL Olivenöl*
M *einige Zwiebelringe*
W *einige Kürbiskerne*
H *wenige Dattelringe*
F *etwa 1 Tasse rote Bete, in dünne Streifen geschnitten*
E *2 TL Olivenöl, nach Belieben auch mehr*
M *einige Pfefferminzblättchen*
W *2–3 Dattelringe zum Verzieren*

Alle Zutaten in Elementreihenfolge übereinander schichten.

Für den Kartoffelbrei:

W *Wasser*
H *$^1/_2$–1 TL Thymian*
F *erhitzen*
E *pro Person 2–3 Kartoffeln in Stückchen*
M *einige Zwiebelringe*
W *Königssalz*
H *Majoran*
F *1 Prise Cayenne und/oder Knoblauch*
M *1–2 EL Olivenöl oder Ghee,*
   1 rohe Zwiebel

Wasser mit Thymian erhitzen, Kartoffeln und Zwiebelringe etwa 5 Minuten mitkochen. Etwas abkühlen lassen, Königssalz, Majoran, Cayenne und/oder Knoblauch, Olivenöl oder Ghee sowie die rohe Zwiebel zugeben und pürieren.

Wenn Sie den Kartoffelbrei am Darmputzen beteiligen möchten, was vor allem der Bauchspeicheldrüse guttut, fügen Sie beim Erdelement pro Person 1 EL Chufas hinzu. Schmeckt ausgezeichnet und wirkt auch so.

Brot, Fladenbrot
und Brötchen

Deutsches Brot, aus deftig schmeckenden Getreiden und mit Sauerteig hergestellt, ist nahezu in der ganzen Welt berühmt. Dabei stammt das Brotbacken, insbesondere das Fladenbrot, aber auch der Sauerteig, aus dem alten Ägypten und kam über die Römer in den Norden. In Erdöfen, in Steinöfen oder in Formen über offenen Feuern wurde es gebacken. In der heutigen Zeit wird es nun wieder zu dem vollblütigen Vollgetreidegebäck, das es einmal jahrtausendelang gewesen ist. Überall eröffnen die Naturbrot- und Biobackläden, nicht nur bei uns in Deutschland. Zwar wird meist mit Roggen, Weizen und Hafer gebacken, oft aber auch mit Natursauerteig und mit Dinkel. Wir steigen hier noch weiter in die Vergangenheit ein und backen mit Buchweizen, Kamut, Chufas, Hafer, Mais und Reis, aber auch mit Dinkel und vor allem mit Amaranth, denn wir schätzen die entsäuernde Küche, weil sie uns gesund, flott und jugendlich erhält. Da ein Getreidebrot selten alle nötigen Elemente enthält, ergänzen wir diese durch die Wahl entsprechender Brotaufstriche oder Beläge.
Also ran an die Getreidesäcke!

Dinkelbrot

6 Tassen Dinkel, gemahlen
1 Tasse Brottrunk
1 Tasse Sesam, ungeschält,
ganz

2 ¹/₂ TL Königssalz
3–4 Tassen Wasser,
1 ¹/₂ EL Backpulver
Olivenöl fürs Blech

Alle Zutaten zu einem geschmeidigen Teig miteinander verkneten, ruhen lassen und nach ca. 20 Minuten mit nassen Händen in eine gefettete Backform füllen. In gut 1 Stunde bei 180 °C goldbraun backen.

Dinkel-Kartoffelbrot mit grünem Pfeffer

Dieses Rezept stammt aus dem alten Ostpreußen. Das Brot ist äußerst saftig, doch sollte es wegen der Kartoffeln nicht allzu lange aufbewahrt werden. Es schmeckt am besten mit frisch gekochten Kartoffeln. Und wegen des schweren Teigs verwende ich zusätzlich Natursauerteig.

Für den Sauerteig:

1 Tasse Dinkelmehl mit einem Schuß Brottrunk 3 Tage vor dem Backen anrühren und zugedeckt an einem warmen Ort stehen lassen. Nach 2 Tagen, wenn der Teig insgesamt zu säuern anfängt, ca. 2 EL Dinkelmehl ergänzen und bis zum Backtag durchsäuern lassen. Der Teigansatz sollte auf der Oberfläche kleine Blasen zeigen.

Für den Brotteig:

H *6 Tassen Dinkel, fein gemahlen, Sauerteig*
F *3 Tassen Amaranth-Popcorn*
E *1 ¹/₂ Tassen Kartoffeln, frisch gekocht, gepellt und mit möglichst wenig Wasser püriert*
M *1–2 TL grüne Pfefferkörner*

234

W *2 TL Kräutersalz, 4–6 Tassen Wasser*
1 geh. EL Weinsteinbackpulver
(erst nach der Teigreife zugeben)

Den Sauerteigansatz am Backtag zum frisch vermahlenen Mehl geben und alle weiteren Zutaten bis auf das Backpulver in der richtigen Elementfolge zugeben. Dieser Hauptteig sollte eine ganze Weile tüchtig durchgeknetet, dann mit einem Küchentuch abgedeckt und mit einer Plastiktüte über der Teigschüssel abgebunden werden. So muß er über Nacht ruhen und erhält dadurch seine Endreife.

Am nächsten Tag das Backpulver unterkneten und den Teig in eine gefettete und bemehlte Backform füllen, am besten in einen Römertopf. In der Form noch $1/2$–1 Stunde abgedeckt ruhen lassen, dann ins Backrohr schieben und bei 200 °C ca. 45 Minuten backen, während eine Schüssel mit Wasser auf dem Boden des Backofens leise ihren Dampf verströmt. Anschließend auf 175 °C herunterschalten und noch 50–60 Minuten weiterbacken, bis sich die Oberfläche des Brotes bräunlich zu färben beginnt.

Das Brot auf ein großes Geschirrtuch stürzen und durch Klopfen auf den Boden die Gare prüfen: Es muß sich hohl anhören. Wenn es fertig ist, das Tuch um den Brotlaib schlagen und zusätzlich in eine Plastiktüte wickeln, damit es saftig bleibt und der ausdünstende Dampf nicht völlig verlorengeht. Gleichzeitig erhält es dadurch eine schöne Kruste.

Zwiebelbrot

Sie können dieses Brot natürlich auf der Grundlage des Kartoffelbrots mit Natursauerteig backen. Ich ziehe es oft vor, in einem Arbeitsgang zu bäckern und säuere dann mit Brottrunk, zumal die Milchsäure das Backpulver besser wirksam werden läßt, so daß der Teig lockerer gerät.

H   6 Tassen Dinkel, fein gemahlen, 1 Tasse Brottrunk
F   1 TL Knoblauchpulver
E/M 2 Tassen Zwiebelwürfel, in Olivenöl
    leicht gebräunt
W   3–4 Tassen Wasser, 2 TL Königssalz,
    1 1/2 geh. EL Backpulver

Aus allen Zutaten in Abfolge der Elemente einen Brotteig herstellen, einige Minuten kräftig durchkneten und 20 Minuten ruhen lassen. Eine Backform, am besten einen Römertopf, mit Olivenöl einfetten und mit grobem Mehl bestäuben. Das Brot einfüllen und in 1 1/2 Stunden bei 180–200 °C backen. Das frisch gebackene Brot wie beim Dinkel-Kartoffelbrot beschrieben einschlagen und aufbewahren.

Sesambrot

Ein köstliches Brot. Im Prinzip verwendet man hier den gleichen Teig wie beim Zwiebelbrot, nur daß zur Abwechslung zu etwas anderen Zutaten gegriffen wird.

H 6 Tassen feingemahlenes Dinkelmehl, 1 Tasse Brottrunk
F 1 TL Origano
E 1 Tasse Sesamsamen, ungeschält
M 1 TL Rosmarin
W 3–4 Tassen Wasser, 2 TL Königssalz, 1 ¹/₂ EL Backpulver

Verfahren sie bei der Herstellung des Brotes genauso wie beim Zwiebelbrot. Streuen Sie die gefettete Backform mit Sesamsamen aus. So verspricht Ihr Brot genau das, was es enthält, und sieht zudem äußerst verlockend aus.

Ingwerbrot

Zum Sonntagsfrühstück oder Nachmittagstee mit ein bißchen Butter dazu ein wahres Gedicht!

H 5 Tassen Kamut, fein gemahlen, ¹/₂ Tasse Brottrunk
F 1 Tasse Quinoa, fein gemahlen
E 1 Tasse Dattelringe, sehr fein geschnitten
  1 Tasse Korinthen, 1 ganz fein geraspelter Apfel
  ¹/₂ Tasse grob gemahlene Mandeln
M 1 geh. EL frisch gemahlener Ingwer
W 3–4 Tassen Wasser, 1 TL Königssalz, 1 ¹/₂ EL Backpulver

Alle Zutaten der Elementreihenfolge nach mischen und einen geschmeidigen Teig herstellen, der ¹/₂ Stunde ruhen muß. In der Zwischenzeit eine Backform einfetten und mit grobem Mehl ausstäuben, den Teig einfüllen und ca. 1 ¹/₂ Stunden bei 180 °C backen. Nach der Fertigstellung einschlagen (s. Rezept Seite 235).

Toastbrot

Dieses Rezept sollte in einer Kastenform gebacken werden, damit es auch wirklich wie Toastbrot aussieht. Normalerweise wird Toastbrot mit Milch, Zucker und Hefe hergestellt. Aber wir denken gar nicht daran, uns das anzutun, sondern lassen unsere Phantasie spielen und backen unser eigenes unverwechselbares Toastbrot.

H *3 Tassen Kamut, fein gemahlen*
F *3 Tassen Amaranth-Popcorn*
E *1 Becher süße Sahne*
M *1 EL Ingwersirup*
W *2–3 Tassen Wasser, 1 gestr. TL Zitronensäure*

Die Zutaten der Reihenfolge nach wie angegeben vermischen und zu einem glatten Teig verkneten. Einige Minuten durchwalken. Inzwischen eine Form fetten und mit grobem Mehl ausstreuen. Teig einfüllen und bei 180 °C in gut 60 Minuten fertigbacken. Das Brot bis zum nächsten Tag einschlagen (s. Rezept Seite 235).

Reis-Mais-Brot

Dieses Brot sieht nicht nur besonders gut aus, sondern besitzt auch besondere Eigenschaften. Es ist wegen seines Vitalstoffgehalts sowohl für Krebskranke wie auch für Neurodermitisgeplagte geeignet, für infarktbelastete Menschen und sogar für Arteriosklerotiker. Es enthält kein Gluten, ist gesättigt mit der ganzen Palette der B-Vitamine und enthält viel Selen zur Entgiftung bzw. zum Abfangen der freien Radikale. Obendrein ist es auch noch ganz einfach herzustellen.

E 3 Tassen Mais, fein gemahlen,
2 Tassen goldener Leinsamen
M 4 Tassen Reis, fein gemahlen
W 2 TL Königssalz, 2–3 Tassen Wasser,
1 $^1/_2$ EL Backpulver
H 2 Tassen Brottrunk
F 1 TL ganze Senfkörner

Die Zutaten in der angegebenen Reihenfolge vermischen und zu einem glatten Teig verrühren. Der Teig sollte schwer reißend sein und muß über Nacht quellen. Eine Form fetten und mit Leinsamen ausstreuen. Den Teig mit nassen Händen einfüllen und gut glattstreichen. 45 Minuten bei 200 °C und weitere 90 Minuten bei 175 °C backen. Das Brot ist gar, wenn es auf der Unterseite fest ist und sich beim Klopfen hohl anhört.
Das fertige Brot in ein Küchentuch schlagen und mit Folie umhüllen. Eine Nacht oder einen Tag ruhen lassen.

Buchweizen-Hafer-Brot

Lesen Sie einmal vorne unter Buchweizen und Hafer nach, was Sie da backen: ein bauchspeicheldrüsenfreundliches, gefäß- und darmreinigendes Brot, dazu noch lieblich duftend und mit dem besonderen Buchweizenaroma sehr interessant und lecker.

F *4 Tassen Buchweizen und 2 Tassen Hafer,*
zusammen gemahlen
E *1 Tasse Haselnüsse, ¹/₂ Päckchen Chufas (ca. 100 g)*
M *¹/₂ TL Veilchenwurzelpulver (Reformhaus)*
W *4–5 Tassen Wasser, 1 ¹/₂ EL Backpulver,*
2 TL Königssalz
H *1 Schuß Brottrunk*

Alle Zutaten der Reihenfolge der Elemente nach miteinander vermischen und einen glatten Teig herstellen. Den Teig 45 Minuten ruhen lassen, damit der Hafer ausreichend quellen kann. Sollte der Teig anschließend zu fest sein, etwas Wasser und Brottrunk dazugeben und einkneten.

Eine Form einfetten, mit Buchweizenkörnern ausstreuen und das Brot darin gut 60 Minuten bei 180 °C goldbraun backen. Einschlagen (s. Rezept Seite 235) und abkühlen lassen.

Brötchen

Alle lieben Brötchen, also müssen sie auch her. Aber ohne Hefe? Auch das geht!

Brötchengrundteig:

6 Tassen Dinkel,   4–5 Tassen Wasser
fein gemahlen   1–2 TL Kräutersalz

Alle Zutaten miteinander verkneten, Teig ruhen lassen. Mit Hilfe eines nassen Eßlöffels brötchengroße Häufchen auf ein mit Backpapier ausgelegtes Blech setzen und 30–45 Minuten bei 175 °C goldgelb backen. Diese Brötchen schmecken am besten knusprig frisch.

Brötchenvariationen

• 1 Tasse grob gemahlene Mandeln und 1 Tasse Rosinen oder Dattelringe in den Teig einarbeiten.
• 1 Tasse Kürbis- oder Sesamsamen in den Teig einkneten.
• 1 Tasse zerdrückten Haiko-Kürbis zufügen. In diesem Fall sollten Sie zusätzlich Backpulver und Brottrunk verwenden.
• Die Zehen einer halben Knoblauchknolle zerdrücken und zum Teig geben.
• 1 geh. TL grob zerstoßenen grünen Pfeffer zufügen.
• 1 Tasse einige Stunden in Wasser eingeweichte Buchweizenkörner dazugeben.
• 1 Tasse in Olivenöl geröstete Zwiebeln unterarbeiten.
• 2 EL Zuckerrübensirup und $1/2$ Tasse feingeschnittene Feigen dazugeben.
• 1 Tasse zerbröselten Schafskäse unterkneten.
• Teig mit 1 Tasse Sonnenblumenkerne anreichern.

Fladenbrote und Häppchen

Dinkelfladenbrot

300 g Dinkel
$^1/_2$ Tasse Sesam- und
Kürbiskerne

1 $^1/_2$ TL Königssalz
1–2 Tassen Wasser
Olivenöl für das Blech

Die Zutaten miteinander verkneten. Den Teigkloß einige Minuten ruhen lassen. Ein Backblech ölen und den Teig mit nassen
Händen darauf gleichmäßig verteilen. In etwa 20–25 Minuten
bei 185 °C goldgelb backen. Anschließend in Rauten portionieren.

Minifladen aus Reis-Mais-Teig

E 3 Tassen Mais, 1 Tasse Sonnenblumenkerne
M 1 Tasse Reis
W 1 TL Salz, 2 Tassen Wasser
H $^1/_2$ Tasse Kapern
F 1 TL Basilikum
Olivenöl oder Backfolie für das Blech

Alle Zutaten nach und nach miteinander verkneten, den Teig
ruhen lassen. Mit nassen Händen Kugeln aus dem Teig formen
und diese möglichst dünn zu runden Fladen ausrollen. Auf das
gefettete oder mit Backfolie ausgelegte Backblech legen und bei
185 °C in 20–30 Minuten goldbraun backen.

Buchweizen-Hafer-Fladen

Ein Sommerfladenbrot.

F/E/M *3 Tassen Buchweizen, 2 Tassen Hafer,*
miteinander vermahlen
W/H *1 Handvoll Kürbiskerne*
2–3 Tassen Wasser
1–1 ¹/₂ TL Königssalz
Olivenöl für das Blech

Die Zutaten miteinander verkneten. Den Teigkloß einige Zeit ruhen lassen. Ein Backblech ölen und den Teig mit nassen Händen darauf gleichmäßig verteilen. In etwa 20–25 Minuten bei 185 °C goldgelb backen. Anschließend in Rauten portionieren.

Hirsechufas-Minifladen

E *1 Paket Chufas (= 200 g), 2 Tassen Hirse, fein gemahlen*
M *¹/₂ TL Kardamom, gemahlen*
W *2–3 Tassen Wasser, 1 TL Königssalz*
H *1 TL Rosmarin*
F/! *1 TL Thymian*
Olivenöl für das Blech

Alle Zutaten nacheinander miteinander verkneten. Teig einige Minuten ruhen lassen. Inzwischen ein Blech einfetten. Mit einem Eßlöffel Portionen vom Teigkloß abstechen und mit Hilfe des Löffels kleine Fladen auf dem Blech verteilen. Das Gebäck in ca. 20–25 Minuten bei 175 °C auf der mittleren Schiene knusprig backen.

Kürbisgemüse-Babyfladen

Diese kleinen Plätzchen schmecken frisch am besten.

W *2 Tassen Kürbissamen, grob gemahlen*
1 Tasse Wasser, 1 TL Salz
H *1 geh. EL Petersilie, gerebelt*
F *1 geh. EL Zwiebeln in Würfeln*
E *1 TL Curry, 1 Möhre in feinen Würfeln*
M *¹/₂ TL grüner Pfeffer*

Alle Zutaten miteinander vermischen. Ein Backblech mit Backpapier auslegen und mit einem nassen Teelöffel Portionen vom Teigkloß abstechen, zu Kugeln formen und mit Abstand auf dem Blech anordnen. Anschließend mit einer Gabel jeden Teighaufen plattdrücken. Bei 100 °C in ca. 15–20 Minuten knusprig backen.

Hirsetaler

Sie eignen sich ausgezeichnet zum Knabbern und zu Salaten und Suppen oder auch einfach zwischendurch.

300 g Hirse, fein gemahlen
100 g Ghee
2 große Zwiebeln, gewürfelt,
in wenig Ghee
glasig gedünstet

1 TL Thymian
¹/₂ TL Koriander
1 TL Salz
³/₄ Tasse heißes Wasser

Alle Zutaten miteinander verkneten, so daß ein fester Teig entsteht, der nur schwer vom Löffel fallen sollte. Geben Sie noch etwas Wasser hinzu, wenn die Teigmasse zu fest sein sollte. Auf einem mit Backpapier ausgelegten Blech mit nassem Teelöffel kleine Häufchen mit großem Abstand setzen, da sie gewöhnlich während des Backens auseinander laufen. Die Taler bei 180 °C in 15–20 Minuten goldgelb backen. Darauf achten, daß die außen liegenden Zwiebeln nicht verbrennen.

Hirse-Gemüsetaler

E *2 Tassen gekochte Hirse, $^1/_2$ Tasse Maiskörner aus dem Glas, 2 EL Chufas, 2 EL Olivenöl*
M *$^1/_2$ Tasse roter Gemüsepaprika, fein gewürfelt*
W *1 EL Porreeringe, $^1/_2$ TL Salz,*
       1 TL Gemüsebrühe, $^1/_2$–1 Tasse Wasser
H *ca. 2 EL Kapern oder Oliven in Scheiben*
F *1 geh. EL Petersilie, gerebelt, 1 Msp. Chili*

Alle Zutaten in der Elementreihenfolge miteinander vermischen, so daß zum Schluß eine feste Masse entsteht. Mit nassen Händen flache, nicht zu große Taler herstellen, auf ein mit Olivenöl gefettetes Backblech legen und im Backofen bei 175 °C in 20–25 Minuten goldbraun backen.

Brotaufstriche und Beläge
von pikant bis süß

Knoblauchbutter

E *250 g weiche Butter*
M *4–8 Knoblauchzehen*
W *$^1/_4$–$^1/_2$ TL Königssalz*
H *1 Prise Rosmarin*
F *1 Prise scharfes Paprikapulver*

Die Butter bei Zimmertemperatur weich werden lassen, dann mit einer Gabel in eine runde Schüssel drücken. Knoblauchzehen dazupressen und alle weiteren Zutaten in der angegebenen Reihenfolge untermischen. Glattrühren. Die fertige Knoblauchbutter in ein Töpfchen mit Deckel füllen und kühl stellen.

Kräuterbutter

Für diese Kräuterbutter sollten Sie nach Möglichkeit frische Kräuter verwenden.

E *250 g sehr weiche Butter*
M *2 EL Schnittlauchröllchen*
W *$^1/_2$ TL Königssalz, $^1/_4$ TL zerstoßener grüner Pfeffer*
H *2 geh. EL Petersilie, fein gehackt*
F *1 TL Majoran, fein gehackt*

Die Butter bei Zimmertemperatur weich werden lassen, dann mit einer Gabel in eine runde Schüssel drücken. Alle Zutaten in der angegebenen Reihenfolge untermischen und glattrühren. Die fertige Kräuterbutter in ein Töpfchen mit Deckel füllen und kühl stellen.

Nußbutter

E *250 g weiche Butter*
M *2 EL Schnittlauchröllchen*
W *$^1\!/_2$ TL Königssalz*
H *1 Tasse grob gemahlene Haselnüsse, gedarrt und enthäutet*
F *1 geh. TL süßes Paprikapulver*

Die Butter bei Zimmertemperatur weich werden lassen, dann mit einer Gabel in eine runde Schüssel drücken. Alle Zutaten in der angegebenen Reihenfolge untermischen und glattrühren. Die fertige Nußbutter in ein Töpfchen mit Deckel füllen und kühl stellen.

Dinkelaufstrich

Dieser Aufstrich schmeckt sehr lecker allein oder auf Butter und paßt zu nahezu allen Brotsorten und natürlich zu jedem Gemüse.

W *¹/₄ l Wasser, ¹/₂ TL Kräutersalz*
1 Tasse gekeimte Kichererbsen, püriert
H *1 Tasse Dinkel, fein gemahlen*
1 TL Majoran
F *¹/₄ TL Cayenne*
E *2 EL Ghee*
M *3–4 zerdrückte Knoblauchzehen*

Das Wasser zum Kochen bringen, nacheinander Salz, Erbs- und Dinkelmehl einrühren und unter gründlichem Rühren einmal aufkochen. Vom Herd nehmen, Majoran, Cayenne, Ghee und Knoblauch hinzugeben. In Gläser füllen und in den Kühlschrank stellen.

Paprika-Nuß-Creme

E *2 mittelgroße Pellkartoffeln, geschält*
2 EL Sonnenblumenöl, 2 EL Cashewkernmehl
M *1 kleine Zwiebel in Würfeln, in wenig Wasser*
glasig gedünstet
W *¹/₂ TL Königssalz*
H *1 kleiner Apfel in feinen Würfeln*
F *1 TL süßes Paprikapulver, ¹/₂ rote Paprikaschote, gewürfelt*

Alle Zutaten der Reihenfolge nach in den Mixer geben und kurz miteinander pürieren. Im Schraubglas im Kühlschrank aufbewahren.

Feuerbohnenaufstrich

W 1–2 Tassen Feuerbohnen, in Gemüsebrühe
gar gekocht
$^1/_2$ TL Königssalz, $^1/_2$ TL Gemüsebrühe
H 1 enthäutete Tomate
F $^1/_2$ TL Chiligewürz
E 1 EL Olivenöl, 1 geh. TL Hefeflocken
M 1 kleine Zwiebel in Würfeln
W/! 1 kleiner Apfel in Miniwürfeln

Alle Zutaten entsprechend der Elementfolge in den Mixer einfüllen und pürieren. In Schraubgläsern kühl aufbewahren.

Tomatenpaste

H 4 geh. EL Tomatenmark (aus kontrolliert biologischem
Anbau)
F 2–3 Knoblauchzehen, gepreßt
E $^1/_2$ Tasse Sellerie und 1 mittelgroße Möhre,
gewürfelt und in wenig Wasser bißgar gekocht,
1 große Pellkartoffel, geschält
M 1 EL Zwiebeln in Würfeln
W $^1/_2$–1 TL Königssalz

Alle Zutaten der Elementreihenfolge entsprechend in den Mixer
füllen und pürieren. In Schraubgläsern im Kühlschrank aufbewahren.

Zwiebelschmelz

E/M 2 Tassen Zwiebelwürfel, in 1–2 EL Palmöl gebräunt
1 EL Sonnenblumenöl
W ¹/₂ TL Kräutersalz, 1 TL Hefeextrakt
H ¹/₂ TL grüner Pfeffer, grob gemahlen
F 1 Lsp. süßes Paprikapulver

Alle Zutaten wie im Rezept angegeben vermischen. Kühl aufbewahren und durchhärten lassen.

Indischer Aufstrich

W ³/₄ Tasse Wasser, 1 Tasse Kichererbsen, gemahlen
¹/₂ TL Kräutersalz
H ¹/₂ Tasse gekochte Porreeringe
F ¹/₄ rote Paprikaschote, fein gewürfelt
E ¹/₄ Tasse Möhrenwürfel, bißgar gekocht, 1 EL Ghee
M ¹/₄ TL rosa Pfeffer, 1 TL Chinagewürz,
¹/₂ TL Ingwerpulver

Das Wasser zum Kochen bringen, das Erbsmehl einrühren und unter ständigem gründlichen Rühren 3 Minuten kochen. Etwas abkühlen lassen und Salz, dann die übrigen Zutaten in der Abfolge der Elemente zufügen. Zum Schluß pürieren und in Schraubgläser füllen. Im Kühlschrank aufbewahren.

Griechischer Aufstrich

W ³/₄ Tasse Wasser, 1 Tasse gemahlene Trockenerbsen
H 1 geh. TL Petersilie, fein gehackt
F/! 4 Knoblauchzehen, zerdrückt
E 1 EL Olivenöl
M 1 Lsp. grüner Pfeffer, grob gemahlen
¹/₂ Tasse grüne Oliven, in feine Würfel geschnitten

Das Wasser zum Kochen bringen, das Erbsmehl einrühren und unter ständigem Rühren 3 Minuten kochen. Dann alle übrigen Zutaten nach und nach unterrühren. Wenn der Aufstrich abgekühlt ist, die Olivenwürfel unterheben. In Schraubgläsern aufbewahren und kühl lagern.

Cashewcreme Peloponnes

E 2 Tassen gemahlene Cashewkerne, 1 EL Sesamöl,
1 geh. TL Kurkuma
M 1 geh. TL Senf
W ¹/₂ TL Königssalz
H 1 EL Kapern, 1 Schuß Brottrunk
F ¹/₂ TL Cayenne

Alle Zutaten entsprechend der Elementfolge miteinander verrühren, bis eine geschmeidige Creme entsteht, durchsetzt mit den grünen Punkten der Kapern. In Schraubgläsern kühl aufbewahren.

Gemüse in Aspik

Dieser Aspik paßt nicht nur in Scheiben geschnitten auf Brot, sondern schmeckt auch peppig zu Pellkartoffeln, Getreidegerichten und vielem mehr. Ich fertige deshalb immer einen kleinen Vorrat an.

W *1 l Wasser, 1 Lorbeerblatt, ¹/₂ TL Kräutersalz,*
2 EL Agar-Agar
H *1 Flasche Brottrunk, 1 Tasse Porreeringe, blanchiert*
F *1 Tasse Möhrenwürfel, kurz blanchiert,*
1 Lsp. gemahlene Gewürznelken
E *1 Tasse gelbe Paprikawürfel, 1 EL Rübensirup,*
1 TL Wacholderbeeren
M *¹/₂ Tasse Blumenkohlröschen, blanchiert,*
1 kleine Zwiebel in Ringen

Das Wasser mit dem Lorbeerblatt und dem Salz zum Kochen bringen, Agar-Agar dazugeben und unter Rühren noch 2 Minuten weiterköcheln. Brottrunk hinzufügen und das Ganze in ein Kaltwasserbad stellen. Wenn die Masse anfängt zu gelieren, das Gemüse und die Gewürze in der entsprechenden Reihenfolge vorsichtig dazugeben, die Gemüse-Aspik-Masse in Schälchen oder in quaderförmige oder rechteckige Gefrierschachteln füllen, abdecken und in den Kühlschrank stellen. Am nächsten Tag kann der Aspik angeschnitten oder gestürzt werden.
Vor dem Stürzen die Gefäße kurz bis zum Rand in warmes bis heißes Wasser stellen. Zum Garnieren wählen Sie einen »Joker« wie z. B. frische Petersilie oder Alfalfasprossen.

Zwiebelringe mit Gomasio

Ein Dinkelbrot mit Butter und Zwiebelringen, mit Gomasio überstreut, ist etwas Köstliches: pikant und würzig im Geschmack, voller Mineralien und so simpel herzustellen, daß es schon ein Grundschulkind leicht schafft.
Die Zwiebelringe sollten zart und dünn sein und auf jeden Fall von einer Zwiebel stammen, die biologisch angebaut wurde, denn die konventionell herangezogene Zwiebel konzentriert alle Gifte in sich. Aus diesem Grunde sollten Sie auch eine Zwiebel nicht angeschnitten liegen lassen, denn über diese Schnittfläche zieht sie auch noch sämtliche Schadstoffe aus der Luft an.

1 Tasse Sesamsamen
¹/₄ TL Königs- oder
Kräutersalz

1 kleine Zwiebel
in Ringen

Für das Gomasio den Sesam mit dem Salz fein vermahlen. Brot mit Butter bestreichen, dachziegelartig die Zwiebelringe darauflegen und satt mit Gomasio bestäuben.

Gurken mit Peperonigewürz

Diese Kombination sieht nicht nur schön aus, sondern schmeckt regelrecht spritzig. Wie wär's zur Abwechslung auch mal mit Tomatenscheiben auf Knoblauchbutter oder halbierten Oliven auf Nußbutter?

1 Schlangengurke   *grob zerkleinertes*
etwas Königssalz   *Peperonigewürz*

Brot mit Butter bestreichen, Gurkenscheiben darauflegen und mit Königssalz und Peperonigewürz bestreuen.

Räuchertofu
mit eingelegten Peperoni

Wo es Räuchertofu, das konzentrierte Eiweiß der Sojabohne, zu kaufen gibt – oft noch durchsetzt mit buntem Gemüse und Gewürzen –, da werden auch süßsauer eingelegte Peperoni oder Tomaten angeboten. Brot mit Butter bestreichen, Tofuscheiben darauflegen und mit Peperoni oder Tomaten abschließen. Trinken Sie dazu eine würzige Gemüsebrühe mit etwas Petersilie und Knoblauch.

Radieschen
mit eingelegtem Knoblauch

Bunt gemischt mit feinen Radieschenstreifen schmeckt eingelegter Knoblauch auf einem Butterbrot sehr delikat.

H $^1/_4$ *l Brottrunk, 2 EL Balsamicoessig*
F *1 EL Senfkörner,* $^1/_2$ *TL Rosmarin*
E *1 EL Agavensirup*
M $^1/_2$ *TL Thymian,* $^1/_4$ *TL rosa Pfeffer*
W $^1/_2$ *TL Königssalz*
! *3–4 Knoblauchknollen in einzelnen Zehen*
4 EL Olivenöl

In einem Topf Brottrunk mit Essig verrühren, Senfkörner und Rosmarin zufügen, Sirup unterrühren, Thymian, Pfeffer und zum Schluß das Salz einrühren. Die Knoblauchzehen schälen, halbieren und zur Marinade geben. Alles 5 Minuten köcheln lassen, in Gläser füllen und das Olivenöl darübergeben. Abdecken und einige Tage durchziehen lassen.

Salatblatt mit Sauce »Ulrike«

F/E *1 großes Blatt Eisberg- oder Eichblattsalat*

Für die Sauce:

    1 Becher Sahne
M *2–3 Knoblauchzehen*
W *1 TL Königssalz*
H *¹/₂ TL Senf, 2 TL Weißwein*
F *¹/₄ TL Cayenne*
    Petersilie zum Garnieren

Die Sahne mit den Gewürzen cremig schlagen. Eine Scheibe Brot mit Butter bestreichen und mit einem Salatblatt belegen. Darauf üppig die Sahnesauce verteilen und mit einem Petersilienbüschel verzieren.

Knoblauch-Kelp-Creme

Auf Butterbrot eine interessante und köstliche Brotaufstrichvariante. Kelp oder Spirulina-Algen sind ein wahrer Segen für die Menschheit. Sie enthalten nicht nur alle B-Vitamine in Hülle und Fülle, sondern auch etliche sehr selten vorkommende essentielle Aminosäuren sowie Acetylcholin und Selen für die Entgiftungsfunktion der Leber und die Aktivierung unseres Gehirns.

H $^1/_2$ *Tasse Kelppulver (pulverisierte Grünalgen)*
F *1 Msp. weißer oder schwarzer Pfeffer*
E *1–2 EL Olivenöl*
M *3–4 Zehen Knoblauch, zerquetscht*
W $^1/_2$*–1 TL Königssalz*
   1 EL grüne Oliven in Scheibchen
   1 EL hauchfein geschnittene Zwiebelwürfel

Aus den Zutaten in der Abfolge der Elemente eine Paste bereiten, in die zum Schluß Olivenscheibchen und Zwiebelwürfel eingerührt werden.

Pesto mit Schafskäse

Die Grundlage von Pesto ist Basilikum. Am besten verwenden Sie dafür das frische Kraut, selbst gezogen oder bei einem biologischen Gärtner gekauft. Pesto aus getrocknetem Basilikum sollte einige Tage vor dem Verzehr gut durchziehen.

W/F/E *1 Tasse zerkrümelter Schafskäse*
   1 Tasse frische Basilikumkräuter, sehr fein
   zerkleinert
E $^1/_2$ *Tasse Olivenöl*
! *6 Knoblauchzehen, zerquetscht*
W $^1/_2$ *TL Salz, nur bei Bedarf*

Alle Zutaten der Rezeptreihenfolge nach miteinander verrühren, Salz nur bei Bedarf zufügen. Die Masse in ein Schraubglas füllen und einige Stunden im Kühlschrank durchziehen lassen.

Lopino-Ananas

Dieser Belag paßt auf Toastbrot oder zu Dinkelfladenbrot, aber auch zu Reis in jeder Form.

E   *1 Paket Lopino (Lupineneiweiß, aus dem Naturkostladen)*
       in kleinen Würfeln
       1 Tasse Ananasstückchen
       $^1/_2$ Becher Sahne, 1 EL Agaven- oder Ahornsirup,
       1 geh. TL Kurkuma
F/M *$^1/_4$ TL scharfes Paprikapulver*
W   *1 TL Tamari*
H   *$^1/_2$ TL gemahlener Ingwer*

Lopinowürfel mit Ananasstückchen mischen, die Sahne mit dem Sirup und den Gewürzen cremig schlagen und vorsichtig mit dem Lopino-Ananas-Gemisch vermengen. Einige Zeit im Kühlschrank durchziehen lassen.

Pflaumenmus

Ein Päckchen Backpflaumen, knapp mit Wasser bedeckt, über Nacht einweichen. Am nächsten Tag $^1/_2$ TL Zimt zufügen und alles zusammen musig pürieren.
In ein sauberes Glas füllen und im Kühlschrank aufbewahren.

Ananasmarmelade

2 Tassen getrocknete Ananas
in kleinen Stückchen
$^1/_2$ Tasse getrocknete Aprikosen

$^1/_2$ Tasse Mandeln,
gemahlen
Zitronensaft

Die Trockenfrüchte knapp mit Wasser bedeckt über Nacht quellen lassen. Am Morgen etwas Wasser abgießen, dann mit den gemahlenen Mandeln pürieren. Zum Schluß einige Spritzer Zitronensaft dazugeben.

Aprikosenmarmelade

Diese Marmelade entsteht aus getrockneten Aprikosen, die viel mehr konzentrierte Süße besitzen als frische und dadurch auch viel mehr Eisen gespeichert haben. Sie paßt genauso gut zu Butterbrot oder Brötchen wie über einen Getreidebrei oder eine -suppe.

2 Tassen getrocknete
Aprikosen
1 Zitronenscheibe mit Schale,
1 cm dick

1 EL Acerolapulver
1 EL Ahornsirup,
nur bei Bedarf

Die Aprikosen über Nacht knapp mit Wasser bedeckt quellen lassen. Am Morgen zusammen mit dem Einweichwasser (sollte es zuviel sein, etwas abgießen und als Fruchtsaft verwenden) und den übrigen Zutaten im Mixer pürieren. In ein Schraubglas füllen und kühl stellen.

Mango-Zitronen-Aufstrich

2 Tassen getrocknete Mangos, *abgeriebene Schale von*
fein geschnitten *1 Zitrone*
1 EL Rohrohrzucker

Die Mangostückchen in wenig Wasser 3–4 Stunden einweichen und mit Zucker und Zitronenschale zu Marmelade pürieren. Vor dem Pürieren etwas Wasser abgießen. Sollte der Aufstrich dennoch zu flüssig sein, geben Sie noch etwas Chufas oder gemahlene Mandeln hinzu.

»Zaubernutella«

Dieser Name stammt von meinen Kindern aus ihrer Kleinkinderzeit. Mit diesem Aufstrich sind zahlreiche Kindergarten- und Vesperbrote entstanden, die immer ratzeputz vertilgt wurden. Nachdem sie einmal herkömmliches Nutella bei Freunden probiert hatten, fingen sie immer an, von Mamas »Zaubernutella« zu schwärmen. Über Butter auf Brote oder Brötchen gestrichen ist sie ein Gedicht – nicht nur für Kinder!

2 Tassen mit der Schale *2 EL Ahornsirup*
gemahlene Mandeln *1 TL Rum*
3 EL Carobpulver *$1/_2$–1 Tasse heißes Wasser*
1 TL Bourbonvanille

Mandeln mit Carob, Vanille, Sirup und Rum mischen und mit Wasser geschmeidig rühren. In Schraubgläser füllen und im Kühlschrank nachquellen lassen. Die Masse wird bis zum nächsten Tag noch etwas fester.

Für Leckermäuler:
Kuchen und Torten

In diesem Kapitel liefere ich Ihnen Kuchenschmaus für jedes Fest und möchte Ihnen Lust machen auf die lukullischen Torten und Gebäckstückchen nach dem Prinzip der entsäuernden 5-Elemente-Backkunst.

Ob Sie nun einen dreißig- oder einen siebzigjährigen Geburtstag, eine Kommunions- oder Konfirmationsfeier beschicken oder etwas Süßes auf ein reichhaltiges kaltes Abendbüfett stellen möchten – an alles ist gedacht. Nicht einmal Ostern und Weihnachten kommen zu kurz. Das bin ich schon den Kindern und auch den Kindern in den Erwachsenen schuldig.

Sahnetorten

Hier sind aus einfachen Grundrezepten acht unterschiedliche Sahnetorten entstanden, die Sie nach Lust und Laune noch ergänzen und variieren können.

Wie Sie aber vielleicht schon gemerkt haben, kann man dabei nicht unbedingt nach den fünf Elementen vorgehen, denn die Zutaten für eine Sahnetorte entstammen fast ausnahmslos dem Element »Erde«, und die meisten anderen Elemente tauchen überhaupt nicht auf.

Da gibt es nun wie immer zwei Möglichkeiten: Entweder genießen Sie Ihr Stück Sahnetorte pur nach Lust und Festatmospäre – oder Sie suchen sich aus der Palette der Tees die fehlenden Elemente aus und ergänzen den »erdigen« Sahnekuchen mit dem passenden Getränk.

Himbeersahnetorte

Für den Teig:

H *¹/₂ Tasse Dinkelfeinmehl*
F *2 Tassen Amaranth-Popcorn*
E *1 ¹/₂ Tassen gemahlene Mandeln, 1 Tasse Ahornsirup*
M *¹/₂ TL Vanillepulver*
W *1 Lsp. Salz, ¹/₄–¹/₂ Tasse Wasser, 1 gestr. TL Backpulver*

Für die Füllung:

4 Becher Schmand	*1 ¹/₂ TL Agar-Agar*
1 Tasse Ahornsirup	*3 Becher Sahne*

Für den Belag:

2–3 Päckchen Himbeeren, frisch oder tiefgekühlt

Für den Guß:

¹/₄ l Wasser,	*1 schwach geh. TL*
3–5 EL Ahornsirup,	*Agar-Agar*

Für den Teig alle Zutaten der Reihenfolge nach in eine Rührschüssel geben und gründlich verrühren. Eine Tortenbackform gut ausfetten, den Boden mit etwas Dinkelmehl bestäuben, den Teig einfüllen und glattstreichen. Bei ca. 200 °C in 20–30 Minuten backen. Nach dem Erkalten den Boden auf eine Tortenplatte legen und mit dem Tortenformring der Springform umstellen.

Für die Füllung den Schmand mit dem Ahornsirup erwärmen. Sobald er köchelt, Agar-Agar mit dem Schneebesen unterrühren und 1 Minute lang leicht mitkochen. Anschließend ab-

gedeckt in den Kühlschrank oder in ein Eisbad stellen. Wenn die Masse steif zu werden beginnt, die geschlagene Sahne unterziehen und die Füllung auf den erkalteten Boden geben. Die Torte über Nacht durchhärten lassen.
Die tiefgekühlten Himbeeren kalt auftauen lassen, indem Sie sie auf einem flachen Teller ausbreiten. Die schönsten und dicksten aussuchen und als Außenring auf der inzwischen fest gewordenen Sahnemasse arrangieren, danach bis zur Mitte in immer kleiner werdenden Ringen fortfahren.
Für den Guß Wasser und Ahornsirup zum Kochen bringen, Agar-Agar einrühren, kurz aufkochen, etwas abkühlen lassen und gleichmäßig über die Beeren verteilen. Anschließend bis zum Anschneiden kalt stellen.

Variationen:

- 2 Päckchen Waldbeeren (Himbeeren, Brombeeren, Blaubeeren und schwarze Johannisbeeren)
- 2 Päckchen Blaubeeren. Mit Guß bedecken, damit sie nicht kullern.
- Sehr apart: Kronsbeeren, mit Ahornsirup gesüßt, ganz dünn über die fest gewordene Sahne streichen. Geben Sie bei dieser Variante 1–2 TL Acerolapulver an die Sahnefüllung.
- Ananasstückchen in der Sahnefüllung sowie als Belag, mit oder ohne Glasur.

Zitronensahnetorte

Den Boden wie bei der Himbeersahnetorte auf Seite 262 zubereiten.

Für die Füllung:

3 Becher Schmand,   1 Tasse Ahornsirup,
2 Becher süße Sahne   1 ¹/₂ TL Agar-Agar
Saft und abgeriebene Schale
von 1 Zitrone

Zum Garnieren:
2 Zitronen, in Scheiben geschnitten und 2–3 Tage
in Ahornsirup mariniert

Für die Füllung den Schmand mit dem Ahornsirup erwärmen. Sobald er köchelt, Agar-Agar mit dem Schneebesen unterrühren und 1 Minute lang leicht mitkochen. Anschließend abgedeckt in den Kühlschrank oder in ein Eisbad stellen. Wenn die Masse steif zu werden beginnt, Zitronensaft und Schale sowie die geschlagene Sahne unterziehen und die Füllung auf den erkalteten Boden, der mit einem Tortenring umstellt wurde, verteilen. Die Torte über Nacht durchhärten lassen. Am nächsten Tag die Torte portionieren und auf jedes Stück eine marinierte Zitronenscheibe legen.

Käsesahnetorte

Den Boden wie bei der Himbeersahnetorte (siehe Seite 262) zubereiten. Zur Verzierung können Sie Schirmchen oder Pistazien verwenden. Auch Kiwischeiben oder ähnliches Obst wirkt dekorativ, sollte allerdings mit einem Guß überzogen werden, damit es nicht unansehnlich wird.

Für die Füllung:

Saft von ¹/₂ Zitrone　　　　*4 Becher saure Sahne*
1 ¹/₂ Tassen Ahornsirup　　　*2 Becher süße Sahne*
2–3 geh. TL Agar-Agar

Zitronensaft und Ahornsirup erhitzen, Agar-Agar einrühren und aufkochen. Etwas abkühlen lassen und die saure Sahne unterrühren. Sobald die Masse fest zu werden beginnt, die steifgeschlagene süße Sahne unterheben. Die Füllung auf den mit einem Tortenring umgebenen kalten Tortenboden aufbringen und glattstreichen. Nach Belieben verzieren.

»Schoko«-Torte Mohrentraum

Insgesamt brauchen Sie für diese Torte drei Böden, davon einen Mürbteig und zwei biskuitähnliche, alle einzeln gebacken. Mit abgezogenen Mandelhälften oder braunen Mokkabohnen verziert, sieht die Torte einfach super aus. Kinder lieben kleine bunte Schirmchen auf der Torte.

Für den Mürbteig:

1 Tasse feingemahlene Hirse   *2 EL Rohrohrzucker*
1 Tasse Amaranth-Popcorn   *3 EL Ghee*
¹/₂ Tasse Chufas

Für den Weichteig:

2 Tassen Amaranth-Popcorn   *1 Tasse Ahornsirup*
2 Tassen gemahlene Mandeln   *etwas Wasser*

Für die »Schoko«-Füllung:

¹/₂ Päckchen Carobglasur   *1 TL Vanille*
1 ¹/₂ Tassen Ahornsirup   *2 Becher Sahne*
2 EL Rum

Für den Guß:

3–4 EL Carob   *1 TL Rum*
¹/₂ Tasse Ahornsirup   *1 Becher süße Sahne*
etwas Vanille

Für den Mürbteig alle Zutaten miteinander vermischen und in eine gefettete Tortenform drücken. Bei 100 °C ca. 20–25 Minuten backen.

Für den Weichteig die Zutaten verkneten und die Teigmasse in zwei Teile teilen. Jeden Boden in eine gefettete Tortenform legen, mit einer Gabel mehrmals einstechen und bei 170 °C 15–20 Minuten backen. Für die Füllung die Carobglasur mit Sirup, Rum und Vanille im Wasserbad schmelzen. Inzwischen 1 Becher Sahne fast steif schlagen, die Hälfte der Carobmasse hinzugeben und zu Ende schlagen. Die Carobsahne auf den Mürbteigboden füllen und darauf den ersten biskuitähnlichen Boden legen. Den 2. Becher Sahne schlagen und mit der restlichen Carobmasse mischen, auf den zweiten Boden streichen und mit dem dritten belegen. Aus Carob, Ahornsirup, Vanille und Rum zusammen mit der Sahne einen Guß zubereiten. Diesen mit einem Messer, das Sie hin und wieder in heißes Wasser tauchen, über die gesamte Torte ziehen. Die fertige Torte unbedingt kühl stellen.

Weitere Torten

Mohntorte »Geheimtip Istanbul«

Für den Teig:

200 g Dinkel, fein gemahlen	2 EL Rübensirup (aus kontrol-
100 g Ghee	liert biologischem Anbau)
1 Prise Salz	2 EL Kokosflocken
1 EL Sahne	zum Bestreuen

Für die Füllung:

1 Tasse gemahlene Hirse,	1 Tasse Datteln in Ringen
in kaltem Wasser angerührt	3 EL Ahornsirup
1 Tasse Wasser	etwas Chufas
1 Tasse Sahne	1 EL Kokosflocken
1 geh. TL Agar-Agar	zum Bestreuen
1 Tasse gemahlener Mohn	

Für den Teig alle Zutaten miteinander verkneten. Eine Springform fetten, den Teigboden hineindrücken, darauf 2 EL Kokosflocken verteilen.
Für den Mohnhirsepudding die gemahlene Hirse in etwas kaltem Wasser anrühren. Wasser und Sahne zum Kochen bringen,
Agar-Agar und Mohn zufügen und Datteln, Ahornsirup und
Chufas unterrühren. Den Pudding etwas abkühlen lassen und
auf den Teigboden streichen. Den Kuchen mit Kokosflocken bestreuen und etwa 45 Minuten bei ca. 175 °C backen, bis die
Kokosspitzen sich gelb färben.

Aprikosen-Baiser-Torte »Ulrike«

Diese Torte besteht aus drei Teilen: einem mürbteigähnlichen Grundboden, der einen baiserähnlichen Hut bekommt, einer Füllung aus Aprikosenkonfitüre sowie einem Aufsatz aus ebensolchem Spezialbaiser. Mit einem Klecks Sahne darauf ist jedes Stück ein Genuß!

Für den Mürbteigboden:

1 Tasse Dinkel, fein gemahlen   *3 EL Ghee*
¹/₂ Tasse Chufas   *1 gestr. TL Backpulver*
2 geh. EL Rohrohrzucker   *evtl. etwas Sahne*

Alle Zutaten miteinander verkneten. Wenn die Masse zu fest ist, einen Schuß Sahne dazugeben. Eine Tortenspringform ausfetten und den Teig mit feuchten Händen hineindrücken.

Für die »Baiser«-Schicht:

2 Tassen Amaranth-Popcorn   *¹/₂–³/₄ Tasse Ahornsirup*
1 Tasse gemahlene Mandeln   *etwas Wasser*

Alle Zutaten miteinander vermischen und auf den Mürbeteigboden streichen.

Für die Füllung:

2 Hände voll getrocknete Aprikosen knapp mit Wasser bedeckt 2–3 Stunden einweichen. Die Schale einer Zitrone abschälen, zusammen mit den weichen Aprikosen und dem Einweichwasser pürieren. Die Füllung auf den Baiserboden streichen.

Für den »Baiser-Aufsatz«:

Der »Aufsatz«, sozusagen der Deckel der Torte, besteht aus dem gleichen Teig wie die untere Baiserschicht, nur daß die Menge etwas reichlicher bemessen sein muß, damit die Oberfläche ein Relief erhalten kann.

2 $^1/_2$ Tassen Amaranth- $^1/_2$ Tasse Ahornsirup
Popcorn $^1/_2$–1 Tasse Wasser
1 Tasse gemahlene Mandeln

Alle Zutaten zu einer weichen Masse verarbeiten und auf die Aprikosenfüllung streichen. Mit dem Teigschaber ein Muster in die Kuchenoberfläche drücken, aber nicht so stark, daß die Aprikosenschicht durchkommt.
Die Torte bei 170 °C ca. 50 Minuten backen, bis die Oberfläche leicht gebräunt ist.

»Marzipan«-Kuchen

Sie werden sehen, dieses Kuchenrezept ist im Handumdrehen realisiert und schmeckt dazu noch vorzüglich. Ich habe diese Torte oft eingesetzt, wenn sich kurzfristig Besuch ankündigte und ich wegen anderer Vorbereitungen nicht stundenlang in der Küche stehen wollte. Mit einem Klecks Sahne dazu bereichert dieses Gebäck die Kaffeetafel ungemein.

Für den Boden:

H *500 g Dinkel, fein gemahlen*
F *20 g Buchweizen, mit dem Dinkel gemahlen*
E *250 g Ghee, 3–4 EL Agavensirup oder Rohrohrzucker*
M *1 TL Zimt*
W *1 Päckchen Backpulver*

Für die Füllung:

H *1 ¹/₂ unbehandelte Zitronen, ganz*
F *1 Lsp. süßes Paprikapulver*
E *gut 1 Tasse Ahornsirup, 200 g gemahlene Mandeln,*
    1 Tasse Dattelringe
M/W *1 Lsp. Ingwer*

Für den Boden alle Zutaten der Reihenfolge nach zu einem weichen Teig verarbeiten. Einige Minuten ruhen lassen. In dieser Zeit die Füllung herstellen: Zitronen mit Paprika und Ahornsirup pürieren, Mandelmehl und Dattelringe zufügen. Zum Schluß den Ingwer unterarbeiten.
Den Boden in eine gefettete Springform geben und die Füllung darauf glattstreichen. Die Torte bei 180 °C etwa 1 Stunde backen. Erst nach dem Abkühlen aus der Form nehmen.

Rüblitorte

Diese Torte ist sehr saftig und aromatisch. Mit einem Klecks Sahne schmeckt sie zum Getreidekaffee wie ein Gedicht. Sie besteht aus einem Mürbeteigboden und einer mit Möhrchen durchsetzten Schicht darüber.

Für den Mürbeteig:

1/2 Tasse Dinkel, fein gemahlen	*3 EL Ghee*
1/2 Tasse Hirse, fein gemahlen	*2 EL Rohrohrzucker*
	bei Bedarf etwas Wasser

Für den Aufsatzteig:

8 mittelgroße Möhren, fein geraspelt	*3/4 Tasse Ahornsirup*
1 Tasse gemahlene Mandeln	*abgeriebene Schale von 1/2–1 Zitrone*
2 Tassen Amaranth-Popcorn	*1 TL Backpulver*
	bei Bedarf etwas Wasser

Alle Zutaten für den Mürbteig verkneten. Er sollte schwer, aber geschmeidig in der Konsistenz sein. Je nach Beschaffenheit des Dinkels noch etwas Wasser hinzufügen. Ein Triebmittel darf fehlen. Ruhen lassen.

Alle Zutaten für den Aufsatzteig der Reihenfolge nach miteinander vermischen. Es sollte ein geschmeidiger Teig entstehen, ansonsten fügen Sie zusammen mit dem Backpulver noch etwas Wasser hinzu.

Den Mürbteig mit feuchten Händen in eine gefettete Springform pressen, den Rübliteig darüberfüllen. Die Torte bei

160–170 °C ca. 45–60 Minuten backen. Sie sollte an der Oberfläche goldgelb sein. Garprobe machen. Nach der Fertigstellung muß diese Torte sofort aus der Form genommen und luftdicht verschlossen werden. 2–3 Tage aufbewahrt, schmeckt sie am besten. Sie sieht ansprechend aus, wenn man sie vor dem Servieren mit Aprikosenkonfitüre bestreicht und anschließend mit einigen Sahnetupfern verziert.

Kartoffelkuchen »Lukullus«

Sehr lecker und saftig!

2 Tassen Reissirup
³/₄ Tasse Wasser
2 Tassen gemahlene Mandeln
250 g Ghee
1 Tasse Amaranth-Popcorn

1 Tasse Dinkelmehl,
sehr fein gemahlen
1 Tasse frisch gekochte,
pürierte Kartoffeln
1 ¹/₂ TL Weinsteinbackpulver
¹/₂ TL Bourbonvanille

Sirup, Wasser und Mandeln miteinander schaumig schlagen, nach und nach die übrigen Zutaten dazugeben. Nach kurzer Quellzeit in eine gefettete Tortenform füllen und bei 160 °C in 45 bis 60 Minuten backen. Garprobe machen!

Chufastorte »Fixmamsell«

Für alle, die einen leckeren, aber gut verdaulichen Kuchen möchten.

2 Pakete Chufas
(à 200 g)
250 g Ghee, geschmolzen
3 EL Zuckerrüben-
sirup

¹/₂ Tasse grob geraspelte
Mandeln
1 geh. TL Weinstein-
backpulver
bei Bedarf etwas Wasser

Alle Zutaten miteinander verrühren und etwas Wasser zufügen, wenn der Teig noch zu fest sein sollte. In eine kleine, gefettete Tortenform füllen. Auf die Oberfläche mit dem Teigschaber ein Muster drücken und bei 180 °C ca. 45–60 Minuten backen. Sobald die Ränder bräunen, ist der Kuchen gar.

Variationen:

- Einfach nur mit Schlagsahne verziert, schmeckt diese simple Torte schon sehr lecker.
- Mit Bananen und einigen Brombeeren belegt, kann sie sich ebenfalls sehen lassen. Dafür reicht auch die Hälfte der Teigmenge.
- Kirschen in einem Sud aus Ahornsirup, etwas Kirschlikör und 1 EL Stärkemehl kochen und darübergeben – schmeckt ausgezeichnet!
- Datteln und Feigen einweichen, mit Zimt und etwas Rum pürieren und als Obstcreme auf einen oder zwischen zwei Böden (jeweils mit der Hälfte des angegebenen Teiges gebacken) streichen. Mit geriebener Zitronenschale bestäuben.

Zitronentorte »Frau Nachbarin«

Diese Torte stammt ursprünglich von meiner Nachbarin Heidi Wurow aus Haltern, die sie köstlich mit 8 Eiern backte. Hier wurde sie etwas abgewandelt, um keinen Gesundheitskiller zu produzieren. Der Kuchen ist sehr saftig und hält sich, gut verschlossen, viele Tage lang frisch.

Für den Teig:

125 g Ghee
250 g Ahornsirup
500 g Dinkelfeinmehl,
aber Vollkorn

¹/₂ Päckchen Weinstein-
backpulver

Für die Creme:

1 ¹/₂ Tassen Ahorn-
sirup
1 Tasse Wasser

abgeriebene Schale und Saft
von 3 Zitronen (unbehandelt)
4 ¹/₂ EL Stärkemehl

Für den Teig Ghee und Ahornsirup schaumig schlagen, Mehl mit dem Backpulver mischen und nach und nach dazugeben. In eine gefettete Tortenspringform füllen und ca. 1 Stunde bei Mittelhitze backen.

Für die Füllung Ahornsirup mit Wasser, Zitronensaft und -schale verquirlen und aufkochen. Stärkemehl mit etwas Saft verquirlen und unter die Creme rühren. Auf Zimmertemperatur abkühlen lassen.

Wenn der Boden abgekühlt ist, zweimal durchschneiden, die warme Zitronencreme dazwischenstreichen und wieder zusammensetzen. Die Kuchenoberfläche mit Hilfe eines Teesiebs mit ca. 3 EL staubfein vermahlenem Rohrohrzucker bestäuben.

Topf- und Blechkuchen

Kasseler 5-Elemente-Bienenstich

Dieser Kuchen ist schnell gebacken und schmeckt einfach köstlich.

Für den Teig:

H *300 g Dinkel, fein gemahlen*
F *1 Prise Cayenne*
E *3 EL Ghee, 2–3 EL Agavensirup*
M *1 Prise süßes Paprikapulver*
W *etwas Wasser, 1 Prise Salz*

Für den Belag:

300 g grob geraspelte   *5 EL Agavensirup*
Mandeln   *abgeriebene Schale von*
3 EL Sahne   *1 Zitrone*
4 geh. EL Ghee   *$^1/_2$ TL Bourbonvanille*

Für den Teig alle Zutaten der Reihenfolge nach miteinander vermischen. Zum Schluß mit etwas Wasser die Konsistenz in Richtung Knetteig korrigieren. Ruhen lassen und schließlich mit nassen Hände auf einem gefetteten Backblech verteilen.

Für den Belag alle Zutaten unter Rühren mit dem Holzlöffel einmal aufkochen, etwas abkühlen lassen und mit einem Schaber gleichmäßig auf dem Teig verteilen. Bei mittlerer Hitze in etwa 30–35 Minuten goldgelb backen. Erst nach dem Erkalten in längliche Stückchen schneiden.

Topfkuchen »Dr. Jochen«

Ein fixer und einfacher Sonntagskuchen für Oma und Opa! Ein Lob der Gemütlichkeit!

H *400 g Dinkel, fein gemahlen*
F *100 g Amaranth*
E *1 Tüte Chufas (= 100 g)*
  2 Tassen geraspelte Mandeln, 1 Handvoll Rosinen
  1 Becher Sahne, $^1/_2$ Tasse Olivenöl,
  $^1/_2$ Paket Carobglasur (= 100 g)
  1 Tasse Vollrohrzucker
M *1 Prise Cayenne*
W *1 Prise Salz, 3 TL Backpulver*

Alles in der angegebenen Reihenfolge miteinander mischen, in eine gefettete Napfkuchenform füllen, ruhen lassen, dann bei 180–200 °C 1 Stunde backen. Garprobe machen.

Schmandkuchen

Dieser köstliche Blechkuchen stammt aus Thüringen und ist auch im alten Ostpreußen beheimatet. Dort wurde er jeden Samstagabend, nachdem die Frauen das Brot für die folgende Woche geknetet und gebacken hatten, in die Nachhitze des Steinofens geschoben – auf mehreren Blechen, ausreichend für alle Kinder, Mägde und Knechte der ganzen Sippschaft. Ist das nicht eine nette Tradition, der wir auf unsere Weise nacheifern sollten?

Für den Teig:

H *300 g Dinkel*
F *1 Prise Cayenne*
E *150 g Ghee, 3 EL Rohrzucker*
M *1 Prise rosa Pfeffer*
W *1 Prise Salz*

Für den Guß:

3–4 Becher Schmand *abgeriebene Schale von*
¹/₂–³/₄ Tasse Ahornsirup *1 Zitrone*
  1 Tasse Dattelringe

Aus den Zutaten für den Teig der Reihenfolge nach den Boden kneten. Ruhen lassen. Inzwischen Schmand mit Sirup, Zitronenschale und Dattelringen verrühren.
Den Teig mit nassen Händen auf ein gefettetes Backblech drücken. Er sollte gleichmäßig und dünn verteilt sein. Darauf den Schmandguß gießen und mit dem Teigschaber verteilen. Bei ca. 170 °C in etwa 25–30 Minuten leicht goldgelb backen. Erst nach dem Erkalten anschneiden.

Blätterteig

Blätterteig ist der Kaiser unter den Backwerken, und darum darf er auch in einem »runden« Kochbuch nicht fehlen. Er ist ein typischer Zwitter: Der Koch kann ihn für sich pachten und mit Gemüse und Nüssen füllen. Es kann sich aber auch der Bäcker seiner bedienen, indem er ihn mit allerlei süßen Leckereien spickt.
Wir halten es in diesem Kapitel mit dem Bäcker, auch wenn wir die Sympathie für den Koch nicht verlieren wollen.

Für den Teig:

250 g Dinkelfeinmehl   *250 g sehr kalte Butter*
$^1/_8$ l eiskaltes Wasser   *(aus dem Kühlschrank)*

Dinkel und Wasser miteinander vermischen und etwa 10 Minuten in den Kühlschrank legen. Dann ausrollen und mit der in Scheiben geschnittenen Butter belegen. Den Teig wie ein Briefkuvert in Rechteckform übereinanderlegen und zu einem Streifen auswalken. Wieder in Rechteckform übereinanderlegen und anschließend 15 Minuten in den Kühlschrank packen. Diese sogenannten Touren 4–5mal wiederholen. Beim letzten Mal den Teig flach auswalken und je nach Gebäckform weiterverwenden.

Aprikosen- und Apfeltaschen

Grundlage ist der bereits beschriebene Blätterteig. Frisch schmeckt dieses Gebäck am besten.

Für die Aprikosenfüllung:

1 kg frische Aprikosen
2 EL Agavensirup

abgeriebene Schale von
1 Zitrone (unbehandelt)

Die Aprikosen klein schneiden und mit den übrigen Zutaten mischen.

Für die Apfelfüllung:

4–5 dicke Äpfel
1 Handvoll Rosinen

je ¹/₂ TL Ingwer und Zimt
1–2 EL Rübensirup

Blätterteig nach Rezept auf Seite 279 herstellen und zu Quadraten ausradeln. Aprikosen bzw. Äpfel klein schneiden und mit den übrigen Zutaten mischen. Dann jeweils 1 EL der Füllung auf einem Blätterteigquadrat mittig plazieren und die Ecken des Quadrats von allen vier Seiten darüber schlagen. Die äußersten Spitzen mit etwas Eiweiß ankleben. Zum Schluß alle Teilchen mit Buttermilch oder in Wasser angerührter saurer Sahne bepinseln. Auf einem mit Backpapier ausgelegten Blech in etwa 20–25 Minuten bei 175 °C goldbraun backen.

Blätterteig-Nußecken

Grundlage ist der auf Seite 279 beschriebene Blätterteig.

Für die Füllung:

1 ¹/₂ Tassen Cashewkerne,
grob geraspelt

1 Tasse Dattelringe
1 EL Ghee, ¹/₂ TL Ingwer

Cashewkerne und Datteln im Ghee kurz rösten, Ingwer hinzufügen. Abkühlen lassen. Kleine Quadrate aus dem Blätterteig ausradeln. Sich eine Diagonallinie denken und auf die untere Dreiecksbasis 1 TL Nuß- Dattelmasse klecksen. Die Kanten des Dreiecks mit Eiklar bestreichen, das obere Dreieck darüberklappen und an den Kanten festkleben. Mit saurer Sahne bepinseln. In 20–25 Minuten bei 175 °C goldbraun backen.

Omas Apfelkuchen

Wenn Sie möchten, können Sie der Füllung noch Rosinen und Korinthen zufügen und/oder einige geraspelte Mandeln über den Kuchen streuen.

Für den Belag:

6–7 süße Äpfel
3–4 EL Rübensirup
¹/₂ Becher Sahne

¹/₂ TL Zimt
¹/₂ TL Ingwer

Der Teig wird zubereitet wie beim Rezept »Bienenstich« (s. Seite 276). Die Äpfel mit Schale belassen, Blüte, Stiel und Kerngehäuse entfernen, in kleine Stücke schneiden. Die Apfelstückchen mit Rübensirup und Sahne kurz aufkochen, die Gewürze zugeben und die Masse auf dem Teig verteilen. Bei 160–180 °C in ca. 35–45 Minuten goldbraun backen.

Gewürzkuchen »Nikolaus«

Dieser Gewürzkuchen schmeckt erst so richtig und entfaltet sein volles Aroma, wenn er einige Tage zugedeckt aufbewahrt wird.

H *500 g Dinkel, fein gemahlen*
³/₄ Tasse Haselnüsse, ganz, gedarrt, enthäutet
F *170 g Amaranth-Popcorn*
E *300 g Ghee, ¹/₂ Becher Sahne*
1 Glas Zuckerrübensirup (450 g)
je ¹/₂ Tasse Korinthen, Dattelringe und
getrocknete Aprikosen in Streifen
M *je 1 gestr. TL Zimt und Ingwer, ¹/₂ TL Kardamompulver*
W *1 Prise Salz, bei Bedarf etwas Wasser,*
3 geh. TL Weinsteinbackpulver

Alle Zutaten gemäß der Elementabfolge vermischen. Der Teig sollte schwer vom Rührlöffel fallen. Eine Topfkuchen- oder Rodonform fetten und mit Amaranth-Popcorn ausstreuen. Den Teig einfüllen und noch etwas ruhen lassen. Dann bei 180–200 °C 1 bis 1 ¹/₂ Stunden backen. Garprobe machen! Den noch warmen Kuchen mit Carobglasur bestreichen.

Weihnachtsstollen

Ein so traditioneller Kuchen wie der Weihnachtsstollen sollte in einem solchen Kochbuch nicht fehlen, und weil es sich nun einmal für einen richtigen Stollen gehört, backe ich ihn hin und wieder mit Hefe – lieber aber mit Backferment, das ich im Naturkostladen erstehe und das schonend aus Honig und Getreide hergestellt wird. Wenn Sie möchten, probieren Sie beides, allerdings nicht in ein und demselben Kuchen!

Für den Teig:

H *600 g Dinkel, fein gemahlen*
F *200 g Hafer, zusammen mit dem Dinkel gemahlen*
E *400 g Ghee, 1 Becher saure Sahne*
   je 1 Tasse Korinthen, Rosinen und Ananasstückchen
   ³/₄ Glas Zuckerrübensirup (= 300 g)
M *je ¹/₂ TL Zimt, Ingwer und Kardamom, ¹/₂ TL Nelken*
W *¹/₄ TL Salz, ¹/₂ Tasse Wasser, ¹/₂ Würfel Hefe*

Zum Bestreichen:

1 Tasse Ghee   *¹/₂ Tasse Rohrohrzucker,*
                                    fein gemahlen

Für den Teig alle Zutaten der Elementfolge gemäß locker zusammenkneten. Zum Schluß das Wasser mit der darin aufgelösten Hefe in eine Vertiefung des Teiges geben und kräftig unterkneten. Nehmen Sie die Küchenknetmaschine zu Hilfe, wenn Sie eine haben.
Zugedeckt den Stollenteig mindestens 1 Stunde gehen lassen. Nochmals kurz durchkneten und wiederum gehen lassen. Jetzt

den Teigkloß flach auswalken und einen Teil zu etwa zwei Dritteln über den anderen schlagen, so daß die typische Stollenform entsteht. Ein Blech mit Backpapier belegen, den Stollen darauf setzen und wiederum ruhen lassen. Dann ins Rohr schieben und bei 200 °C in 1 bis 1 ½ Stunden goldbraun backen. Noch warm mit Ghee bestreichen und danach mit Rohrohrzuckerstaub überpudern. Mindestens eine Woche durchziehen lassen!

Möchten Sie den Stollen lieber mit Backferment backen – was vom Gesundheitsstandpunkt aus empfehlenswert ist –, dann setzen Sie, wie auf der Fermentpackung beschrieben, eine kleine Menge Dinkelmehl 1–2 Tage vor dem Backen an, die Sie dann als Starter zu dem fertigen Teig geben. Insgesamt muß der Stollen mit Backferment etwas länger gehen, schmeckt aber dafür delikater.

Osterzopf

Auch der Osterzopf braucht Hefe, denn sonst läßt er sich nicht ordentlich flechten. Aber ich geize wie beim Stollen auch hier ganz gehörig mit der Hefe, oder es gibt zu Ostern einfach einen leckeren Topfkuchen.
Hier aber nun der »Osterzopf« – frisch schmeckt er am besten!

H *600 g Kamut, fein gemahlen*
F *200 g Buchweizen, fein gemahlen*
E *1 Tasse Ahornsirup*
½ Tasse grob geraspelte Mandeln, 1 Tasse Rosinen
300 g Ghee
! *abgeriebene Schale von 1 Zitrone*
W *1 Prise Salz, ½ Würfel Hefe, in warmem Wasser aufgelöst*
½ Tasse Buttermilch oder saure Sahne zum Bestreichen

Alle Zutaten wie beim Stollen miteinander verkneten. Auch mit der Teigruhe genauso verfahren. Nun aus dem Teigkloß drei gleiche Portionen abtrennen, jede zu einer langen Wurst rollen (ca. 50 cm lang). Die Enden dieser drei Würste auf einem mit Backpapier belegten Blech zusammenlegen und daraus einen Zopf flechten. Den fertigen Zopf vorsichtig mit Buttermilch bestreichen und bei 200 °C in 1 Stunde goldgelb backen.

Kleingebäck und Plätzchen

Haselplätzchen

H *300 g Dinkel, fein gemahlen, 1 Schuß Brottrunk*
F *100 g Hafer, mit dem Dinkel gemahlen*
E *4–5 EL Rohrohrzucker, 150 g Ghee, $^1/_2$–1 Becher Sahne*
M *1 Handvoll kleingeschnittene Aprikosen*
W *1 Prise Salz*
    2 Tassen grob geraspelte Haselnüsse, auf dem Backblech gedörrt und enthäutet

Alle Zutaten von H bis W der Reihenfolge nach miteinander vermischen und einen dicken Teig daraus formen. Diesen zu einer länglichen Rolle formen und 15–20 Minuten eingewickelt im Kühlschrank ruhen lassen.
Die Rolle in 1 cm dicke Scheiben schneiden und diese auf beiden Seiten in den geraspelten Haselnüssen wälzen. Auf ein mit Backpapier ausgelegtes Blech legen und bei ca. 180 °C in ungefähr 20–25 Minuten goldgelb backen.

Quinoafruchthappen

Dies ist wirklich ein Gebäck für jede Jahreszeit!

H/F *2 Tassen Quinoa, fein gemahlen*
E   *1 Tasse Ghee*
M   *je $^1/_2$ Tasse kleingeschnittene Trockenpflaumen,*
         Datteln und Aprikosen
         abgeriebene Schale von 1 Zitrone,
         $^1/_2$ TL Ingwer, $^1/_2$ TL Zimt
W   *2 EL Korinthen, bei Bedarf etwas Wasser*

Alle Zutaten der Reihenfolge nach miteinander vermischen. Ist der Teig zu fest, etwas Wasser zugeben. Mit dem Teelöffel Häufchen auf ein mit Backpapier ausgelegtes Blech setzen und diese bei 175 °C in ca. 20–25 Minuten goldgelb backen. Darauf achten, daß die Trockenfrüchte nicht verbrennen.

Hasel-Aprikosenmützen

Diese kleinen süßen Häufchen gehören zu den beliebtesten Leckerlis meines Ehemannes Dr. Joachim Prinz, dem bis weit über die Grenzen Kassels hinaus international bekannten Naturheilarzt. Statt Haselnüssen können Sie auch Mandeln oder ausnahmsweise Walnüsse nehmen.

H *3 Tassen Haselnüsse*
! *2 Tassen getrocknete Aprikosen*
2 EL feingemahlener Buchweizen
E *1 Schuß Ahornsirup (nicht zuviel)*
! *je 1 TL Zimt und Ingwer, abgeriebene Schale*
von 1 Zitrone
evtl. noch etwas Wasser

Alle Zutaten der Elementreihenfolge nach miteinander vermengen und mit einem in Wasser getauchten Teelöffel kleine, nach oben spitz zulaufende Häufchen auf Backpapier setzen. Bei 170 °C 15–20 Minuten backen, bis die Spitzen bräunlich werden.

Hirsetaler »Heidesand«

In diesem Gebäck sind zwar nicht alle Elemente »vollmundig« vertreten, es streichelt jedoch derartig sanft und köstlich den Gaumen, daß Sie es sicher gern in Ihr Repertoire aufnehmen, zumal es so einfach zu backen ist. Genießen Sie es zusammen mit Ingwertee aus frischem Ingwer, und es wird Ihnen auf der Zunge zergehen und bestimmt nicht schaden.

2 Tassen Hirse, fein gemahlen *gut 1 Tasse Ahornsirup*
250 g Butter *$^1/_2$ TL Bourbonvanille*

Butter und Ahornsirup auf kleiner Flamme schmelzen, gründlich abkühlen lassen. Hirse und Vanille hineinrühren. Mit dem Teelöffel kleine Häufchen auf ein mit Backpapier belegtes Blech setzen. Abstand halten, da die Plätzchen noch erheblich auseinanderlaufen. Bei 170 °C 10–12 Minuten backen – das Gebäck darf nur »angolden«. Die fertig gebackenen Plätzchen noch etwas abkühlen lassen, bevor Sie sie vom Blech nehmen.

Variation:
Hirse mit Butter, Ahornsirup und Vanille (Mengen wie oben angegeben) mischen, 1 Prise Ingwer, einige Zitronenschalenraspel und 1 Prise Cayenne zufügen und wie oben beschrieben backen.
Das Gebäck schmeckt so hergestellt etwas anders – vielleicht sogar besser – jedenfalls sind nun alle Elemente darin vertreten.

Sesamkonfekt

W 2 Tassen Sesam, ungeschält
H 1 Tasse getrocknete Aprikosen, in feine Streifen
geschnitten
F 1 Prise Cayenne
E 1–2 EL Apfeldicksaft oder Reissirup
M je eine Msp. Ingwer und Zimt
Oblaten

Die Zutaten der Reihenfolge nach vermischen und mit einem angefeuchteten Messer auf die Oblaten streichen. Bei 160 °C in ca. 15–20 Minuten goldbraun backen. Nicht zu dunkel werden lassen.

Liebesbällchen
(nach Ingeborg Münzing-Ruef)

E ¹/₂ Tasse Sonnenblumenkerne (2 Tage gekeimt)
F ¹/₂ TL frischer Ingwer
E 1 Tasse eingeweichte Rosinen
1 Tasse feingemahlene Mandeln
M ¹/₂ Tasse entkernte Datteln, zermust
W 1 Lsp. Vanille
Chufas nach Bedarf
Kokosraspel und Mandelhälften zum Verzieren

Die ersten drei Zutaten der Reihenfolge nach in den Mixer geben und pürieren. Danach das Mandelmehl unterrühren und schließlich mit den feingemusten Datteln und der Vanille mischen. Etwas Wasser zugeben. Falls die Masse zu weich sein sollte, verdicken Sie mit etwas Chufas. Mit einem Löffel kleine Portionen abstechen, zu Bällchen formen und in Kokosraspeln wälzen. Nett sieht es aus, wenn Sie zwei Ohren aus Mandelhälften aufsetzen. Im Kühlschrank 24, besser noch 35 Stunden vor dem Servieren kalt stellen.

Nußbaiser »Kraftspender«

Ein köstliches Gebäck, das, sparsam genossen, auch für Diabetiker geeignet ist.

H/F 3 Tassen Amaranth-Popcorn
E 3 Tassen gemahlene Mandeln, 1 Tasse Ahornsirup
M 1 Prise Cayenne oder Pfeffer
W 1 Prise Salz

Alle Zutaten der Reihenfolge nach miteinander vermischen. Mit dem Teelöffel Häufchen auf ein mit Backpapier belegtes Blech setzen und bei 165 °C ca. 15–20 Minuten backen, bis die Spitzen anfangen, braun zu werden.

Osterhasen und Stutenkerle

Verraten Sie Ihren Kindern bloß nicht, daß diese beiden Burschen auf ein und demselben Mist gewachsen sind – die kleinkindliche Traditionsmoral könnte sonst aus den Fugen geraten! Mit ein paar Tricks können Sie jedoch diese beiden Figurentypen völlig unterschiedlich gestalten.

Und nebenbei: Sie müßten einmal erleben, welch langen Hälse die Mitschüler machen, wenn Ihre Kinder mit einem Stutenkerl als Frühstücksbrötchen in der Schule erscheinen. Da werden Sie in der Adventszeit sicher einmal einen ganzen Korb davon backen und jedes Schulkind in der Klasse Ihres Spundes damit beglücken.

Für die Osterhasen:

H *500 g Dinkel oder Kamut*
F *100 g Buchweizen*
E *150 g Rohrohrzucker*
M *$^1/_2$ Tasse Korinthen*
W *2–3 Tassen Wasser, $^1/_2$ Päckchen Backpulver*

Die Zutaten der Reihe nach zu einem Teigkloß verkneten und eine Weile ruhen lassen. Mit einem Eßlöffel Portionen abstechen. Das abgestochene Teigstück mit feuchten Händen rund walken und folgendermaßen zum Osterhasen zurechtstutzen:
Dem Rundling genau in der Mitte eine Taille geben, nur eindrücken, nichts schneiden!

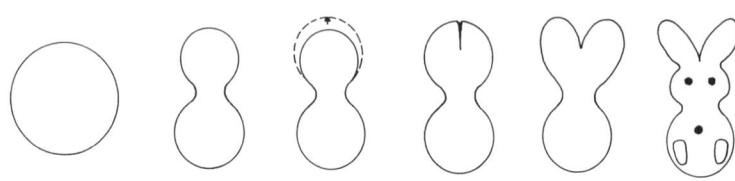

Der obere Teil wird Kopf und Ohren, der untere ist bereits der Bauch. Ziehen Sie den oberen Teil etwas in die Länge (siehe Zeichnung) und teilen ihn mit einem Messer in der Mitte im ersten Drittel durch. Aus den beiden Einschnitthälften entstehen durch Modellieren die Ohren, durch leichte Einkerbung an der Basis der Ohren die Kopfrundung. Geben Sie dem Hasen zum Schluß Rosinenaugen und Mandel- oder Rosinenknöpfe auf sein Wams.

Die Figuren auf ein mit Backpapier ausgekleidetes Blech legen und bei 180–200 °C in 30–35 Minuten goldbraun backen.

Für die Stutenkerle:

H *500 g Dinkel*
F *100 g Buchweizen oder Hafer*
E *150 g Rohrohrzucker, ¹/₂ Tasse grob geraspelte Mandeln*
M *¹/₂ Tasse Korinthen*
W *1 Lsp. Kardamom, Wasser, ¹/₂ Päckchen Backpulver*

Die Zutaten der Reihe nach zu einem Teigkloß verkneten und eine Weile ruhen lassen. mit einem Eßlöffel Portionen abstechen und zu Stutenkerlen verarbeiten, wobei diese Arme und Beine statt Ohren erhalten.

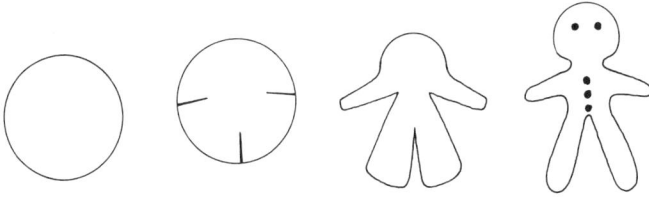

Verfahren Sie nach obiger Zeichnung nach dem Prinzip der Osterhasenproduktion, wobei zunächst drei Einkerbungen in den Rundling gemacht werden müssen (im Grunde eher reißen als schneiden). Den fertigen Stutenmann mit Augen und Wamsknöpfen aus Haselnüssen, Mandeln und/oder Rosinen verschönern.

Die Figuren auf ein mit Backpapier ausgekleidetes Blech legen und bei 180–200 °C in 30–35 Minuten goldbraun backen.

Buchweizenkipferl

H *50 g Haselnüsse, gemahlen*
F *150 g Buchweizen, gemahlen*
E *50 g Ahornsirup, 70 g Ghee*
M/! *3 Msp. Bourbonvanille*
W *1 TL Gomasio (s. Rezept Seite 160)*

Alle Zutaten gemäß der Elementreihenfolge miteinander verkneten und den Teig 45 Minuten ruhen lassen. Mit einem Teelöffel Portionen abteilen und zu Hörnchen formen. Auf ein mit Backpapier ausgekleidetes Blech legen und bei 200 °C in 20–25 Minuten goldbraun backen.

Käsegebäck

Besonders im Sommer darf's auch mal ein Käsegebäck mit Schafskäse oder Ziegengouda sein. Zu diesem Gebäck schmeckt vorzüglich (und ausnahmsweise!) ein leichter Weißwein oder auch ein herber Rotwein.

H *250 g Dinkel, fein gemahlen*
F *200 g Schafskäse oder Ziegengouda, zerkrümelt*
E *200 g Ghee*
M *$^1/_4$ TL grüner Pfeffer, grob gemahlen*
W *$^1/_2$ TL Kräutersalz*

Alle Zutaten der Reihenfolge nach zu einem Teigkloß verarbeiten. Einige Minuten ruhen lassen. Ein Blech mit Backpapier auslegen. Mit einem Teelöffel kleine Portionen abstechen und zu Kugeln formen, die mit einer Gabel auf dem Blech breitgedrückt werden.

Florentiner

Florentiner sind ein köstliches »Erd«-Konfekt, das ich mit Gewürzen der übrigen Elemente aufgepeppt habe. Wenn Sie es lieber mögen, genießen Sie es als »Erde pur«. Hin und wieder genascht, wird es Ihnen nicht schaden.

E *150 g abgezogene Mandeln in Scheibchen*
10 g Datteln, fein gerieben
1 EL Reissirup, 50 g Butter
M/! *je 1 Prise Ingwer, Zimt, Nelken und Vanille*
Oblaten

Alle Zutaten in der Butter leicht rösten. Den Teig etwas abgekühlt dann auf Oblaten (maximal 4 cm Durchmesser) streichen und bei 175 °C 10 Minuten backen.

Spritzplätzchen

H *125 g Dinkel, fein gemahlen*
F *1 Prise süßes Paprikapulver*
E *125 g Ghee, 100 g Rohrohrzucker*
   125 g geriebene Mandeln, 2 EL Carobpulver
M *$^1/_2$ TL Bourbonvanille, 1 TL Zimt*
W *$^1/_2$ gestr. TL Weinsteinbackpulver*

Alle Zutaten der Reihenfolge nach zu einem glatten Teig verrühren und etwas ruhen lassen. Mit einer Spritztüte den Teig in
Spiralen, Ringen oder Bögen auf ein mit Backpapier ausgelegtes Blech spritzen. Bei 180 °C etwa 10–15 Minuten backen.

Puddings, Cremes
und Saucen

Bei uns Deutschen ist es nahezu Tradition, nach dem Essen irgendeine Süßspeise zu sich zu nehmen, sei es ein Pudding, eine Creme, ein Sorbet oder was auch immer. Das kennt der Franzose nicht, das macht der Italiener kaum, das ist selbst beim Engländer fast verpönt. Er kennt das Süße als zarte Beilage zur »cup of tea« am Nachmittag. Und dann ist es auch angemessen.

Am Nachmittag hat nämlich die Bauchspeicheldrüse das vom Magen nicht Verdaute angenommen und arbeitet auf Hochtouren. Haben Sie zu Mittag die sogenannte 5-Elemente-Trennkost genossen, fühlt sich dieses Verdauungsorgan noch nicht einmal überfordert und läuft fleißig auf ausdauernder Vollast, so daß eine an sich gesunde Süßspeise zu diesem Zeitpunkt ungemein besser verstoffwechselt wird als ein Nachtisch zu Mittag.

Das soll nun nicht heißen, daß Sie sich jeglichen Nachtisch ab heute verwehren müssen. Wir würden uns nur in unserer Haut nicht mehr ganz wohl fühlen, wenn wir Ihnen diese Information vorenthalten hätten. Und sicher ist der gelegentliche Genuß eines Puddings oder einer Eiscreme kein gesundheitliches Vergehen.

Bei schweren Erkrankungen wie Krebs, Neurodermitis und starken Magen-Darm-Störungen sollten Sie jedoch so lange auf die Speisen dieses Kapitels verzichten, bis die Symptome verschwunden sind – vorausgesetzt, Sie wollen tatsächlich gesund werden.

Portugiesencreme

Zum Auftakt einer meiner besten Puddings, den Sie getrost zu einer Hochzeit oder dem Achtzigsten Ihrer Schwiegermutter auf das Büfett stellen können.

H/F ¹/₂ l Rotwein
E 1 Tasse Ahornsirup
M 1 Prise scharfes Paprikapulver
W 2 TL Agar-Agar
 3 Becher Schlagsahne

Wein, Sirup und Paprikapulver miteinander aufkochen. Agar-Agar mit dem Schneebesen einrühren, alles ca. 1 Minute köcheln und dann abkühlen lassen. Wenn die Masse anfängt zu gelieren (bei ca. 40 °C), die geschlagene Sahne vorsichtig darunterheben und die fertige Creme in Portionsschälchen oder eine dekorative Puddingschüssel füllen.
Mindestens 2–3 Stunden kühl stellen, am besten aber erst am nächsten Tag verzehren – ein Gedicht!

Mokkacreme

Wer will schon den lebhaft miteinander schwatzenden Kaffee-
tanten ihren nachmittäglichen »Mocca« verwehren, noch dazu
in eine köstliche Creme verpackt!

F   *2 geh. TL Gerstengetreidekaffeepulver,*
      1 ¹/₂ TL Pulverkaffee
E   *4 EL Rohrohrzucker*
M   *¹/₂ TL Ingwer, gemahlen*
W   *¹/₂ l Wasser, 2 TL Agar-Agar*
H/F *¹/₄ l Rotwein*
E   *3 Becher Sahne*

Kaffeepulver, Zucker und Ingwer vermischen und in dem Wasser zum Kochen bringen. Agar-Agar mit dem Schneebesen unterrühren, danach den Rotwein zufügen und alles 1 Minute
köcheln. Den Topf vom Herd nehmen und abkühlen lassen. Sobald alles zu gelieren beginnt (bei ca. 40 °C), nach und nach die
geschlagene Sahne unterheben und die Creme in Portionsschälchen oder eine hübsche Glasschale füllen. Nach Belieben
mit einigen Schokokaffeebohnen verzieren.

Zitronencreme

Diese Creme ist leicht und erfrischend und eignet sich ausgezeichnet für Gartenpartys oder Sommersonntage, besonders wenn Großeltern- oder Tantenbesuch angesagt ist. Sie sehen auch, ein Pudding braucht nicht immer mit vielen Eiern angemacht zu sein.

H/F *Saft von 4–5 Zitronen, abgeraspelte Schale von*
2 Zitronen
E *1 ¹/₂ Tassen Ahornsirup, 2 Becher saure Sahne*
M *1 ¹/₂ TL Ingwer, gemahlen*
W *1 Tasse Wasser, 2 TL Agar-Agar*
2 Becher Schlagsahne

Alle Zutaten bis einschließlich Wasser der Reihenfolge der Elemente nach in einen Kochtopf geben und erhitzen. Wenn die Masse kocht, Agar-Agar mit dem Schneebesen unterrühren und ca. 1 Minute köcheln lassen. Von der Herdplatte nehmen und abkühlen lassen. Sobald die Creme fest zu werden beginnt, vorsichtig die steif geschlagene Sahne darunterheben, alles in Portionsschälchen oder eine hübsche Schüssel füllen und über Nacht kühl stellen.

»Schoko«-Creme oder Mousse au Carobe

Ich wette fast: Für diese Mousse lassen Sie sogar »Mousse au chocolat« stehen und werden auf einen Schlag ein Anhänger der gesunden Gourmet-Küche! Bei mir ist diese Creme immer ganz schnell verschwunden. Probieren Sie's!

E ½ Packung Carobglasur (= 100 g), 1 Becher Sahne,
1 Tasse Ahornsirup
!/M ½ TL Bourbonvanille, 1 EL Rum
W 1 Prise Salz
!/H 1 Prise Bourbonvanille
F Wasserbad
3 Becher Schlagsahne

Die Zutaten von E bis H nacheinander in eine Schüssel geben und im Wasserbad schmelzen, dabei ständig umrühren. Die fertige Carobmasse in drei ungefähr gleiche Teile teilen. Den Inhalt je eines Sahnebechers fast steif schlagen und mit jeweils einem Drittel der Carobmasse verschlagen. Zum Schluß die drei Portionen vorsichtig miteinander mischen und in Portionsschälchen oder eine passende Puddingschale geben. Kühl stellen.

301

Flohsamenpudding

Dieser Pudding nimmt eine absolute Sonderstellung ein. Er ist nicht nur eine köstliche Süßspeise, sondern besitzt darüber hinaus wunderbare darmputzende Eigenschaften. Die Flohsamenschalen haben nämlich eine sagenhafte Quell- und Gleitfähigkeit, so daß dieser Pudding nur so durch den Darm flutscht und dabei alles mögliche mit sich reißt.
Wählen Sie verschiedene Früchte, wie z. B.:

* Erdbeeren, Banane und Johannisbeeren
* Pfirsiche, Aprikosen und etwas Mango
* Äpfel, Birnen und frische Ananas
* Sie können auch in Wasser eingeweichte Trockenfrüchte nehmen. Diese werden mit dem Einweichwasser verwendet.

Pürieren Sie diese Früchte zu einem flüssigen Obstmus und dicken Sie dieses mit 1–2 gehäuften EL Flohsamenschalen an. Diese Masse mindestens 10 Minuten quellen lassen, mit Zimt und Ingwer oder Peperonigewürz sowie 1 Prise Nelken würzen. Ausgesprochen lecker ist auch Kurkuma in gelben Fruchtpuddingen oder auch $^1/_2$ TL Veilchenwurzelpulver.
Zum Schluß $^1/_4$ Liter geschlagene Sahne unter das Obstdessert heben und mit Vanille- oder Mandelsauce servieren.

Sonntagsdessert
»Obstsahnetraum«

Je nach Jahreszeit zwei oder mehrere Obstsorten zusammen pürieren. Darauf achten, daß immer wenigstens ein Joker dabei ist, der alle Elemente auf sich vereinigt. Der Phantasie sind dabei kaum Grenzen gesetzt, z. B.:

- eingeweichte Datteln und frische Ananas
- Äpfel und Birnen (beide geschält) mit Banane sowie Zitronensaft und -schale
- Äpfel (geschält) mit frischer Ananas und etwas Zitronensaft
- frische Pflaumen, mit Chufas angedickt, Zuckerrübensirup und Ingwer
- getrocknete Pflaumen, eingeweicht in wenig Wasser, mit Zitronensaft sowie Zimt und Ingwer (mit Einweichwasser)
- Bananen mit Zitronensaft und Kronsbeeren
- Äpfel mit Sanddorn, ungesüßt, und Ahornsirup

Unter das Obstmus vorsichtig die doppelte Menge sehr steif geschlagener Sahne heben. Fertig ist der Puddingtraum! Frisch zubereitet und dekorativ verziert, ist er eine wirkliche Augenweide und ein Gaumenschmaus dazu.

»Eis-ige Desserts«

Die Grundlage dieser Eisrezepte ist Schlagsahne mit etwas Wasser und Sirup. Dabei kann man vom Zuckerrübensirup, der ein eigenes, köstliches Aroma besitzt, über Agavensirup bis hin zum Ahornsirup eine ganze Palette von Süßnuancen einsetzen. Am leckersten und den italienisch angehauchten Rezepten am besten nachempfunden ist es, wenn Sie sich eine kleine Eismaschine zulegen, die es seit langer Zeit im einschlägigen Handel zu kaufen gibt. Andernfalls sollten Sie das Eis mit geschlagener Sahne zubereiten und im Eisfach des Kühlschranks gefrieren lassen, wobei Sie gelegentlich mit einer Gabel umrühren müssen, damit die Eismasse locker wird.

Ein letzter, aber sehr wichtiger Gesichtspunkt bei der Eisherstellung ist die energetische Wirkung für die Nierenorgane. Alles, was dem Körper sehr kühl zugeführt wird, schadet unseren Ausscheidungsorganen, speziell den Nieren. Eis ist aber lecker, und besonders Kinder, aber auch die Süßmäulchen unter den Erwachsenen mögen nicht auf diese Süßspeise verzichten. Doch wozu hat der Mensch schließlich sein Wissen und seinen Verstand!?

Wichtig darum: An jedes Eisdessert gehört noch während des Gefriervorgangs eine kleine Prise Pfeffer, um den Nieren Wärme zu geben, am besten weißer Pfeffer.

Vanilleeis

2 Becher süße Sahne
$^3/_4$ Tasse Ahornsirup
$^1/_2$ TL Bourbonvanille
1 Prise weißer Pfeffer

Alles gut miteinander vermischen, in die Eismaschine füllen und schlagend gefrieren. Dazu paßt sehr gut eine »Schoko«-Sauce.

Bananeneis

2 Becher süße Sahne
1 Tasse Wasser
2 Bananen, grob mit einer Gabel zerkleinert
2–3 EL Ahornsirup
1 Prise Pfeffer

Alles gut miteinander vermischen, in die Eismaschine füllen und schlagend gefrieren.

Ananaseis

$^1/_2$ frische Ananas, in feine Stücke geschnitten
$^1/_2$ Tasse Agavensirup
1 EL Zitronensaft
2 Becher süße Sahne
$^1/_2$ Tasse Wasser
1 Prise Pfeffer

Alles gut miteinander vermischen, in die Eismaschine füllen und schlagend gefrieren.

Sirupeis

Zum Schluß noch ein bezauberndes Sirupeis nach einem Rezept von Wilhelm Kanne, dem hochbegabten Backwaren- und Brottrunkhersteller.

$^1/_2$–$^3/_4$ *Glas Rübensirup*
3 Becher Sahne
$^1/_2$ *TL Ingwer, 1 Prise Pfeffer*

Die Sahne nach und nach unter den Sirup rühren, alles gut miteinander vermischen, in die Eismaschine füllen und schlagend gefrieren.

Hinweis: Möchten Sie das Eisfach des Kühlschranks zum Gefrieren nutzen, mischen Sie den Sirup, das Obst und die Gewürze unter die steif geschlagene Sahne, füllen alles in eine Eiswürfelform und lassen 3–4 Stunden gefrieren, wobei Sie jede Stunde gründlich mit einer Gabel umrühren.

Süße Saucen

»Schoko«-Sauce

Sie paßt hervorragend zu Birnenkompott, Vanilleeis oder Vanillepudding. Verdünnt mit Soja- oder Reismilch ergibt sie ein leckeres »Schoko«-Getränk. Lassen Sie Ihrer Phantasie freien Lauf!

5 EL Carobpulver   3 EL Ahornsirup
$^{1}/_{2}$ Becher Sahne   1 EL Rum
$^{1}/_{2}$ TL Bourbonvanille

Das Carobpulver in einem Topf auf ein heißes Wasserbad setzen. Mit Vanillepulver, Ahornsirup und Rum vermischen und nach und nach mit der Sahne verschmelzen lassen. Unter ständigem Rühren sollte eine sämige Sauce entstehen.

Obstsaucen

Eine Obstsauce läßt sich ebenso einfach verwenden wie eine »Schoko«-Sauce. Selbst eine Hirse- oder Reismahlzeit läßt sich damit obstig verfeinern, und zusammen mit einem Sahneklecks entsteht sogar im Handumdrehen ein Pudding. Richten Sie sich dabei nach den Eisrezepten (s. Seite 305) und ersetzen Sie einfach Bananen und Ananas durch andere Früchte. Hier noch ein spezielles Rezept für eine Feigensauce.

Feigensauce

Paßt gut zum morgendlichen Getreidesüppchen.

10–12 Feigen, über Nacht	*$^1/_2$ TL Zimt*
in wenig Wasser eingeweicht	*$^1/_2$ TL abgeriebene*
$^1/_2$ TL Ingwerpulver	*Zitronenschale*

Alles zusammen (mit dem Einweichwasser) pürieren.

Mandelsauce

Solch eine Mandelsauce steht auch einem trockenen Kuchen gut oder möchte einmal einen Schafsjoghurt versüßen. Lassen Sie Ihre Phantasie spielen!

200 g süße Mandeln mit	*3 EL Ahornsirup*
Schale, gemahlen	*$^1/_2$ TL Zimt*
150 g Ghee	

Ghee und Ahornsirup heiß werden lassen, Mandelmehl darin eine Weile köcheln, zum Schluß den Zimt zufügen. Möchten Sie die Sauce etwas sämiger haben, geben Sie etwas Sahne dazu.

Süße Curry-Sauce

Sehr vielseitige Sauce, die zu Rohkostsalaten mit Möhren, Chicorée oder Sellerie ebenso paßt wie zu Reis- und Hirsespeisen und zum Gemüsespieß vom Gartengrill.

1 Becher Sahne	1 geh. TL Kurkuma
1 Banane	$^1/_2$ TL Curry
1 EL Sirup	$^1/_2$ TL süßes Paprikapulver

Alles miteinander verquirlen, so daß eine schaumige Sauce entsteht.

Vanillesauce

Diese Sauce eignet sich für jeden Obstsalat, zu einem »Schoko«-Pudding oder statt Sahne zum Verfeinern von Obstkuchen. Schmeckt kalt oder auch warm bezaubernd. Kinder mögen sie gern mit einem Schuß heißen Wassers als Getränk.

$^1/_4$ l Wasser	$^1/_2$ TL Bourbonvanille
2 EL gemahlene Hirse	$^1/_2$ Becher Sahne
1 EL Rohrohrzucker	

Das Wasser zum Kochen bringen, die kalt angerührte Hirse mit dem Schneebesen hineinschlagen, aufkochen und von der Feuerstelle nehmen. Zucker, Vanille und Sahne zufügen. Fertig.

Festgerichte und -menüs

Vor etlichen Jahren habe ich immer, wenn Besuch kam, hin und her geschwankt, ob ich es nun meiner Familie antun sollte, konservativ zu kochen und ihnen dann auch noch die Reste vorzusetzen, oder ob ich den Gästen eben Vollwertiges zumuten konnte.

Eines Tages war der Entschluß dann gereift und wurde vorsichtig in die Tat umgesetzt, mit selbst gebackenem Brot aus feinst gemahlenem Vollkornmehl und tiereiweißfreien Aufstrichen von Metzger Stärfl und auch so einigen, die hier erschienen sind.

Suppen wurden mit Hirse legiert, da diese »weißmehlig« aussieht, und statt Käse wurde eben Sahne verwendet.

Und was glauben Sie? Es wurde sogar mehr gegessen als sonst!

Ja, ein Onkel und seine Frau lobten die Landleberwurst vom »vegetarischen Metzger« über die Maßen und nahmen sie für jedes zweite Brot, bestrichen mit Senf, der »Bio« war.

Häufig fragten die Leute nach den Rezepten und kochten und backten sie nach. Und so ist dieses letzte Kapitel entstanden: Festmenüs!

Feine Gemüsecreme in Vollkornterrine mit Portulaksalat

Als Getränk eignet sich dazu ein leichter Rotwein.

Für die Terrinen:

pro Person 1 Tasse Dinkel-	*1–2 TL Königssalz*
mehl und ¹/₂ Tasse Brottrunk	*1 Tasse Sesam, ungeschält*
(1:1 mit Wasser verdünnt)	*1 EL Backpulver*

Alle Zutaten gründlich miteinander verkneten und ca. 20 Minuten zugedeckt ruhen lassen. Dann mit einem Eßlöffel Portionen abstechen und mit der angefeuchteten Hand runde Brötchen formen. Auf ein mit Backpapier ausgelegtes Blech legen und in ca. 45–50 Minuten bei 185 °C goldbraun backen.

Für die Gemüsecreme:

W *so viel Wasser, daß der Topfboden eben bedeckt ist*
H *1–2 Stangen Porree, in feine Ringe geschnitten*
F *1–2 Möhren, in spitze Stifte geschnitten*
E *2 EL Ghee, ¹/₂ Becher Sahne*
M *1 mittelgroße Zwiebel in feinen Würfeln*
W *1 TL Königssalz, 1 EL Gemüsebrühe*
H *1 EL Kapern*
F *¹/₂ TL grob zerstoßenes Peperonigewürz,*
     1 geh. TL Kurkuma
! *1 EL gerebelte Petersilie*

Das Wasser zum Kochen bringen und den Porree mit den anschließend eingerührten Möhrenstiften ca. 5 Minuten köcheln. Mit Ghee und Sahne vermischt pürieren. Dann zurück in den noch warmen Topf geben und Zwiebelwürfel sowie die restlichen Zutaten nach und nach zufügen. Von den fertigen Brötchen den »Hut« abschneiden, das Innere etwas aushöhlen und für jeden Gast mit einer ordentlichen Kelle Gemüsecreme füllen, die ruhig etwas über den Rand laufen darf.

Für den Portulaksalat:

H *pro Person 1 Handvoll Portulak (Postelein)*
F *1–2 Äpfel, mit Schale, in feine Spalten geschnitten*
E *$^1/_2$ Tasse Sesamöl*
M *$1^1/_2$ TL feingehackte Minze*
W *1 TL Kräutersalz*

Aus diesen Zutaten in der Reihenfolge der Elemente einen Salat zubereiten und zu der gefüllten Terrine servieren.

Salatbar mit Partybrötchen und Hirsecremesuppe

Entwerfen Sie eine Salatbar mit diversen Salaten aus diesem Kochbuch. Dazu backen Sie einen Korb mit Brötchen (s. Seite 240/241) und pikanten Fladen. Viele Gäste freuen sich über eine warme Suppe wie eine Hirse-Tomatensuppe oder eine Hirsecremesuppe (s. Rezept Seite 326). Zum Nachtisch freut sich jeder über eine **Weinschaumcreme.**

Für die Weinschaumcreme:

¹/₂ l Weißwein   *2 TL Agar-Agar*
1 Tasse Ahornsirup   *2–3 Becher Schlagsahne*

Den Wein zum Kochen bringen und die Hälfte des Ahornsirups einrühren. Agar-Agar darunterrühren und unter stetigem Rühren ca. 1 Minute köcheln. Den restlichen Sirup zufügen. Erkalten lassen. Wenn die Masse zu gelieren beginnt (bei ca. 40 °C), die Sahne steif schlagen und mit dem Schneebesen vorsichtig unter die Weinmasse ziehen. In eine hübsche Puddingschale füllen und im Kühlschrank durchkühlen lassen. Eventuell mit Zitronenschale bestreut servieren.

Kindergeburtstag

Pommes frites mit Kinderwürstchen und Maissalat

Vielleicht mögen die Kinder gern Senf zu den Würstchen. Dann bestellen Sie doch die feine biologische Version bei Metzgerei Stärfl (Adresse siehe Seite 340).
Pro Kind 1 Sojawürstchen (Reformhaus oder Bioladen)

Für die Pommes frites:

pro Kind 3–4 mittelgroße Kartoffeln, möglichst aus kontrolliert biologischem Anbau	*Olivenöl für das Blech Kräutersalz*

Für den Salat:

H *2 EL Zitronensaft*
F *2–3 rote Paprikaschoten, gewürfelt*
E *2–3 EL Distelöl, 1 Glas Gemüsemais*
M *1 EL gehackte Petersilie*
W *1 Schlangengurke in groben Würfeln*
   1 TL Königs- oder Kräutersalz

Die Sojawürstchen pellen, der Länge nach halbieren und in einer Pfanne in Olivenöl beidseitig braun braten.
Die gebürsteten und geputzten Kartoffeln in Stifte schneiden (oder mit einer entsprechenden Schnetzelscheibe durch die

314

Gemüsemaschine treiben). Auf einem mit Olivenöl bestrichenen Backblech bei 180 °C in etwa 20–30 Minuten braun und knusprig backen, dabei einmal wenden. Erst zum Schluß salzen. Den Salat in der angegebenen Reihenfolge zusammenstellen.

Fetenbrötchen à la Zooparade

Pro Kind ca. 2–3 Partybrötchen (s. Rezept Seite 240/241)

Butter zum Bestreichen der Brötchen

Zum Verzieren:

Tomaten, Radieschen,	*schwarze Oliven,*
eingelegte Minigurken,	*evtl. Sauerkraut,*
Salatblätter,	*einige Zahnstocher*
Oliven mit Paprika gefüllt,	*zum Arretieren*

Schneiden Sie beispielsweise ein ordentliches Freßmaul in einige Brötchen und bugsieren Sie ein Salatblatt als Zunge hinein. Die Augen entstehen aus Olivenscheibchen, mit abgebrochenen Zahnstochern angeheftet. Ein Schwänzchen erhält das Brötchentier in Form einer Radieschenschalen-Spirale.

Eine Katze entsteht durch Augen aus zwei Scheiben der eingelegten Minigurke, mittig gespickt mit einem Abschnitt einer schwarzen Olive. Die Barthaare werden aus langen Sauerkrautfäden erstellt. – Sie sehen, Ihrer mütterlichen Phantasie sind keine Grenzen gesetzt. Dadurch können abenteuerliche Fabeltiere mit tellergroßen Augen aus Tomaten oder andere mit riesengroßen Plattfüßen aus Gurkenscheiben entstehen.

Die Belohnung für Ihre Mühe werden begeisterte Kinder sein, die möglicherweise ein Wetteifern der Zooparade veranstalten. Bereiten Sie darum auf jeden Fall recht viele Zootiere zu!

315

Chef-Besuch

<u>Vorschlag 1</u>

Avocadocreme auf Salat
mit Porreecremesuppe
und Sesamstangen

Für die Vorspeise pro Person:

F *1 großes Salatblatt*
E *¹/₂ Avocado, 1 Schuß Sahne*
M *1 Prise rosa Pfeffer*
W *¹/₄ TL Königssalz*
H *1–2 TL Zitronensaft*
      einige grüne Oliven, halbiert
! *1 Stengel Petersilie*

Die Avocadohälften mit einem Teelöffel ausheben, die leeren Schalen mit je einem Salatblatt auslegen und mit der Creme, die in Elementreihenfolge aus den übrigen Zutaten hergestellt wurde, füllen. Mit Olivenhälften und Petersilienbüscheln garnieren.

Für die Suppe: (2–3 Personen)

E *3 geh. EL Ghee*
M *¹/₂ TL rosa Pfeffer*
W *¹/₂ Tasse heißes Wasser*
H *2 Stangen Porree, in Ringe geschnitten*
F *einige Zwiebelringe*

E *1 TL Kurkuma, 1 Becher Sahne*
M *$^1/_2$ Tasse Petersilie, fein gerebelt*
W *1–2 EL Gemüsebrühe, $^1/_2$ l heißes Wasser*
H *1–2 Knoblauchzehen, zerquetscht*
F *$^1/_4$ TL Cayenne*

Alle Zutaten der 1. Runde nacheinander in einen Topf geben und ca. 5 Minuten leise köcheln lassen. Von der Herdplatte nehmen und die Zutaten aus Runde 2 bis auf Knoblauch und Cayenne zugeben. Diese erst zufügen, nachdem Sie die Suppe püriert haben.

Für die Sesamstangen:

3 Tassen Dinkel,	*1 TL Kräutersalz*
fein gemahlen	*250 g Butter*
1–1 $^1/_2$ Tassen Wasser	*1 Tasse Sesam, ungeschält*

Aus den ersten 4 Zutaten einen geschmeidigen Teig bereiten, diesen einige Minuten quellen lassen und schließlich mit einer Teigrolle zu $^1/_2$ cm Dicke ausrollen. Aus der Teigfläche etwa 4 cm breite und 20–25 cm lange Streifen ausradeln. Diese mit Sesam dick bestreuen und spiralig aufrollen, so daß abwechselnd Sesam sichtbar bleibt und wieder verdeckt wird. Schließlich die Stangen mit einem Teigschieber auf ein mit Backpapier belegtes Blech legen und in 20–30 Minuten bei 180 °C goldgelb backen. Frisch gebacken zu der Suppe gereicht, schmecken sie knusprig und lecker.

Feine Gemüsetaschen mit Möhrencremesuppe

Dieses Gericht macht wegen der Blätterteigtaschen viel Arbeit, doch es lohnt sich. Die Gemüsetaschen schmecken frisch gebacken am besten.

Für die Gemüsetaschen (4 Personen):

250 g Dinkelmehl,   *250 g kalte Butter*
feinst gemahlen   *1 Eiweiß mit etwas Wasser*
150 g kaltes Wasser   *verquirlt*
1 Prise Salz

Aus Mehl, Wasser und Salz einen Teigkloß herstellen und in den Kühlschrank legen. Die Butter zwischen zwei Pergamentpapierblättern ausrollen und wieder in den Kühlschrank stellen. Den gekühlten Teig kreuzweise einschneiden und zu einem Rechteck ausrollen, das dreimal so lang ist wie die Butter und etwas breiter. Die gekühlte Butter in die Mitte legen und den Teig von allen Seiten darüberschlagen, wobei die Ränder zusammengedrückt werden müssen. Das Teigstück in ein feuchtes Tuch einschlagen und ca. zwanzig Minuten in den Kühlschrank legen. Danach auf einer bemehlten Fläche vorsichtig ausrollen. Wichtig dabei: Immer nur in eine Richtung rollen! Jetzt den Teig so zusammenschlagen, daß vier Schichten übereinander liegen. Ränder zusammendrücken und wieder ausrollen. Den Teig jetzt nur dreifach übereinanderschlagen und ca. 30 Minuten kühl stellen. Diese Tour noch zweimal wiederholen. Zuletzt den Teig flach ausrollen und in kleine Quadrate von ca. 12 cm Kantenlänge schneiden. Diese zu je 5 Stück übereinanderschichten und kühl stellen, bis die Gemüsefüllung fertig ist.

Für die Füllung:

W/! *1–2 Tassen Sojasprossen*
H *1–2 Chinakohlblätter, in feine Streifen geschnitten*
F *1 mitteldicke Möhre, in feinste Streifen geraspelt*
E *$1/_2$ Tasse Dattelringe*
M *$1/_2$ Tasse kleine Brokkoliröschen oder*
   eine mittelgroße Zwiebel in dünnen Ringen
   etwas Tamari
   Olivenöl zum Anbraten

Alle Zutaten von W bis M in heißes Olivenöl geben und solange unter stetigem Rühren anbraten, bis die Sojakeime glasig werden und die anderen Gemüse noch bißfest sind. Mit etwas Tamari beträufeln und vor dem Weiterverarbeiten etwas abkühlen lassen.
Jetzt die Teigquadrate aus dem Kühlschrank nehmen und jedes mit einem Eßlöffel Füllung belegen. Die Ecken zur Mitte übereinander schlagen, und die Kanten mit verquirltem Eiweiß verkleben. Bei 220 °C auf der zweiten Schiene von unten in etwa 15–20 Minuten hellbraun backen.

Für die Suppe:

E *2–3 EL Ghee, 2–3 Möhren in Scheiben*
M *1–2 Pastinaken in Scheiben*
W *³/₄ l heißes Wasser zum Ablöschen,*
   1 gestr. EL Gemüsebrühe
H *1 Zuchini in groben Würfeln*
F *1 kleine rote Zwiebel in Würfeln*
E *1 Becher Sahne*
! *1–2 EL gerebelte Petersilie*

Alle Zutaten bis F 1 in Ghee bißfest garen und dann mit Sahne
pürieren. Zum Schluß die Petersilie unterrühren.

Vorschlag 3

Linsensuppe mit Käseplätzchen

Für die Suppe (3 Personen):

W *³/₄ l Wasser, 1–1 ¹/₂ Tassen geschälte rote Linsen*
   1–2 EL Gemüsebrühe
H *1 Porreestange in feinen Ringen*
F *1 mittelgroße Möhre in Stiften*
   ¹/₄ TL Cayenne
E *4 geh. EL Ghee, 2 geh. TL Kurkuma*
M *1 TL Liebstöckel, ¹/₂ TL Ingwer, gemahlen*

Die Linsen in das kochende Wasser einrühren und würzen.
5 Minuten köcheln lassen. Dann nacheinander Porree und
Möhren dazugeben, 3 Minuten mitköcheln. Schließlich alles
pürieren und mit Fett, Kräutern und Gewürzen verfeinern.

Für die Plätzchen:

F *100 g gemahlener Buchweizen*
250 g Schafskäse, zerkrümelt
$^1/_2$ TL Rosmarinpulver
E *200 g gemahlene Hirse*
50 g Butter oder besser Ghee
$^1/_2$–1 Becher Sahne
M *$^1/_2$ TL scharfes Paprikapulver*
W *1 TL Basilikum, getrocknet*
H *$^1/_2$ TL Kerbel, gerebelt*

Alle Zutaten in Elementreihenfolge miteinander vermischen und zu einem lockeren Teig verarbeiten. Mit einem Teelöffel Portionen abstechen, zu Kügelchen formen und mit reichlich Abstand auf ein mit Backpapier belegtes Blech setzen. Mit einer nassen Gabel flach drücken. Die Plätzchen bei 180 °C in etwa 20–25 Minuten goldbraun backen. Das fertige Gebäck auf dem Blech etwas abkühlen lassen, bevor Sie es vorsichtig herunternehmen.

Ostermenü

Ostern ist ein Fest der Freude und des jauchzenden Frühlings-
beginns. Das Osterfest verkündet die Heilwerdung des Menschen und sprüht vor Frühjahrsenergie in allen Nuancen der
Pastellfarbtöne. Genauso sollte auch ein festliches Ostermenü
sein, bei dem sich Jung und Alt trifft, um gemeinsam zu
feiern.

Frühlingssalat

Pro Person:

H *1 Handvoll Portulak (Postelein)*
F *2 EL Walnußöl*
E *einige Gurkenhalbmonde*
M *1 Radieschen in Spiralen, in Stücke geschnitten*
W *1–2 EL Zitronensaft*
H *1 Tomate in Würfeln*
F *Ziegenkäsewürfel*
E/! *Petersilie, gerebelt*
M *1 Prise grüner Pfeffer*
W *$^1/_2$–1 TL Königssalz*

Portulak gründlich waschen und abtropfen lassen, Walnußöl
darüber träufeln. Darauf einige Gurkenscheibenhälften, die mit
Radieschenstücken garniert und mit Zitronensaft beträufelt werden. Den Rand zieren einige Tomatenwürfel. Einige Käsewürfel
auf den Salat geben und mit Petersilie, frisch gemahlenem Pfeffer und Königssalz würzen.

Grünkern-Cremesuppe
und überbackene Gemüseplatte

Für die Suppe, pro Person:

W   *1 Tasse Wasser*
H   *1 EL Grünkern, fein gemahlen*
F   *Hitzezufuhr*
E   *$^1/_2$ Becher süße Sahne*
M   *1 TL Curry*
W/H *einige Kürbiskerne*
F   *1 Prise Cayenne*
E   *etwas Dill*
M   *1 Prise Pfeffer*
W   *1 Prise Königssalz, 1 $^1/_2$ EL Gemüsebrühe*
!   *Alfalfasprossen zum Garnieren*

In das abgemessene Wasser das Grünkernmehl einrühren, langsam unter Rühren mit dem Schneebesen zum Kochen bringen, einmal aufkochen und von der Herdplatte nehmen. Die Sahne unterrühren, anschließend Curry, Kürbiskerne, Cayenne und Dill zufügen und mit Königssalz und Gemüsebrühe würzen. Zum Schluß mit Sprossen garnieren.

Für die Gemüseplatte (2–3 Personen):

H   *1 Tasse Chinakohlstreifen, 1 Porreestange in Ringen*
F   *1 Tasse Blumenkohlröllchen*
E   *1 Tasse Shiitakepilze in Scheiben*
M   *$^1/_2$ Tasse Stangensellerie in Scheiben*
W   *1 Tasse Möhren, gestiftelt*
      Ghee zum Ausstreichen der Form

Für den Guß:

1–1 ¹/₂ Becher süße Sahne   *1 Msp. Cayenne*
1 kleine Knoblauchknolle oder *¹/₂ TL Königssalz*
2–3 große Zehen   *3–4 EL Chufa-Nüßli*

Eine flache Form mit Ghee buttern. Alles Gemüse der Reihe nach dekorativ darin anordnen. Schließlich die geschälten Knoblauchzehen in wenig Sahne pürieren und weiter mit Sahne auffüllen. Mit Cayenne und Königssalz würzen und soviel Chufas zufügen, daß eine sämige Masse entsteht. Diese über das Gemüse gießen und alles bei 180 °C goldbraun backen. Dazu schmeckt zur Feier des Tages ein herber Weißwein oder ein spritziger Brottrunk.

Mangoschnitze auf Ananas mit Mandelsplittern

Frühlingshaft wirkt es, wenn Sie dieses Dessert mit je 2 Gänseblümchen garnieren.

Für 2–3 Personen:

1 reife Mango   *Saft von 1 Zitrone*
1 reif duftende Ananas   *1–2 EL Ahornsirup*
¹/₂ Tasse geraspelte Mandeln

Ananas schälen, aufschneiden und pro Person eine Scheibe auf einen Dessertteller legen. Die Mango längsseits entlang des flachen Kerns abschneiden und das Fruchtfleisch beider Hälften kreuzweise einschneiden. Mit einem Teelöffel Fruchtstückchen herauslösen und gleichmäßig auf den Ananasringen verteilen. Mit einer leicht erwärmten Sauce aus Ahornsirup und Zitronensaft übergießen.

Weihnachtsmenü

Artischocken-Sprossen-Salat

In diesem Salat sind alle Farben, Formen und Geschmacks-
nuancen vereinigt.

Pro Person:

W *¹/₂ Schwarzwurzel, in Stifte geschnitten, bißgar gekocht*
H *1 Artischocke*
F *1 EL Alfalfasprossen*
E *einige Mandelstifte*
M *einige dünne Zwiebelringe*
W *¹/₄–¹/₂ TL Kräutersalz*
H *¹/₂ Becher saure Sahne*
F *1 TL Zitronensaft*
E *1 Prise Peperonigewürz oder Cayenne*
M *einige Möhrenstreifen zum Verzieren*
W *1 Prise Pfeffer*
H *1 Scheibe Sternfrucht (Karambole)*

Die Schwarzwurzeln bürsten, putzen und in wenig Gemüsebrühe mit Zitrone bißgar kochen. Pro Person einige Stifte in
einem Salatschälchen oder -teller anrichten, darauf einen Artischockenboden legen. Mit Alfalfasprossen und Mandelstiften
bestreuen. Einige dünne Zwiebelringe darauf verteilen und mit
etwas Kräutersalz bestäuben.
Die saure Sahne mit Zitronensaft verrühren und über den Salat
gießen. Mit etwas Peperonigewürz und Möhrenstreifen garnieren. Pfeffer darüber mahlen und mit einer Sternfrucht-Scheibe
verzieren.

Hirsecremesuppe

Diese Suppe findet immer Anklang und ist sogar im Handumdrehen zubereitet.

Für 2–3 Personen:

W $^3/_4$ l Wasser, 2 EL Gemüsebrühe
H 2–3 EL Porreeringe
F 1 geh. TL Curry
E $^1/_2$ Tasse Hirse, in kaltem Wasser angerührt
$^1/_2$ Becher Sahne, 2 EL Ghee
M 2 EL gerebelte Petersilie zum Bestreuen

Wasser mit Gemüsebrühe zum Kochen bringen, Porree unterrühren, Curry und Hirse zufügen, alles einmal aufkochen lassen und von der Herdplatte nehmen. Sahne und Ghee einrühren und zum Servieren mit Petersilie bestreuen.

Gefüllte Dinkelrollen

Dazu paßt eine Petersilienknoblauchsauce aus saurer Sahne, Senf, Pfeffer, Kräutersalz, viel zerdrücktem Knoblauch und reichlich gerebelter Petersilie. Oder auch eine Tomatensauce aus Tomatenmark (aus biologischem Anbau), Olivenöl, Zwiebelwürfeln, Cayenne und Gemüsebrühe sowie einigen Kapern.

Für 3–4 Personen:

H Dinkelblätterteig wie bei Gemüsetaschen
(s. Seite 318)
F 1 $^1/_2$ TL Basilikum

E   4–6 große Pilze in Scheiben
M/W 1–2 Möhren in feinen Streifen
H   1–3 EL Kapern
F   2–3 Tomaten in Würfeln oder Achteln
E   2–4 TL Sesamöl
M   1–2 EL Schnittlauchröllchen
W   pro Person 1 EL Sojasprossen, ca. 1 ¹/₂ EL Tamari
       Ghee für das Blech

Den Blätterteig so dünn wie möglich ausrollen und Rechtecke von 10 x 15 cm ausradeln. Jedes Rechteck mit Basilikum bestreuen. Aus den übrigen Zutaten in Elementfolge eine Füllung zubereiten, ein Häufchen davon auf die Schmalseite eines jeden Rechtecks legen und vorsichtig aufrollen. Die Seiten der Rolle dabei leicht einschlagen. Die Rollen mit der offenen Seite nach unten auf ein mit Backpapier belegtes Blech legen, mit flüssigem Ghee bestreichen und bei 170 °C in ca. 30–45 Minuten goldgelb backen. Heiß servieren!

Ingwereis

Wenn es aus Tradition oder wegen der Gäste denn sein soll, servieren wir einen Nachtisch. Ansonsten heben wir ihn uns als Nachmittagsdessert auf, wenn der Organismus etwas Süßes besser verdauen kann.

! einige Scheibchen frischer Ingwer, in Ahornsirup gekocht, langsam erkaltet und püriert
2–3 Becher süße Sahne
1–1 ¹/₂ Tassen Ahornsirup

Die Sahne halbsteif schlagen, Ahornsirup hinzufügen (er sollte ca. ein Drittel der gesamten Sahnemenge betragen) und zu Ende schlagen. Zum Schluß die in Ahornsirup pürierten Ingwerstückchen unterheben.

Die Eisrohmasse in Gefrierbehälter füllen und 3–4 Stunden unter gelegentlichem Umrühren gefrieren lassen. Mit einer Mandel verziert servieren.

Hirsesavarin mit Gemüsefüllung
zu Frühlingssalat

Ein Savarin ist ein Ring aus Gemüse oder wie hier Getreide, ähnlich geformt wie ein Topfkuchen, der in der Mitte eine große Öffnung hat für eine leckere Gemüsefüllung, die das Ganze recht attraktiv und festlich aussehen läßt. Dazu paßt ein Frühlingssalat (s. Seite 322).

Für den Savarin (4 Personen):

H *1–1 ¹/₂ Tassen Brottrunk, 2 EL Kapern*
F *3 Tassen feines Buchweizenmehl*
   2 TL Basilikum, fein gehackt
   1 Tasse zerkrümelter Schafskäse oder Ziegengouda
E *4 Tassen gekochte Hirse, 3 EL Ghee, ¹/₂ Tasse Chufas*
M *1 große Zwiebel in Miniwürfeln*
W *bei Bedarf etwas Wasser, 1 TL Königssalz*

Für die Gemüsefüllung:

E *2–3 EL Ghee, 1 Tasse Gemüsemais,*
   1 mittelgroße Möhre in Streifen
M *1 rote Gemüsepaprika in Würfeln,*
   ¹/₂ Tasse Kohlrabi in feinen Würfeln
W *1 geh. TL Gemüsebrühe, 2–3 EL Tamari*
H *2–3 Tomaten in Streifen*
F *1–2 rote Zwiebeln in Ringen, 1 TL Rosmarin,*
   1 TL Liebstöckel
! *Petersilie zum Garnieren*

Vorab 4 Tassen Hirse in 6 Tassen Wasser mit 1 EL Gemüsebrühe etwa 15 Minuten köcheln und 15 Minuten auf der ausge-
schalteten Herdplatte quellen lassen.

Für den Savarin Kapern in den Brottrunk schütten und schwen-
ken, sodann das Buchweizenmehl einrühren, Basilikum und
Käse dazugeben. Nun die gekochte Hirse mit dem Ghee und
den Chufas untermengen und die Zwiebelwürfel in den Teig einarbeiten. Zum Schluß salzen und bei Bedarf noch etwas Wasser
unterkneten, falls der Teig zu fest geraten sein sollte.

Nun eine Ringform mit Ghee fetten und mit Buchweizenkörnern ausstreuen, den Teig einfüllen und bei 200 °C in etwa
1 Stunde goldbraun backen.

In der Zwischenzeit die Füllung zubereiten. In Ghee nach und
nach die Gemüsezutaten miteinander schmoren und ziehen lassen.

Wenn der Savarin gar ist, etwas abkühlen lassen und auf einen
großen Kuchenteller mit erhöhtem Seitenrand stürzen. In der
Mitte die Gemüsefüllung dekorativ auftürmen und mit der Petersilie garnieren.

Gefüllte Paprikaschoten mit Knoblauchsahne und Hirtensalat

Dazu paßt noch eine Hirsecremesuppe (s. Rezept Seite 326).

Für die Paprika:

F *3–4 rote Gemüsepaprika (1 pro Person)*
E *Olivenöl zum Anbraten*
M *einige Zwiebeln*
W *2 Tassen Reis, in 3 Tassen Wasser und*
  1 EL Gemüsebrühe körnig gekocht,
  $^{1}/_{2}$ TL Kräutersalz
H *$^{1}/_{2}$ Tasse Kürbiskerne*

Für die Sauce:

1–2 Becher saure Sahne   *1 TL Salz*
1 Sträußchen   *3–5 zerdrückte*
Petersilie   *Knoblauchzehen*

Von den Paprikaschoten »Hüte« abschneiden und die inneren Stützhäute vorsichtig mit den Fingern herausschälen. Aus Zwiebeln, gekochtem Reis, Salz und Kürbiskernen eine Füllung zubereiten und in die Paprika füllen. Diese in einem weitlumigen Topf in so viel Olivenöl, daß der Boden bedeckt ist, anbraten. Nach einigen Minuten mit kochender Brühe ca. 2 cm hoch auffüllen und in etwa 5–10 Minuten bißgar dünsten.
Für die Sauce alle Zutaten miteinander pürieren und zu den gefüllten Paprika reichen.

Für den Hirtensalat:

F *1 Kopfsalat, gesäubert und zerpflückt*
E *2–3 EL Sesamöl*
M *1 große Zwiebel in Ringen*
W *1 TL Königssalz*
H *1–2 EL grüne Oliven, halbiert*
F *1 Tasse gewürfelter Schafskäse*
! *1 EL Petersilie, gerebelt*

Den Salat in der Abfolge der Elemente zusammenstellen und anrichten.

Lachslasagne mit Brokkolisalat

Diese Lasagne eignet sich nicht für die Rundkochmethode, doch sind alle Elemente vertreten, die zusammen vortrefflich schmecken. Sie ist als Rezept schon bis in die USA und auch nach Finnland mitgereist.

Für die Lasagne (3–4 Personen):

Ghee für die Form
H *1 Packung Dinkellasagneblätter,*
1 Packung Blattspinat
W *1 Packung Räucherlachs, Königssalz*
M *1–2 Zwiebeln in Ringen*
F *1 kleine Knoblauchknolle oder 3–5 große Knoblauchzehen*
1 Tasse Gemüsebrühe, in heißem Wasser aufgelöst
E *1 Becher Sahne, 3–5 Knoblauchzehen,*
1–2 EL Chufas, 1 TL Kräutersalz

Eine Lasagneform mit Ghee ausstreichen und mit Lasagneblättern auslegen. Darauf eine Schicht Spinatblätter und Räucherlachs einfüllen, mit Zwiebel und Knoblauchscheibchen belegen sowie mit etwas Salz bestäuben. Die nächste Schicht besteht wieder aus Lasagnescheiben, darauf Spinat, Räucherlachs und Gewürze, bis alles aufgebraucht ist. Dann mit Gemüsebrühe übergießen. Zum Abschluß einen Guß aus Sahne, den Zehen einer Knoblauchknolle, Chufas und Kräutersalz zubereiten und darübergießen. Bei 200 °C in 30 Minuten goldgelb backen.

Für den Brokkolisalat:

F *¹/₂–1 Kopf Eisbergsalat, gewaschen und zerpflückt*
E *¹/₂ Tasse Distel- oder Sonnenblumenöl*
M *1–2 Tassen feine Brokkoliröschen*
    1 Zwiebel in feinen Ringen, 1 EL Schnittlauch
W *1 TL Königssalz*
H *1 EL Zitronenmelisse, fein gehackt, 1 EL Zitronensaft*
    2–3 Tomaten in Achteln

Aus allen Zutaten in der Reihenfolge der Elemente einen Salat zubereiten. Mit Tomaten garnieren.

Königinpastete à la Feng-Shui

Diese Pastete besteht aus selbst hergestelltem Dinkelblätterteig und einer Gemüsefüllung, die es in sich hat. Mit einem Eisbergsalat als Beilage und einer Pilzcremesuppe vorneweg ein durchaus angemessenes Festessen. Spendieren Sie als Getränk dazu ein Gläschen herben Rotwein.

Für die Pasteten (5–6 Personen):

Blätterteig (s. Rezept Seite 318)　　　*2 Unterteller, unterschiedlich groß 1 Likörglas*

Blätterteig nach Rezept zubereiten und ausrollen. Mit Hilfe der beiden Unterteller Ringe und Böden ausstechen: für jeden Boden etwa drei bis vier Ringe, die aufeinandergelegt die Pastetenform ergeben. Der Deckel der Pastete wird mit dem Likörglas ausgestochen. Die Menge der Pasteten hängt von der Dicke des Teiges und der Größe Ihrer Formen ab. Die fertigen Pasteten und Deckel auf ein mit Backpapier ausgelegtes Blech setzen. Bei 220 °C auf der zweituntersten Schiene in 20–25 Minuten goldbraun backen.

Für die Füllung:

E　*4–6 EL Ghee*
　　2–3 Tassen Champignons, in feine Scheiben geschnitten
M　*2–4 mittelgroße Zwiebeln in feinen Würfeln*
W　*1–2 Tassen Tofuwürfel, gewürzt, 2–3 EL Tamari*
H　*1 TL grüner Pfeffer, grob gemahlen*

F ¹/₂ *Tasse Rotwein*
E ¹/₂ *Tasse Wasser mit 1 EL Hirsemehl verrührt*
(*nach Belieben 1 Becher saure Sahne*)
M/! ¹/₄ *TL Kardamom*

Ghee schmelzen, Champignons und Zwiebeln einrühren und schließlich mit den Tofuwürfeln zusammen anschmoren. Sobald eine leichte Bräune erreicht ist, Tamari und grünen Pfeffer dazugeben, mit Rotwein ablöschen. Die in kaltem Wasser angerührte Hirse zufügen, mit Kardamom würzen und alles noch einige Minuten leise köcheln. Wer mag, kann zusammen mit der Hirse einen Becher saure Sahne unterrühren.

Die Füllung kurz vor dem Verzehr in die aufgebackenen oder frisch aus dem Ofen kommenden Pasteten füllen, so daß sie etwas über den Rand der Pastete läuft, und mit den Deckeln krönen. Reichen Sie dazu einen Eisbergsalat mit Tomaten, Gurken und Honigmelone sowie einer Sauce aus saurer Sahne mit Kräutersalz, Zitrone und Petersilie.

Danksagung

Ich habe gute Gründe, mich bei der ganzen Menschheit auf, über und in der Erde zu bedanken, daß ich dieses Kochbuch schreiben durfte. Sie alle haben mehr oder weniger dazu beigetragen, daß es entstehen konnte und mußte – ich selbst am wenigsten.

Liebe, Zuneigung und Toleranz durfte ich von meiner Familie in Hülle und Fülle erfahren, die alle Kochversuche zu testen hatte und mit Lob und Verbesserungsvorschlägen nicht sparte.

Hilfe, Neugier und Innovationsmut wurde mir von vielen Freunden zuteil, insbesondere meiner langjährigen Freundin Susanne Führ, von Kollegen, Nachbarn und vielen, vielen Patienten.

Hätte ich nicht letztlich auch geistige Zuwendung in hohem Maße erfahren, so manche amüsante und auch zukunftsweisende Bemerkung wäre nicht entstanden.

Mit Begeisterung kann ich von meinem Verlag sprechen in bezug auf sein innovatives geistiges Konzept und Dank sagen für die immer wohlmeinende und gegenseitig anregende Zusammenarbeit.

Nicht zuletzt danke ich insbesondere meinem Lebens- und Berufspartner Joachim Prinz für seine beständige Bereitschaft zur Kooperation mit mir. So konnte ich vielen, vielen Menschen helfen, ihre Sorgen und Nöte im körperlichen Bereich bis hin zu den parasitären Belastungen und im seelischen bis in die einzelnen betroffenen Organe und Körpermeridiane hinein zu eliminieren – und letztlich, die Freude am Leben und an ihrer Gesundheit wieder zu erlangen.

Dieses Buch entstand so gesehen für eine positive Zukunft der ganzen Menschheit – dieser sei darum auch von Herzen gedankt.

Ulrike Prinz

Literaturverzeichnis

Gabriel Coussens: *Ganzheitliche Ernährung und ihre spirituelle Dimension*. Edition Sternenprinz, Frankfurt 1995

Gisela Friebel: *Gesundheit fast zum Nulltarif*. Vier Flamingos Verlag, Rheine 1992

Gisela Friebel, Erika Wellmann: *Wer ist Gesundheitskiller Nr. 1?* Ariane Verlag, Königsstein/Falkenstein 1994

Martha P. Heinen: *Kochen und Leben mit den Fünf Elementen*. Windpferd Verlag, Aitrang 1995

Ingeborg Münzing-Ruef: *Kursbuch gesunde Ernährung. Die Küche als Apotheke der Natur*. Zabert Sandmann Verlag, München 1997

Halima Neumann: *Stop der Azidose, Allergien und Haarausfall*. Fürhoff Verlag, Starnberg 1994

Paracelsus: *Opera*. Abdruck des Originalwerks von 1616. Lichtquelle Verlag, Regensburg 1996

Dr. med. Ernst Schott: *Ayurveda für jeden Tag*. Mosaik, München 1994

Maria Treben: *Gesundheit aus der Apotheke Gottes*. Verlag Wilh. Ennsthaler, Steyr 1991

Lothar Wendt: *Die Eiweißspeicherkrankheiten*. Haugh-Verlag, Heidelberg 1984

Zentrum zur Dokumentation für Naturheilverfahren: Dokumentation der besonderen Therapieeinrichtungen und natürlichen Heilweisen in Europa, Band I–V. VGM-Verlag, Lüneburg 1992

Bezugsquellen

Carob, Spirulina u.a.:
Spira-Versand Neumann
Postfach 1107
63544 Hammersbach
Tel.: 06185/2742

Stutenmilch und Stutenmilchprodukte
aus Demeterbetrieb:
Kurgestüt Hoher Odenwald
H. + G. Zollmann
Sinnesstr. 7
69429 Waldbrunn-Mülben
Tel.: 06274/242

Aloe Vera, Kreuzkümmel u.a.:
Pura Vita Naturwaren
Hildegard Schmid
Ölweg 12
82205 Gilching
Tel.: 08105/23954

Brottrunk, Backwaren:
Kanne Brottrunk GmbH
Bahnhofsstr. 68
59379 Selm-Bork
Tel.: 02592/97400
auch in allen Co-Op- und Rewe-Geschäften
sowie Naturkostläden erhältlich

Versand von Nahrungsergänzungen,
Gesundheitsliteratur:
Genius-Versand
Postfach 470112
48075 Münster
Tel.: 02506/2419

Vegetarische »Fleisch«-artikel,
nach Schweizer Verfahren getrocknete
Erbsen und Bohnen, Dolpes, Königssalz u.a.:
Metzgerei Stärfl
Schönauer Str. 34
84307 Eggenfelden
Tel.: 08721/8940

Kasseler Balance Kombination
Naturheilpraxis
Dr. Joachim Prinz/Ulrike Prinz
Rieckstr. 8
34132 Kassel
Tel.: 0561/9402791

Elementetabellen

Hinweis: Nahrungsmittel mit ! vereinigen in sich die Energien aller Elemente und sind daher als sogenannte »Joker« beim Rundkochen universell einsetzbar. Es ist jedoch nicht empfehlenswert, sich aussschließlich von ihnen zu ernähren.

Holz (3. März–2. Juli)

Gemüse	Getreide	tier. u. pflanzl. Eiweiß
Artischocke !	Amaranth	Hühnereigelb (selten)
Batavia*	Dinkel	Schafsjoghurt (selten)
Baumtomate	Grünkern	
Chinakohl	Kamut	
Eichblattsalat	Quinoa	
Endivie, roh u. gek.		
Löwenzahn		
Porree/Lauch, roh u. gek.		
Portulak, roh		
Sauerampfer	**Nüsse u. Fette**	**Getränke**
Sauerkraut	Alfalfasprossen	Hagebuttentee
Shiitakepilze !	Haselnuß	Zitronenwasser, heiß
Sojasprossen !	Kürbiskerne	
Spinat	Sojasprossen !	Zitronenmelisse
Stangensellerie, roh		
Tomate	Kürbiskernöl	Goldrutentee
Zucchini	Sauerrahmbutter	Holundertee
	Walnußöl	Hibiscustee
		Malventee
		Brennesseltee
		Birkenblättertee
		Brottrunk
		Sauerkrautsaft

---

* Kreuzung zwischen
Kopf- und Eisbergsalat

Obst	Kräuter u. Gewürze
Sauerkirsche !	Salbei, frisch
Pfirsich !	Zitronenmelisse
Ananas	Oliven, grüne u. schwarze
Apfel, sauer	
Dattel, frisch !	Petersilie !
Feige, frisch	Liebstöckel !
Pflaume, grün	(Maggikraut)
Weintraube, grün und blau !	Kerbel
Blaubeere	Borretsch !
Moosbeere	Kapern
Zitrone !	Thymian, getr. !
Limone/Limette	Majoran, getr. !
Kaktusfeige	Rosmarin, getr. !
Passionsfrucht	Estragon, getr. !
Sternfrucht	Kardamom !
Granatapfel	Ingwer !
Birne !	Zimt !
Erdbeere	Knoblauch !
Himbeere !	Pfeffer, grün
Brombeere !	Vanille !
Aprikose !	Senfsaat !
Quitte, gek.	Essig (selten)
Kiwi	Brottrunk
Sanddorn	
Rhabarber	
Grapefruit	**Sonstiges**
Stachelbeere	Pfeilwurzelmehl
Johannisbeere	
Holunder	
Zitronat	

Feuer (3. Juli – 2. Oktober)

Gemüse	Getreide	tier. u. pflanzl. Eiweiß
Artischocke !	Hafer	Sojamilch
Möhre, roh	Buchweizen	Schafs- und
Rettich, weiß, roh	Amaranth	Ziegenkäse
	Quinoa	Ziegenmilch
Kürbis, gek.		
Zwiebel, weiß und rot		
Endivie		
Chicorée, roh u. gekocht	**Nüsse u. Fette**	**Getränke**
	Alfalfasprossen	Hagebuttentee
Eichblattsalat		Brombeertee
Batavia*	Mohnsamen	Malzkaffee (selten)
Stangensellerie, roh		Matetee
	Walnußöl	Frauenmanteltee
Blumenkohl		Vanilletee
Alfalfasprossen !		Grüner Tee
Tomate		Kakao (selten)
Baumtomate		Roter Traubensaft
Sojasprossen !		Sojamilch (nicht zu oft)
Paprikaschote, rot		
Shiitakepilze !		
Bohnen, frisch		
Rote Bete, roh		
Kopfsalat		
Eisbergsalat		
Friséesalat		
Radicchio		
Lollo Rosso		
Löwenzahn		
Rosenkohl		
Grünkohl		

* s. Seite 342

Obst	Kräuter u. Gewürze
Pflaume, gelb u. rot	Zitronenmelisse
Weintraube, grün u. blau !	Petersilie !
	Kerbel
Zwetschge, frisch	Borretsch !
Kirsche, süß	Pfeffer, weiß u. schwarz
Pfirsich !	
Dattel, frisch !	Cayenne
Litschi	Paprikapulver, süß u. scharf
Blaubeere	
Preiselbeere (getr.)	Chili
Moosbeere (getr.)	Gewürznelke
Zitrone !	Muskatnuß
Limone/Limette	Basilikum
Sternfrucht	Bohnenkraut
Granatapfel	Thymian !
Apfel !	Majoran
Birne !	Origano
Erdbeere	Rosmarin !
Himbeere !	Estragon, getr. !
Brombeere !	Kardamom !
Aprikose !	Ingwer !
Kiwi, roh !	Zimt !
Sanddorn	Knoblauch !
Grapefruit	Dill
Zitronat	Pfeffer, rosa
	Vanille !
Süßmittel	Senfsaat !
Zuckerrübensirup	Curry
	Veilchenwurzel

345

Erde (das gesamte Jahr, insbesondere Spätsommer)

Gemüse	Gemüse	Getreide
Artischocke !	Rote Bete	Gerste (selten)
Zucchini, gek.	Kopfsalat	Hafer
Schwarzwurzel	Spargel	Amaranth
Möhre	Mais	Hirse
Kürbis	Eisbergsalat	Quinoa
Zwiebel, gek., weiß u. rot	Avocado	Mais
	Spinat	Sojamehl
Gurke	Mangold	Yamwurzelmehl
Chicorée, gek.	Lollo Rosso	Sojanudeln (ohne Ei)
Topinambur	Palmherzen	
Bambussprossen	Brokkoli	
Aubergine, gek.	Mehlbanane	
		Sonstiges
	Zuckerschote	Sojamilch
Fenchel	Grünkohl	Tofu
Knollensellerie	Wirsing	Pfeilwurzelmehl
Portulak, roh	Spitz- und Weißkohl	Kartoffelstärke
Stangensellerie		Perlsago
Kartoffeln, gek.	Sauerkraut	Kuzu
Blumenkohl, gek.	Rotkohl	
Alfalfasprossen	Steckrübe	
Baumtomate		
Sojasprossen !		**Süßmittel**
Paprika, gelb		Zuckerrübensirup
Chinakohl, gek.		Ingwersirup
Süßkartoffeln		Malzsirup
Linsen		Rohrohrzucker
Kichererbsen		Ahornsirup
alle Pilze		Malzzucker
Erbsen, frisch, gelbe		Agavensirup
u. grüne		
Bohnen frisch, weiß,		
grün u. rot		
Mungobohnen		

Obst	Nüsse u. Fette
Pflaume, gelb und rot	Mandeln
Sharonfrucht	Pistazien
Weintraube, grün u. blau !	Cashewkerne
	Pinienkerne
Zwetschge	Kürbiskerne
Mirabelle	Maronen
Reneclaude	Leinsamen
Kirsche süß u. sauer !	Johannisbrot/Carob
Pfirsich !	
Nektarine	Kokosnuß
Ananas	Sonnenblumenkerne
Dattel !	
Feige	Haselnuß
Papaya	Pecannuß
Litschi	Sesam
Preiselbeere	Chufa-Nüßli
Moosbeere	Butter
Banane	
Zitrone !	Sahne, süß u. sauer
Rosinen	
Sultaninen	Ghee
Korinthen	Olivenöl
Apfel !	Kürbiskernöl
Birne !	Leinöl
Himbeere !	Kokosfett
Brombeere !	Maiskeimöl
Aprikose	Sonnenblumenöl
Quitte, gek.	
Kiwi	Sesamöl
Mango	Distelöl
Melone, (Honig- und	Sojaöl
Wassermelone)	Weizenkeimöl
Grapefruit, getr.	
Zitronat	

347

Metall (3. Oktober – 2. Dezember

Gemüse	Getreide	Getränke
Artischocke !	Hafer	Goldrutentee
Möhre, roh		Matetee
Rettich, weiß, roh	Quinoa	Pfefferminztee
	Reis	Ingwertee !
Zwiebel, weiß u. rot	Reiswaffeln	Yogitee
		Huflattich
Endivie, roh		Spitzwegerich
Topinambur, roh		Königskerze
Feldsalat		
Pastinake, roh		Reismilch (gelegentlich)
Fenchel, roh		
Stangensellerie		
Blumenkohl, roh	**Süßmittel**	
Kresse	Ingwersirup	
Sojasprossen !		
Paprikaschote, rot		
Radieschen		
Chinakohl, roh		
Shiitakepilze !		
Bohnen, frisch		
Brokkoli, roh		
Kohlrabi, roh		
Weißkohl, roh		

Obst	Kräuter u. Gewürze
Zwetschge, getr.	Schnittlauch
Kirsche, sauer !	Petersilie !
Pfirsich !	Borretsch !
Dattel !	
Papaya, frisch	Paprikapulver, süß u. scharf
Weintraube, grün und blau !	
	Gewürznelke
Zitrone !	Liebstöckel !
Limette !	Thymian !
Kaktusfeige !	Rosmarin !
Sternfrucht !	Minze
Korinthen	Estragon, getr. !
Apfel !	Kardamom !
Birne !	Ingwer !
Himbeere !	Zimt !
Brombeere !	Knoblauch !
Aprikose !	Dill
Sanddorn	Meerrettich
Zitronat	Pfeffer, grün u. rosa
	Vanille !
	Curry
	Veilchenwurzel

Wasser (3. Dezember–2. März)

Gemüse	Getreide	tier. u. pflanzl. Eiweiß
Artischocke !	Sojamehl	Sojamilch
Zucchini, roh	Glasnudeln (aus	Stutenmilch
Porree, roh	Mungobohnen	
Schwarzwurzel, gek.	Sojanudeln (ohne Ei)	
Möhre, roh		
Rettich, roh, weiß		
u. schwarz		
Gurke, roh		
Feldsalat	**Nüsse u. Fette**	**Getränke**
Alfalfasprossen	Kürbiskerne	Zinnkrauttee
Sojasprossen !	Sesamsamen	Schlehensaft
Linsen		Birkenblättertee
Algen		Stutenmilch
Kelp		Schlehensaft
Agar-Agar		Maisbarttee
Kichererbsen		Brottrunk
Shiitakepilze !		
Erbsen, getr.		
Bohnen, frisch u. getr.		KEIN:
		Kaffee
Limabohne		Schwarztee
Bohnen, rot		Kakao
Mungobohne		Alkohol jeglicher Art
Spargel		
Mangold		

Obst	Kräuter u. Gewürze
Zwetschge (getr.)	Salbei, getr.
Sauerkirschen!	Zitronenmelisse, getr.
Pfirsich!	
	Petersilie!
Dattel!	Liebstöckel!
Feige!	Maggikraut
Litschi	Borretsch!
Blaubeere	
Weintrauben, grün u. blau!	Pfeffer, weiß
	Kümmel
Zitrone!	Piment
Korinthen	Basilikum, getr.
Apfel!	Bohnenkraut, getr.
Birne!	Thymian!
Erdbeere	Majoran!
Himbeere!	Origano
Brombeere!	Estragon!
Aprikose!	Kardamom!
	Lorbeerblatt
	Ingwer!
	Zimt!
	Knoblauch!
	Dill
	Gomasio (Sesamsalz)
	Vanille!
Tamari	
Königssalz	
Senfsaat!	

Sachgruppenregister

357

Alphabetisches Rezeptverzeichnis

Die gute Küche

Das Standardwerk
österreichischer Kochkunst
von Ewald Plachutta,
Dreihaubenkoch in Wien,
und Christoph Wagner,
Österreichs meistgelesenem
Gourmetkritiker.

Plachutta · Wagner

DIE GUTE KÜCHE

Das Beste aus dem
österreichischen
Jahrhundertkochbuch

07/4694

H e y n e - T a s c h e n b ü c h e r

Abnehmen, ohne zu hungern

Heyne Diät-Kochbücher

Dr. med. Antje Katrin Kühnemann
Die Kühnemann-Diät
*Gesund abnehmen und
erfolgreich schlank bleiben*
07/4647

Herman Tarnower
Samm Sinclair Baker
Die Scarsdale-Diät
07/4350

Weight Watchers
Kochbuch
07/4458

Weight Watchers
*Kochbuch Nr. 2
Schlank mit Elan*
07/4483

07/4458

H e y n e - T a s c h e n b ü c h e r